PSYCHOLOGY 101

The 101 Ideas, Concepts and Theories that have Shaped our World.

心理學的101堂課

從性別差異到思覺失調無所不包，最有哏的知識、概念與話題

阿德里安・弗爾納姆——著　劉名揚——譯

Adrian Furnham

目次

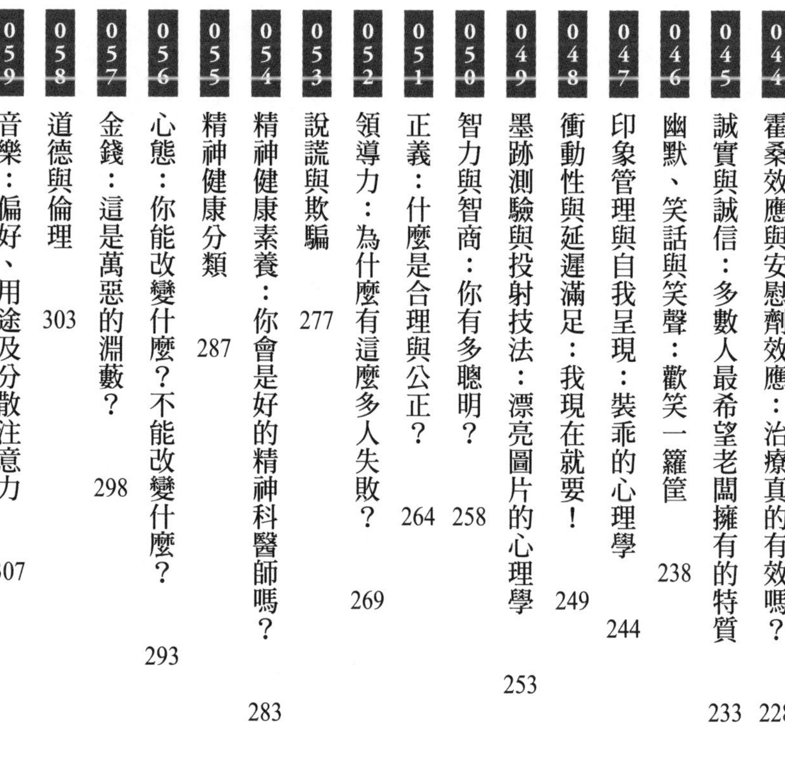

序言

保證專業又有趣的心理學選題

許多人認為心理學是（社會）科學裡最有趣、最神祕、最迷人的領域。在最好的情況下，它能對日常生活中的體驗提出有效、實證的解釋。有些理論令人吃驚，有些甚至違反直覺，通常愈讓人吃驚的解釋愈受歡迎，尤其是西格蒙德・佛洛伊德（Sigmund Freud）對社會行為的解釋，雖然曾經失寵，但如今又開始回溫。

不論在學術科目或職業上，心理學都是愈來愈熱門的顯學：在美國，這個領域的執業人數超過十萬名；在英國，也有為數相當的學生在這個科系裡學習，光是美國心理學會（American Psychological Association）所劃分的專業領域就多達五十五種。心理學家一直都在點亮火把甚或聚光燈，來照亮人類心靈的黑暗角落。他們研究一切，從藝術偏好到利他行為；從教練學到犯罪心理；從笑話與幽默到正義與誠實；從性別差異到思覺失調，可謂無所不包。

絕大多數的心理學研究都是嚴肅，通常有用處，偶爾有些深奧。有時，研究者被質疑怎麼會鑽研一些芝麻小事，但一個世代的芝麻小事，到了下一個世代可能被視為大事。身體語言與非語言溝通領域的學生所研讀的學問，在一九六〇年代可能被視為毫無意義，如今卻構成了理解人類溝通模式的基礎。同樣的，二十年前研究幸福的心理學家曾經遭到蔑視，因為大家認為他們應該全心全意地聚焦於人類的苦痛！

媒體愛極了心理學和心理學家，在報紙與網路新聞中，通常每週會多次刊載某些心理學研究的成果。在所有學術領域（如化學、地理和教育）中，醫學可能是唯一能吸引新聞界詢問與討論的項目。這對心理學家而言是一把雙面刃，理由有兩個：第一，媒體通常偏好以簡化的方式報導最戲劇性、最聳動的研究發現，還經常冠上與心理學研究者的謹慎態度大相徑庭的標題。第二，這些報導往往讓心理學顯得像是普通常識，因為它們讓大家覺得「這些都聽過」。事實上，心理學家對「普通常識」本身相當感興趣，例如：這是什麼？為什麼有些人比其他人更容易這樣子之類的？

如今是個令人興奮的時代，隨著新技術接連問世，愈來愈多研究者在了解人類行為的領域內有了長足進展。許多擁有心理學教育背景的神經科學家，看似已經來到了重大新發現的邊緣。

但是，這不代表我們就應該放棄過去。本書所介紹的部分概念及理論一點也不新穎，但至今仍禁得起時代的考驗，持續揭示著我們的思考、感情及公共行為中最有趣的面向。

在最好的情況下，心理學能對各種現象提出清晰的描述及解釋。較好的結果能被複製，並對理論進行檢測及預測。更重要的是，心理學研究的目標通常是改善人類的生活。幾乎所有應用心理學家，例如臨床、教育、輔導及勞動心理學家所進行的研究，都是以促進人類幸福、了解自己真正潛能為目的。

心理學研究能吸引到最優秀的大學生及金額最龐大的政府資金，心理學家也能在學校、醫院、監獄，甚至大企業與產業在內的許多機構服務，而且聲量還與日俱增。

心理學家能揭穿假專家的虛偽，也會對任何缺乏證據的斷言提出質疑。他們喜歡問「這有沒有效」，不論是針對另類療法還是心理治療。他們會冷靜地以實驗心理學的研究邏輯，挑戰許多江湖術士所吹噓的治療建議及神奇療效。

當然，他們並非完全可靠，有時也有誇大及謬誤之嫌。但科學和研究是能自我修正的，而且真相最後一定會浮現！有些人可能聽過「複製危機」（replication crisis），也就是許多重要的研究結果無法被複製，而且可能是錯誤或誇大的。

唯有時間能證明一切。

本書將心理科學切割成輕薄短小的篇章。在議題的選擇上反映了我的專業知識、興趣及教育背景，其中有許多是我曾經撰文並研究過的議題。

同時，本書「在某種程度上」算是我在二〇〇八年由櫟樹出版社（Quercus）所出版的《50個非知不可的心理學概念》（*50 Ideas You Really Need to Know: Psychology*）的更新版，它也是我截至目前最成功的著作，被翻譯成超過三十種語言，售出超過五十萬本。在全球各地的機場書店看到這本書時，還是讓我難掩喜悅。

本書和前一版本有兩點不同。第一，本書有前作兩倍的內容，網羅了一〇一則，而不是五十則議題。第二，前作的五十則並非出於我的選擇，而我也不知道是誰挑的（依稀記得好像是澳洲的一位大學校長）。雖然我認為它們的確涵蓋了心理學的整體內容，但我還是不會這麼選。此外，前作結構嚴謹，而且公式化：每一章都必須寫滿剛好一千三百五十字，必須有兩個表格、三段引用內容及一個時間表，這當然都給了前作不錯的勻稱性，如今我也試著維持這些原則的某些優點。

這本新作的一〇一則議題，都是我根據以下三點親自挑選的：我的專業知識、我的學生及大眾對哪些事感興趣的體驗，以及我本身的求知欲。所有條目都具有相當高的獨特性，但全都經過我親自測試，多數人也同意它們的確有趣。

那麼，接下來是這些條目之所以獨特的三個理由。

第一，它們都是我原本就有涉獵的議題，都是我曾經研究過、寫過報告、文章，甚至出過書的議題。

第二，我做過一些市場調查，每次列出十至二十則議題，請朋友、飛機和火車上遇到的鄰座乘客，以及幾位網路上結識的朋友，依自己感興趣的程度列出排序，並將通常排名較高的議題都網羅進來。

第三，我盡可能避免重提在前作中寫過的議題。我知道在選擇上的取捨會讓某些人不滿，但捨棄不用的部分至少有機會被收入第二部的清單。

希望你在閱讀本書時，能感受到我在寫作時的樂趣，也希望你對我在取捨及判斷上的錯誤有所包容。

——二〇二〇年於倫敦

001

事故傾向：只因為笨？

意外：名詞，指在不可變的自然法則下必然會發生的事。

——安布羅斯．比爾斯（Ambrose Bierce），《魔鬼辭典》（*Devil's Dictionary*），一九〇六

命中帶衰唯一的解決之道……就是整天賴在床上。但即使如此，你還是有可能從床上跌下來。

——羅伯特．本奇利（Robert Benchley），《Chips off the old Benchley》

意外導致的問題可用以下兩個原則來看：

A理論：意外是由不安全的行為造成的（而且某些人比其他人更傾向於做出不安全的行為）。因此，可以透過改變行為來預防意外的發生。這主要是人格心理學及社會心理學的觀點，A理論聚焦於個人。

B理論：意外是由不安全的工作制度所引發的。因此，可以透過改善工作制度來預防意外的發生。這主要是認知心理學及人體工學的觀點，B理論聚焦於制度。

「某些人的事故傾向較高」這種概念，是隨著少數人發生意外的機率比其他人更高的研究而來。高意外機率理論的根據，是定義出這些人擁有某些特質。

人在本能的驅策下生活，而某些行為的一貫性（對特定刺激的回應）可能與意外有所關聯。愛冒險的人在人生的所有層面都有可能冒險，例如：駕駛的方式、選擇的運動、打破的社會規範等。

針對一次大戰期間彈藥工廠的研究，也顯示了有一小部分人發生意外的機率高得不成比例。研究者對其原因感到好奇，這是身體還是心理特徵使然？僅發生在特定工作還是所有領域？是永久性還是過渡性的效應？是因為暴露在高風險下，一件意外可能提高其他意外的發生機率，還是報告隱含的偏見使然？

這是因為人格使然嗎？極少證據能證明意外與智力有關。與較常發生意外的人相比，從未發生過意外的鋼鐵工人在個性上有較外向、開朗的傾向。經常主動被捲入意外的人，缺勤率比被動或從未被捲入意外的人高。理所當然的，經常發生意外的人勇於冒險，也認為該工作並沒有其他人想像的那麼危險。

我們知道心理狀態（非指人格特質）對意外可能有所影響。例如：

- 流行性感冒可能使反應時間測試的表現降低五〇％。
- 一個普通的工作者有二〇％的時間感覺情緒低落、痛苦，而五〇％的意外就發生在這種出現負面情緒的時候。
- 駕駛員與飛行員在經歷人生重大變故（例如離婚）時，更可能發生意外。
- 女性在經期前與經期中，更可能主動或被動地捲入意外。

或許大家料想得到，年長者比較不會發生意外。工作相關經驗似乎是與意外發生率最有關的因素，而在業界的年資與在某個特定職務的累計工時，也可能有所影響。

因此，看來有充分證據可證明，在各種群體中，性格變數與各種意外都有關聯。好鬥、衝動、神經質、宿命論的特質，似乎都與意外最有關聯，大約占了一〇％的變異數（variance），這一點絕不能被忽略。「外向／追求感官刺激／A型行為」與「神經質／焦慮／情緒不穩」，是最理想的兩組獨立且互不相關的意外預測因子。

與意外有關、且容易導致意外的人格特質是：

1. **追求刺激**：愈是喜歡選擇與變化、喜歡人勝於物、對一切很容易厭倦、求快不求好的人，愈有可能引發意外事故（例如：開快車、忽視警告、嘗試從未體驗過的新活動）。

2. **情緒不穩定**：愈是喜怒無常、悲觀、不開心的人，愈有可能變得自私、神經質、不小心而造成意外。

3. 年輕、教育程度偏低、喜歡追求刺激、情緒不穩定的男性，似乎最可能發生意外。

羅伯與喬伊絲・霍根（Robert and Joyce Hogan）製作了一份偵測意外機率的人格測驗。這項測驗結果分成六級，而且做得最好、最不會發生意外的受測者，總是獲得最高分。

安全相關行為的六個等級是：

1. **不守規矩－守規矩**：該部分檢驗的是受測者遵守規矩的意願。低分者較傾向不守規矩；高分者則是自然而然守規矩。

2. **恐慌－堅強**：該部分檢驗的是抗壓力。低分者容易感到壓力，並因壓力造成恐慌而犯錯；高分者通常能維持情緒穩定。

3. **煩躁－快活**：該部分檢驗的是情緒管理。低分者容易在情緒失控下犯錯；高分者則能控制情緒。

4. **不專心－機警**：該部分檢驗的是專注力。低分者容易分心並因此犯錯；高分者則能維持專注力。

5. 魯莽—謹慎：該部分檢驗的是風險管理。低分者容易承擔不必要的風險；高分者則會避免有風險的行為。

6. 傲慢—可教：該部分檢驗的是可教育性。低分者傾向無視訓練與意見；高分者則會認真接受訓練。

◆參考文獻

Hogan, J. & Hogan, R. (1999). *The Safety Report.* Tulsa, OK: Hogan Assessment Systems.

002 飲酒與酗酒：想來一杯嗎？

喝醉就是自願發瘋。

——塞內卡（Seneca），《寫給魯西里烏斯的道德訓誡》（*Moral Epistles to Lucilius*）

合理來說，男人必須喝醉；世上最美好的事就是酒醉。

——拜倫勳爵（Lord Byron），《唐璜》（*Don Juan*），一八一〇

飲酒與酗酒的歷史，就跟人類的歷史一樣悠久，相關記載可上溯到五千年前的美索不達米亞，《新約》與《舊約》中都提及了飲用酒精的好處與危險的相關寓言及警告。適量飲酒似乎對社交大有助益，酒在猶太教與基督教儀式中也具有重要地位。

- 因你胃口不清，屢次患病，再不要照常喝水，可以稍微用點酒。——《提摩太前書》5:23。
- 適量的酒，彷彿是人的生命，只要你飲得適當，你必清醒舒暢。——《便西拉智訓》31:27。
- 可以把濃酒給將亡的人喝，把清酒給苦心的人喝。——《箴言》31:6。

大部分的社會都發現了酒精這樣東西，也發展出社會慣例、道德及法律來管理並攝取它。氣候、環境、經濟、風俗及法律，都能影響一個國家的飲酒文化。移民者會將自己的飲酒文化帶到新居住地，但多數還是會逐漸接受當地的飲酒習慣。

此外，他們也會透過各種手段將這些行為規範灌輸給子女。在多數歐洲國家，大約九成的人口主要是為了社交、慶祝、放鬆而飲酒，許多名言都提及適度飲酒有益健康。酒類產業規模龐大，在全球雇用約一百萬人，每年可貢獻七十億英鎊的稅收。

酒精對心理的影響廣為人知。它會讓飲用者變得更有自信、更能接納自我。它是一種矛盾興奮劑，雖然在藥學上是一種鎮靜劑，但實際上也是一種能使飲用者變得較不壓抑、善於交際的社交興奮劑。酒精有象徵性與儀式性的用途，經常被當成團體凝聚力的催化劑，尤其在年輕族群之間更是如此。

許多理論試圖解釋酗酒及酒精中毒的成因，包括生物學、家庭因素、文化和心理學方面。我們知道年輕族群（十八歲至三十四歲）喝得比年長族群（五十五歲以上）更多，男性喝得比女性多，年輕族群比較會上酒吧飲酒，但比例會隨著年齡增長而降低。與藍領階級相比，中產階級的酒精攝取量較少，但飲酒場合較多。從事某些行業較可能大量飲酒並導致酗酒，例如：酒廠及酒商、體力勞動者、企業主管、推銷員、記者、演藝人員、船員及建築工人。

心理學家和精神科醫師界定酒精及其他物質成癮的標準如下：

1. **耐受性：**攝取某物質以達到滿足或預期效果的需求量明顯增加，或以原本的攝取量所達到的效果明顯減弱。
2. 對某物質出現戒斷症狀，或必須攝取該物質才能緩和或避免戒斷症狀。
3. 常以超乎原本意圖的劑量或時間攝取某物質。
4. 持續渴望攝取某物質，或無法減少或控制對該物質的攝取。
5. 大多數時間耗費在需要攝取某物質，或從攝取後的狀態中清醒的活動上。
6. 因物質成癮導致忽略或減少社交、家庭、職業或休閒活動。
7. 即使了解濫用某物質可能導致持續性或復發性的生理或心理問題，仍繼續攝取該物質。

如今我們對酗酒已經有充分了解。以下內容節錄自美國精神醫學學會的《精神疾病診斷準則手冊》（DSM-IV）：

1.文化、年齡及性別特徵

由家庭、宗教及社會環境所產生的文化傳統，尤其在孩提時期的薰陶，對酗酒的模式及發生機率會有影響。世界各國在酒精攝取量、頻率及模式的特徵均有差異。在絕大多數亞洲國家，酒精相關疾患的整體盛行率相對較低，而男對女比率較高……低教育水準、失業及低社經地位也可能助長酒精相關疾患的發生，雖然因果關係通常不易釐清。

2.盛行率

酒精依賴及酗酒是總人口中盛行率最高的精神疾患。

3.過程

酒精成癮的第一個階段最有可能發生於十幾歲時，酒精依賴的巔峰年齡則為二十多歲至三十多歲。

4.家庭因素

酒精依賴通常有家庭因素的影響，至少部分有遺傳性的基因因素。近親中有酒精依賴者，染上酒精依賴的風險是常人的三至四倍。其風險的高低，與家族中成癮人數的多寡、近親的遺傳關係，以及親人成癮的嚴重程度都有關係。

雖然尚有爭議，但研究者已經整理出各種人格與酗酒的關係：

1.不成熟人格：自我中心、不擅長經營人際關係、易衝動，這種人格會為了逃避與自我想像落差甚大的成人世界而飲酒。

2.自我放縱人格：那些過度受保護的孩子，無法培養出自信與獨立性。他們在願望受阻時，會為了減少痛苦而飲酒。酒容易取得，可以依賴，也能讓他們喜悅。

3.性異常人格：性方面較壓抑或有異常的人格，會為了壯膽及排解抑制而飲酒。

4.自我懲罰人格：傾向壓抑憤怒或攻擊性等強烈情緒的人格，會為了釋放攻擊衝動而飲酒。

5.壓力人格：這種人格會為了迅速獲得解脫、社交自信及（或）擺脫社交抑制而飲酒。

◆參考文獻

《精神疾病診斷準則手冊》第三版（*The Diagnostic and Statistical Manual of Mental Disorders, 3nd*），一九八七年。華盛頓：美國精神醫學學會。

003

另類醫學：這是什麼？有效嗎？

科學最大的悲劇，就是以醜陋的事實屠殺美麗的假說。

——赫胥黎（T.H. Huxley），《赫胥黎文集》（*Collected Essays*）

除了真正的疾病，醫師也發明了許多想像的疾病，並以想像療法醫治我們。

——佛喬納森・史威夫特（Jonathan Swift），《格列佛遊記》（*Gulliver's Travels*）

隨著世人的接受度愈來愈高，輔助醫學及另類醫學（complementary and alternative medicine, CAM）已經成為一門熱門生意。另類醫學的哲學有一個共通主題，奧卡斯特（C. Aakster; 1986）主張它們與傳統醫學有五個不同之處：

1. **健康**：傳統醫學視「無患病」為健康。另類醫學則頻頻提及在相對力量（包括內在與外來）之間取得均衡。
2. **疾病**：傳統醫學專業人員視疾病為局部性的特定器官或結構組織偏差。另類醫學從業人員則強調全身性的徵象，例如從肢體語言中觀察出破壞性力量或復原過程。
3. **診斷**：傳統醫學診斷以位置及病因學的形態學分類為依據。另類醫學診斷則是以功能的異常為依據。
4. **治療**：傳統醫學通常以破壞、排除或抑制疾病為目標。另類醫學則是以強化活力及促進健康的力量為目標，特別排斥化學治療及手術。
5. **患者**：大多數傳統醫學的患者被動地接受外來的治療。另類醫學的患者則是主動地參與恢復健康的治療。

奧卡斯特提出三種醫學思維的主要模式：一、藥學模式（pharmaceutical model）是一種經由仔細觀察而診斷出來的實際功能或結構偏差。病因主要是細菌之類，而治療技術極為重要。二、整合模式（integrational model）由試圖重新整合身體的技術人員所創，不排斥在病因中加入心理及社會因素的影響。第三種模式則強調整體性，不會將體質因素、精神因素及社會因素區隔開來，強調全面治療，支持符合自然的生活方式。

隨著大家對另類醫學的興趣與日俱增，與此領域相關的兩個重要問題研究也突然大幅增加：

1.它有效嗎？有沒有任何服用安慰劑的雙盲對照組、隨機研究，可以證明這種療法真的能「治病」？也就是說，有沒有任何確實的科學證據，記錄了安慰劑效應以外的成功案例？經過妥善設計與執行的研究，相當複雜、昂貴，與驗證心理治療功效的研究類似。而答案是幾乎沒有證據可以證明絕大多數的另類醫學有效，唯一可能的例外大概僅限於草藥。

2.為何選擇它？如果證據如此有限、含糊，而且幾乎都指向它沒有實際療效，為什麼還有患者寧願自費求助於另類醫療？他們從這些治療中得到什麼？為何會如此堅持？關於這一點，就有許多心理學方面的研究了。這些研究所感興趣的，是患者尋求健康醫療時通常有點混亂的動機。

有些證據證明，經常利用另類醫學的人比較注重健康，而且更傾向相信養成良好的生活習慣、維持心理平衡等自力手段，會影響自己的健康狀態。另類醫學的患者對「提供者控制」，也就是醫學（尤其是傳統醫師）解決健康問題的能力較缺乏信心。患者開始利用另類醫學的主要理由，是他們認為這比較天然、比較有效，而且能讓自己在其中扮演較主動的角色。

第二個理由是，傳統醫學無法幫助他們擺脫特定的（尤其是慢性疾病的）病痛，而且這些患者較重視傳統醫學的負面影響，並期望有比較積極的醫病關係。沒有太多證據證明那些求助於另類醫學的患者比較容易受騙、天真，或擁有不尋常（神經質）的人格、（怪異的）價值或信仰。

阿德里安．弗爾納姆（Adrian Furnham）與同仁在各種研究中獲得的結果是：

- 大家會為健康做比較。
- 大家都想要沒有副作用或無痛的醫療。
- 另類醫學的患者患有難以承受的慢性病或症狀。
- 另類醫學的患者對傳統醫學感到失望。
- 另類醫學的患者想學習更多自我照顧方式（健身、保健及預防）。
- 另類醫學的患者相信「整合性」（holistic）的醫療。

哪些人會求助於另類醫學？

由於另類醫學比較推崇差異性、個體性及人生獨特性，難以談論這些患者的「典型」性格，但哪些類型的人比較可能尋求、利用並從另類醫學中得益，有一定的模式可循。

- **人口統計學**：另類醫學的患者較可能是女性而非男性，介於三十歲與四十歲之間，中產階級而非藍領階級，教育程度偏高，居住在都會區而非鄉村。
- **病史**：第一，求助於另類醫學的患者患有慢性病而非急性疾病。第二，他們的健康問題通常較不明確或具有心理因素。第三，許多患者收集「大量資料」，這代表他們對治療相關問題很有興趣，習慣透過各種管道尋找補救方法。

- **信仰、態度及價值觀**：許多患者似乎較關心綠色和平議題，包括環保、地球村及反物質主義。另類醫學信仰可能也有部分源自分配不均、疏離及社會排除。另類醫學的患者似乎也對消費者議題感興趣，甚至可能隸屬於某些目的明確的遊說團體。他們對「精神生活」尤其感興趣，也相信「身心合一」有益健康。由於另類醫學的患者本身可能患有宿疾，對他人的困境較有同理心，也對某些態度「冷血」的專家（尤其是外科醫師）懷有敵意。

◆參考文獻

Aakster, C. (1986). Concepts in alternative medicine. *Social Science and Medicine,* 22, 265–73.

Eisenberg, D., Davis, R., Ettner, S., Appel, A., Wilkey, A., Van Rompay, M., Kessler, R. (1998). Trends in alternative medicine use in the national survey. *Journal of the American Medical Association,* 11, 1569–1575.

Furnham, A. (2005). Complementary and alternative medicine: Shopping for health in post-modern times. In P. White (Ed). *Biopsychosocial Medicine.* Oxford: OUP, pp.151–71.

004 利他與關懷：慷慨與自私心理

「利他主義者」期待的是社會對他自己及至親的回報。

——艾德華．威爾森（Edward O. Wilson），《論人性》（*On Human Nature*）

自我犧牲精神讓我們能毫不臉紅地期待他人犧牲。

——蕭伯納（George Bernard Shaw），《人與超人》（*Man and Superman*）

絕大多數的社會及宗教都推崇利他、關懷與憐憫，習於強調同理、同情及助人的美德。但是，幫助他人的動機，其實因時、因地、因目的而異。更重要的是，對心理學的某些領域而言，利他精神一直是個謎，因為自私自利的好處分明比較多。

心理學會探討利社會行為，也就是以幫助他人為目標的行動。這種行為的動機不一定是「不惜犧牲自己來幫助他人」的利他精神。

心理學對利他精神的探討，可以分為兩大類。有些問的是理論性的大命題：什麼人會在何時為了什麼原因而助人？其他則是與助人行為相關的因素，以及對助人行為的鼓勵：如何教導社群學習利社會精神？

好心的人

尋找「利他人格」的嘗試既漫長又沒有結果。雖然有性別差異的證據，但似乎僅與類型而不是利他精神的強弱有關。男性比較會做出有俠義精神、勇敢、英雄式的利社會行為，女性則是有比較強的養育、志願及照護精神。

人有幫助相同文化族群的他人之傾向，因此，我們比較可能幫助明顯與自己同族裔、宗教、語言及性質的人，而不是明顯不同的族群成員。

我們也知道「做好事，心情好」的道理：人在心情好的時候，比較可能幫助他人。送人一個小禮物、播放曲風歡樂的音樂並美言一番，他們就會志願幫助其他人。但悲傷、苦惱的人也可能幫助他人，好讓自己感覺舒坦一些，減輕心中的愁雲慘霧。同樣的，研究證明，心懷罪惡感的人可能也會以助人來減輕內疚。

相關推測

心理分析師認為同樣的利他行為是兩種不同驅力的體現。有些仁慈、慷慨的助人之舉源自對

「受害者」（victim）的認同感，例如過去曾幫助人的父母或老師。但佛洛伊德學派認為，這也可能是一種對負面衝動的抵抗，也就是一種為了處理焦慮、內疚或敵意而產生的精神官能症候群。因此，一個貧困的孩子可能會成為慷慨的施予者。面對需要幫助的人，他們提供幫助而不是感覺無助，同時成為助人者及被幫助者。

其他人可能只是憑藉施予來減輕對自己貪婪和嫉妒的罪惡感，有些人甚至為了緩和自己的罪惡感而過度施予，結果導致負債。佛洛伊德學派也探討基於敵意的反向作用施予：施予者助人的真正目的，可能是掩飾自己的攻擊性。

一些受達爾文學說影響的心理學家，對利他精神之謎的解釋，乍聽之下似乎與該理論的中心宗旨互相矛盾：如果一個人的原始動機是保障自己的生存，為何要冒險及付出來幫助他人？

這條路線的中心宗旨是「親屬選擇」（kin selection）的概念。一個人（親戚）的基因和你愈相近，你就愈可能幫助他。因此，你會為了保障自己基因的生存而幫助擁有類似基因的人。生理價值的規則深植於人類行為之中，而且難以察覺。也就是說，人之所以做出利他行為，並不是以基因學公式為考量。

但他們也認為，互惠規範不過是一種斤斤計較的行為，幫助他人的目的只是為了增加他人幫助自己的機率。有些學者認為，那些學習並遵守這種社會規範及社交規則的人，有最高的生存機率，因為各種文化都有生存技能及合作行為的傳承，所以學習利他的社會規範是人類透過遺傳與生俱來的本能。

因此，我們之所以會出於本能而做出某些利他行為，乃是基於兩種目的：親屬選擇（幫助親人就等於幫助自己基因的生存），以及互惠利他精神（若我們幫助他人，他們也會幫助我們生存下去）。

情境與決策

在決定是否對他人伸出援手時，情境因素似乎比個人因素更重要，其中也有城鄉差異：小鎮或鄉村居民似乎比較樂於助人。而且，一個人在一處住得愈久，對當地社群的認同度就愈高，也愈樂於幫助他人。居民流動性愈高，社群就愈不穩定，也較少出現利他行為。

這方面最有名、也最出人意料的發現是「旁觀者效應」（bystander effect）。在一場需要援助的緊急狀況裡，旁觀者（或目擊者）愈多，就愈少人願意站出來幫忙。這項研究催生了著名的旁觀者介入五階段決策模式，主張人們必須經過以下五個階段，才會伸出援手：

1. 他們必須注意到這起事件。在趕路、使用手機或專注於其他事情的人，可能沒注意到事態的嚴重性。
2. 他們必須解讀出事態嚴重且對方需要協助。許多緊急狀況令人難以判斷，大家只能試圖從身邊的人尋找答案。如果其他人表現得毫不在乎，大家就不太可能做出反應。
3. 他們必須決定自己有責任伸出援手。旁觀者效應的重點就是責任感的擴散與否。若是相信其他在場者會幫忙，每個人採取行動的責任感就會降低。最糟糕的情況就是大家都抱持這種想法，所以沒有人採取行動。

4. 大家必須知道該如何協助。由於一般人缺乏機械常識，看到某人的車輛拋錨時，可能比較不會伸出援手。人愈不知道如何幫忙，就愈不會出手相助。

5. 大家要有幫忙的決心。每個人都有各種觀望的理由，例如可能曾有過在誤判情勢的情況下自願幫忙，卻遭到拒絕的尷尬回憶。

◆**參考文獻**

Darley, J. M. & Latané, B. (1968). 'Bystander intervention in emergencies: Diffusion of responsibility'. *Journal of Personality and Social Psychology.* 8, 377–93.

005 肛門期與強迫型人格違常：凡事力求有條不紊

要求完美可能是一種怪僻。

——伯納德・里奇（Bernard Leach），《波特家的挑戰》（*The Potters' Challenge*）

完美的數字，就和完美的人一樣稀有。

——勒內・笛卡兒（René Descartes），《Mathematical Circles Squared》

在一篇以《性格與肛門性欲》（*Character and Anal Eroticism*）為題的論文中，佛洛伊德主張人格特徵源自對某些原始生理衝動的排除。佛洛伊德列出三種無法脫離肛門期的人格特徵：井然有序、節儉吝嗇，以及對整潔、嚴謹、信用、反抗、報復相關的態度過度執著。

他主張雙親的行為在這個階段可能導致強迫行為的發生。此外，兒童長大後也會成為父母，因此，嚴厲／寬鬆、早熟／過晚的便盆訓練，都可能產生長遠的影響。肛門期人格仍保留著孩提時期對金錢觀之類的矛盾與壓抑。

如廁訓練

研究證實，具有井然有序、節儉吝嗇、潔癖執著三種特徵的肛門期人格，比非肛門期人格更喜歡廁所幽默（toilet humour，註，與排泄相關的笑話），稍微佐證了佛洛伊德的這個理論。此理論主張，所有幼兒在排便時會體驗到舒適感。西方父母在孩子還很小的時候（約兩歲）就開始訓練他們如廁，有些父母會為了孩子順利排便而盛情稱讚（屬於正面強化），有些則會因孩子拒絕排便而威脅或懲罰（屬於負面強化）。便盆或如廁訓練的時間點，通常都與幼兒嘗試獲得自主權及自我價值感的時期重疊。

如廁訓練常會因為孩子能否學會控制自己的括約肌，或是父母以獎勵或威脅迫使孩子服從命令，導致親子之間的衝突。此外，孩子會對自己的排泄物著迷或產生遐想，因為這是自己的身體所創造出來的。然而，父母一方面將排泄物視為珍貴的禮物，一方面又視它們為不可觸碰且必須立刻丟棄的穢物，也會進一步導致孩子產生錯亂感。即使如此，因成功排便而受到讚賞的孩子，會心懷感激地將排泄物視為獻給摯愛父母的禮物，長大後在送禮及花錢上就會比較大方。相反的，除非真有便意否則拒絕排便的孩子，長大後在金錢運用上可能也會類似「便祕」的情況。

因此，這個理論明確指出，如果孩子在如廁訓練時經歷創傷，可能終生保留在此階段的因應與行為模式。守財奴的一毛不拔，也可以被視為孩子拒絕聽從父母命令來排便的象徵。相反的，敗家子記得的是聽從父母的命令而排便後所獲得的肯定與關愛。有些人會將「排便／花錢」與「獲得關愛」劃上等號，因此在缺乏安全感、感覺沒人愛或渴望關愛時，會傾向花錢尋求慰藉。

人對金錢的態度只會有兩種極端，不是極度正面，就是極度負面。

心理分析學的證據來自不尋常的來源，也就是患者的自我聯想與夢境。佛洛伊德學派也曾嘗試在諺語、神話、民間故事與傳說中，尋找能驗證他們理論的證據。他們找到了許多語言方面的證據，尤其是從慣用語中。金錢常被說成「不義之財」（filthy lucre），富人常被形容成「富得流油」（stinking rich）。金錢賭博也常與如廁訓練有連結：撲克牌賭客將賭金押進「pot」（底池，與「便盆」同字）中，雙骰子賭博則稱為「craps」（花旗骰，與「拉屎」同字）。

強迫型人格違常

約翰．奧德姆（John M. Oldham）與路易斯．莫里斯（Lois B. Morris）在一九九八年指出，著名的強迫型人格違常（Obsessive-Compulsive Personality Disorder，編註：人格違常又稱人格障礙症、人格疾患）具有許多廣為人知的特徵：

1. 對完成工作造成障礙的完美主義，也就是由於訂立的標準過於嚴苛、難以達成，而無法完成工作。
2. 因為過度拘泥於細節、規則、清單、秩序、組織或時程，而忘記了進行某項活動的重點。
3. 堅信他人無法把事情做對，因此不合理地強迫他人遵循自己的做事方法，或不近人情地不讓他人做某些事。

4. 過度投入工作、追求產能，不惜為此排除休閒及友誼（而且並非出於明顯的財務需求）。

5. 優柔寡斷：需要做決策時習於迴避、拖延或擱置，也就是因不能判斷先後與輕重而無法準時完成工作。（但不包括因過度依賴他人的建議或保證所導致的優柔寡斷。）

6. 對倫理、道德及價值觀過度嚴謹、小心謹慎、缺乏彈性。（但不包括源自文化或宗教習俗之因素者。）

7. 壓抑感情表達。

令人驚訝的是，強迫型人格違常者無法丟棄老舊或失去價值的物品，即使它們不具任何情感價值。他們會在家中和職場囤積垃圾，也厭惡承接工作或與他人合作，除非大家完全配合他做事的方式。他們不願意放手，對自己和他人都很吝嗇；堅信必須囤積財富以因應未來的劫難。因為他從沒把預算花完，也就不需要增加預算。簡言之，這種人固執、死板，為他們工作會相當痛苦。

◆參考文獻

Freud, S. (1908). *Character and Anal Eroticism.* London: Hogarth.

Furnham, (2015). *The New Psychology of Money.* London: Routledge.

Oldham, J., & Morris, L. (1991). *Personality self-portrait.* New York: Bantam.

006

焦慮：你會杞人憂天嗎？

我們無須為焦慮（或恐懼）做出任何解釋，因為每個人在生活中都曾體驗過這種感覺，或者說得更正確一點，情感狀態。

——西格蒙德．佛洛伊德，《心理分析導論》（*A General Introduction to Psychoanalysis*）

我們的一生都為了確保個人安全而焦慮，隨時為了生計而忙碌，所以我們並沒有真正意義上地活著。

——托爾斯泰（Leo Tolstoy），《我的信仰》（*My Religion*）

大家都知道焦慮是什麼，而且有許多事會使我們焦慮。大家也都本能地區隔心理學家所謂的「特質焦慮」（trait anxiety）與「狀態焦慮」（state anxiety）。

特質焦慮指的是一個人隨時都在杞人憂天、容易感受壓力、容易產生焦慮。這種人通常會負面思考、保持警戒，因為有太多事讓他們感到焦慮。他們對於讓自己焦慮的事會做出激烈反應，而且此反應所維持的時間比普通人還要長。簡言之，他們具有焦慮型人格，有時會被大家形容成神經質，而且容易產生憂鬱症、恐懼症等疾患。

狀態焦慮則是指我們面對某特定事物或事件時產生的不適反應。比如，目睹一場車禍、遭受暴力威脅、被迫上台演講、坐下來考試或接受注射，這些都是容易使大多數人因感受威脅而焦慮的情境。狀態焦慮是一種暫時性的狀態。

焦慮反應

大多數人都能看出自己或他人陷入焦慮的徵象。人在這種時候通常會心跳加速、汗流不止，甚至顫抖不已，也可能感覺口乾舌燥或面露驚恐。

對於長期性焦慮與隨之而來的壓力之反應，大致可分為以下三類：

1.生理症狀：生理外觀的明顯衰弱、慢性疲勞、容易疲憊、頻頻遭受疾病感染（尤其是呼吸道感染）、出現生理不適（例如頭痛、背痛、腹腔及皮膚不適）、憂鬱徵兆、體重及飲食習慣改變。

2. **情緒症狀**：厭倦一切、缺乏同理心、絕望且悲觀、玩世不恭、憤世嫉俗、表情憂鬱、神情哀傷、彎腰駝背，頻繁展現焦慮、受挫及悲傷情緒。

3. **行為症狀**：曠職、易發生意外、酒精及咖啡因攝取量增加、吸菸量增加、過度或過少運動、做出非理性行為、脾氣火爆、生產力下降，無法專注於或完成工作。

情感疾患

精神科醫師定義出各種略有不同但可辨識出差異的情感疾患（affective disorders, ADs），其中包括廣泛性焦慮症（anxiety disorder, GAD）、恐慌症（panic disorder，可能也包含恐懼症〔agoraphobia〕）、強迫症（obsessive–compulsive disorder, OCD）與創傷後壓力症候群（posttraumatic stress disorder, PTSD）。情感疾患是最常見的精神疾患，患病率在十三．六%至二十八．八%之間。相關研究也指出，特定恐懼症與社交恐懼症（social phobia，或社交焦慮症〔social anxiety disorder〕）是最常見的情感疾患。對青少年而言，社交恐懼症及分離焦慮（separation anxiety）是最常見的情感疾患；研究顯示他們整體的焦慮症患病率甚至高達三十九．一%。

相關案例

- **恐慌症**：二十七歲的戴瑞克與妻子在駕車前往電腦商店時突然感到暈眩。他一發現情況不對勁，便開始流汗、心跳急遽加速、熱潮紅、顫抖不已，並感覺對身體失去控制。他擔心會發生車禍，便把車子停到路邊。十分鐘後，這種感覺消退了，戴瑞克終於感覺舒坦些，但從這時起，他非常擔心暈眩情況會再度發生，因此不願意長距離開車。
- **恐懼症**：十九歲的西莉亞突然拋下速食店的工作返家，並尖叫著自己快死了。站在櫃檯時，她突然體驗到這輩子最駭人的感覺：心臟跳動得像鑿岩機般猛烈，整個人陷入恐懼之中，感覺腳下的地板馬上就要裂開，而且堅信自己一定是中風或心臟病發作。接下來，她躺在床上休養了兩個星期，並拒絕走出大門。
- **社交恐懼症**：二十一歲的約翰和父母同住。去年他開始上大學後，變得比往常更害羞，只交到一個朋友。雖然他希望擴展交友圈，卻很害怕自己會在人群中說錯話或做錯事而感到難堪。雖然約翰的課業表現還好，但他在課堂上幾乎不說話，而且被要求回答問題或在全班面前發言時，就會陷入極度緊張、渾身顫抖、滿臉漲紅、隨時有反胃感。回家後，約翰和家人無話不聊，但只要有不熟的人來訪就會閉口不語。他從不接電話，也拒絕參加任何社交聚會。他知道自己的恐懼毫無道理，但就是無法控制自己，也為此自責不已。
- **創傷後壓力症候群**：艾力克斯在服役時經歷過不少戰鬥，遲遲無法擺脫某些經歷的折磨，例如是親密的袍澤兼好友蓋瑞被地雷炸死的悲劇。幾個月後，他重返民間生活，但這些畫面依然盤據心中揮之不去。入夜後，艾力克斯總是無法放鬆心情進入夢鄉。戰鬥的景象在腦海裡反覆浮現，導致他無法專心工作。這也影響到他的日常生活，例如，當艾力克斯在加油站操作加油時，柴油的氣味立刻喚醒恐怖的回憶。他感覺情緒一片麻木，也覺得自己的未來毫無希望。在家中，他焦慮易怒且容易受到驚嚇。他發現自己迴避所有人際互動，也害怕置身於公共場合。

◆ **參考文獻**

American Psychiatric Association (2013). *Diagnostic and Statistical Manual of Mental Disorders* (FifThed.). Arlington, VA: American Psychiatric Publishing. p. 189.

007 藝術偏好：你喜歡什麼樣的作品？

一件藝術品最關鍵的是，它必須超越個人生活以上的境界，發自詩人的精神與內心，一如人之於人類的精神與內心。

——卡爾・榮格（Carl Jung），《尋求靈魂的現代人》（*Modern Man in Search of Soul*）

我曾經像拉斐爾（Raphael）那樣作畫，卻花了一輩子學習如何像小孩那樣畫畫。

——畢卡索（Pablo Picasso），《Le Dessin d'Enfant》

你喜歡什麼樣的藝術品？抽象、普普，還是寫實派？你對藝術的偏好和對音樂甚至建築的品味，有沒有什麼關聯？從你的品味可以看出個性中的哪些特徵？

美學體驗是日常生活中不可分割的一部分，不僅代表了我們與藝術性刺激的單純而感性的互動，也反映出對藝術的批判性評價和審美欣賞品味的一連串個人選擇模式。

這方面的研究稱為「美感偏好」（aesthetic preference），多年來一直是心理學家深感興趣的議題。他們好奇著，為什麼有些人喜愛畢卡索或達利的作品，有些人卻痛恨它們？藝術也是日常生活的一部分，但有些人熱愛它，有些人則毫無感覺。有些人逛多少家畫廊也不嫌煩、喜歡觀賞藝術節目、飽讀藝術家的傳記，其他人則是對這些一點興趣也沒有。

藝術偏好

對藝術偏好的研究，關注的是個人差異與好惡的關係，並探討保守、開放、分裂型人格、對曖昧模糊的容忍度，以及最重要的刺激尋求等概念。這些研究證明了人格與特定藝術偏好之間有著可預測的連結，尤其是保守或嚴謹的人格與「傳統／寫實藝術」，而不是抽象或立體派藝術之間的關聯。反之，對體驗持開放態度的人格，則與對非傳統風格的偏好較有連結。

人口統計變項（Demographic variables）對偏好也有影響。男性傾向偏好立體派與文藝復興時期的作品，女性則較偏好傳統日本繪畫及印象派作品。較年輕的人偏好較現代的抽象及立體派作品，較年長的人則偏好印象派及日本繪畫。

整體而言，人格特質對偏好的影響比人口因素來得大。

藝術興趣

第二種研究角度聚焦於藝術興趣，或是每個人對造訪美術館、觀賞藝術節目、購買及閱讀藝術相關書籍等藝術活動的參與度。我們知道，投資在一個藝術領域（如純藝術或視覺藝術）的人，也比較可能將時間與金錢投資在其他領域（如音樂、表演藝術、劇場）上。

但哪些人格特質會促成這種關係？影響一個人的藝術興趣的特質，似乎最能體現在對於體驗不同面向的開放度。因此，個性開放的人較可能喜歡欣賞藝術品，並參與藝術相關活動。

藝術判斷

藝術判斷被視為一種對能力而非品味的測量，要求受測者辨識出何者為真品、何者為贗品或經過實驗性修改的複製品。例如，向受測者展示一幅真畫，旁邊則是同樣畫作的修改版本（其中某個抽象形體的顏色或位置被更改），並要求他們判斷哪一幅是真畫。回答的正確度與反應時間均是測驗項目。

雖然這種測量的有效性依然被質疑（藝術判斷的分數高低實際上有什麼意義），但研究顯示，認知能力與藝術判斷能力在得分上有明顯的關聯。與藝術判斷能力有強烈關聯的人格特質是嚴謹性，嚴謹度愈低，藝術判斷的得分就愈高。

經驗開放性與藝術性人格

個性開放者的好奇心與解決問題的模式，似乎會讓他們對不同類型的藝術產生興趣與探索意

願。至於那些與保守及嚴謹有關的特質，則似乎會促成對藝術的興趣低，並偏好較傳統、寫實的風格

開放性與低嚴謹度等，似乎對偏好及興趣都會造成影響；認知能力因素與知識及判斷有關，因為不同的人學習與累積知識的能力，會造成不同的結果。

◆參考文獻

Chamorro-Premuzic, T., Burke, C., Hsu, A., & Swami,.V. (2010).

Personality predictors of artistic preferences as a function of the emotional valence and perceived complexity of paintings. *Psychology of Aesthetics, Creativity, and the Arts,* 4, 196–204.

Chamorro-Premuzic, T., Reimers, S., Hsu, A., & Ahmetoglu, G. (2009). Who art thou? Personality predictors of artistic preferences in a large UK sample: The importance of openness. *British Journal of Psychology,* 100, 501–16.

Rentfrow, P. J., Goldberg, L. R., & Levitin, D. J. (2011). The structure of musical preferences: A five-factor model. *Journal of Personality and Social Psychology,* 100. 1139.

008 職場上的評量與挑選

沒有偉大的意志力，就沒有雄才大略。

——巴爾札克（H. de Balzac），《外省的詩神》（*Le Muse du Department*）

心理面談如今已發展成一種家庭派對般的折磨。候選人耗費一個愉快的週末被專家觀察……這種方法無須贅述，但它的結果和我們高度有關，而且顯然是非常糟糕的。

——帕金森（C.N. Parkinson），《帕金森定律》（*Parkinson's Law*）

工作上的人事評量因許多理由而顯得重要，最重要的是成本效益分析（cost benefit analysis），也就是比較「正確決策所帶來的效益」與「錯誤決策所付出的成本」。

評量者所面對的基本問題，是需要評量什麼、誰最適合做這件工作、何地與為何。就某種程度來說，這些「什麼」可以被劃分成三大領域：「一個人能做什麼？」指的是他們的能力；「一個人會做什麼？」指的是他們的動機或想做的事；「一個人想做什麼？」指的是不同的人對不同活動的偏好。

基本方法

就本質上而言，蒐集人事數據的方法主要有五種，其中最常用的是前三種。

A. 自我報告（Self-Report）

主要是讓大家以下列形式說出對自己的看法：

1. 訪談：可能是結構性，也可能是非結構性的。
2. 人格與其他偏好測驗。
3. 簡歷表（CV）、自傳或申請表。

不過，自我報告有兩個主要問題。第一個是隱瞞、偽裝或說謊。有些人可能會提供假資料或美化自己的背景。

心理學家將這種行為進一步區分成兩種行為類型。

- **印象管理**（Impression Management）：一個人試圖藉由隱瞞部分訊息、添加不實訊息（遺漏性及替代性錯誤）製造良好印象，或回以不全然正確、但可能在面試官心中留下良好印象的答案。這種事是刻意為之的，而且相當常見。
- **自我欺騙**（Self Deception）：一個人說的可能是真心話，卻因本人缺乏自我覺察而流於不實。這種人可能真的相信自己「善於傾聽」，但所有可靠證據都顯示並非如此。

人格與偏好測驗解決這種問題的辦法，是在測驗中使用「測謊量表」（Lie Scales）。這種工具有許多名稱與種類，通常測量的是反應誤差（response bias），例如「你飯前一定會洗手嗎？」

第二種辨法是「自我洞察」（self-insight），主要聚焦在大家想說卻不敢說的事。這在上進心的議題上尤其常見，被問到受權力及安全感驅策的程度時，大家都不能（而非不願）說出誠實的答案。上進心是最難被準確評量的議題之一，但對商務人士而言卻是最重要的。

B. 觀察資料（Observation Data）

主要是讓大家以下列形式說出對某人的看法：

1. 參考資料與證詞。

2. 三六〇度回饋（360-degree ratings，或多源回饋〔multi-source feedback〕）。

3. 評鑑與其他績效管理數據。

這種資料也有一些問題。

第一個是「觀察者」的資料庫，主要是指觀察者擁有候選人的哪些資料。因此，老闆擁有的資料與同事或下屬的並不相同，學校老師或大學講師擁有的資料，與雇主的也不會相同。問題是他們知道什麼，例如關於一個人的能力、上進心與工作風格等等資料，在品質與數量上會有所差異。

第二個問題是他們準備透露一個人的多少訊息。某些企業拒絕提供資料，因為他們可能為了這些資料中說了什麼或沒說什麼而被告上法庭。他們被告知唯一能說的就是：「某某從哪年哪月到哪年哪月在本公司任職。」

第三，大家會為了獲得肯定答案而選擇裁判。通常人們對於在參考資料上寫內容或打分數的對象，都會抱持尊重態度。許多人了解負面情報的威力，因此會極力避免提供任何負面情報，也就很難從這類資料中獲得關於一個人的弱點或難處的有用資料。

C. 測驗表現（Test Performance）

這是指在測驗中表現的優劣。

1. 力量、限時、能力測驗：這類屬於「最大表現測驗」（maximum performance）。

2. 偏好、不限時、人格測驗：這類屬於「典型表現測驗」（typical performance）。

3. 行為測驗，通常以群體方式進行。

測驗有各種形式：

● 群體VS.單人管理測驗。有些測驗需要一對一管理，其他的則可以規模較大的團體形式進行。

● 目標性VS.開放性測驗。前者需要選擇特定答案，後者則需要受測者自己寫出答案。

● 紙筆VS.表現測驗。後者需要受測者親自操控儀器、設備或工具。

D. 生理證據（Physiological Evidence）

這可能是最新且最受爭議的測量方式。某些工作的雇員需要定期（一年一度）做「健康檢查」才能保住工作。對飛機駕駛之類的工作來說，這是必須的，其他行業也有諸如釀酒產業規定員工必須檢查肝功能等的規定。

血液及唾液檢測可被用於各種診斷，包括用藥及壓力檢測。每天似乎都有新的生理測量方式被設計出來，以偵測一個人將來是否可能罹患心理或生理疾病等問題。

E. 個人史／自傳（Personal History/Biography）

指的是一個人的個人歷史，例如：在哪裡出生及接受教育、出身於哪個家庭，以及目前的家庭組成及地址。有些資料甚受重視，例如此人的父母屬於哪個社會階層、此人是否屬於某個少數族裔或宗教團體、有幾個兄弟姊妹及出生順序、受過什麼樣的學校教育，以及在學校的表現優劣等等。

這個領域被稱為「生物數據」（biodata），目的是透過經驗法則，從傳記中判定當事人在特定工作中的成功標記，不過這個方法依然有所侷限。

◆參考文獻

Chamorro-Premuzic, T., & Furnham, A. (2010). *The Psychology of Personnel Selection.* Cambridge: Cambridge University Press.

009 占星術與筆跡學：它們準嗎？若是不準，為何人們會相信？

占星術是一種古代偽科學與酒吧閒談的開場白，建立在每個生在同一星座下的人都會在同一天遇見一個陌生人、獲得一個美好的工作機會，或因消化不良而受苦的前提之下。

——瑞克・巴揚（Rick Bayan）

大多數人都知道自己是什麼「星座」。全球各地的報紙上都有星座專家的專欄。占星術屬於幾種認為天體的位置可以用來了解、解讀及建構關於現實和人類在地球上生存的傳統或體系之一。大多數占星術師都將之視為一種可以幫助大家進一步認識自己、他人及彼此關係的直覺性工具。

很自然的，心理學家調查了這種主張的真偽，做過許多檢驗這種想法的嘗試，但是除了極少數例外，幾乎只能證明這些主張沒有多少根據。他們所找到的證據，通常無法為占星術師的主張背書。

雖然「筆跡學」（graphology）這個名詞直至一八七一年才由法國神父讓－伊波利特・米瓊（Jean-Hippolyte Michon）初次使用，但從筆跡或多或少可看出書寫者人格的想法，在更早以前就已經存在了。筆跡學相關書籍指出，應該觀察的項目（大小、斜度、區域、力道），以及它們所揭露的人格（性情、心理、社會地位、職位及道德觀），但兩者之間並沒有明顯的一致性，尤其在解釋人格特質的部分。此外，對於從筆跡判斷人格的過程及架構，也鮮少有明確的解釋。筆跡學有幾個門派，每個在歷史、路線及「理論」上都略有差異。

筆跡學家主張手寫等於「腦寫」，書寫風格因人而異，人格亦然，因此兩者之間必有相互反映；書寫是一種表現性的動作，因此筆跡一定能反映出我們的人格；警方和法庭都以筆跡辨案和判案，證明它一定是有效的。有些刻薄的人事主管對筆跡學深信不疑，會以此做為徵才的依據，而且筆跡學家在幾個世紀以來一定注意到某種人會把字寫成某種樣子。這些假說均受到深入鑽研此領域的巴里・巴耶爾斯坦（Barry Beyerstein, 2003）所駁斥。

人們為什麼會相信占星術和筆跡學？一種可能的解釋是它們所提供的解讀是「真的」。它們之所以是「真的」，是因為它們由具有高基本比率效度（base-rate validity）的模糊、正面的泛論拼湊而成，而且看起來是針對一個具體人物量身定做的。

數十年來，心理學家一直在研究「巴納姆效應」（Barnum effect，有時也稱為佛瑞效應〔Forer effect〕）。這是一種聆聽他人陳述對自己的人格看法時，以為這些看法源自某種人格分析法所產生的現象。換言之，人會被那些看似驗證自己的謬論所誤導，把可以套用在所有人身上的泛論，當作對自己的精準觀察。

六十多年前，心理學家羅斯．斯塔格勒（Ross Stagner）邀請一群人事主管進行一場人格測驗，但這場測驗並沒有分數，也沒有正確答案，受測者得到的是根據占星術或筆跡學等寫成的假分析。接著，每位人事主管被要求閱讀這段分析（照理都是這場「科學」測驗根據他們個人所做成的），並判斷準確度有多高。超過半數的人都覺得這些分析很準確，幾乎沒有人認為是錯的。

翌年，一位教授貝特拉姆．佛瑞（Bertram Forer）也要求學生做這場人格測驗，接著沒有理會他們的答案就發給每位學生同樣的分析，前三句如下：

「你需要其他人喜歡你、欣賞你。」

「你有嚴以律己的傾向。」

「你有許多潛力還沒發揮，還沒被轉化成你的優勢。」

接下來，學生被要求為這份分析做出一至五分的評分，五分代表受測者覺得這份分析「非常精準」。全班平均分數為四．二六分。

巴納姆效應的研究，證實了對於這類假分析的相信程度，會受到幾個重要因素的影響：有些與接收者／客戶及提供者／諮詢師有關（例如他們的人格較天真），有些則與測驗及解答情境的性質有關。

問題設計得愈詳細（例如根據出生年、月、日，而不是僅根據出生年、月的星座分析），接收者就愈有可能認為答案是為自己量身打造的。

人們有多麼相信這些關於自己的說法，與他們希望此說法為真的程度成正比，而不是針對這些非主觀標準導出之說法的經驗準確度。這就印證了另一個人格評量的效應：「波麗安娜效應」（Polyanna principle），其主張是：就整體趨勢而言，大家比較會接受對自己的正面分析，而不是負面分析。

研究證明了，原本對占星術持懷疑態度的學生，如果分析結果是正面的，整體而言都偏向能接受自己所收到的人格敘述，相信占星術的程度也有所提升。換句話說，如果占星術理論所提供的個人描述是美好的，人們就比較可能對占星術的有效性表示支持。

整體而言，在這些研究中，受測者大多認為巴納姆式的分析還算準確，而如果註明這份分析是為受測者「量身打造」的，接受度還會進一步提高。討喜的分析結果比不討喜的，更容易被受測者視為對自我人格的正確敘述，而地位較高的人比地位較低的人更容易接受不討喜的分析結果。

因此，占星術及筆跡學之所以受歡迎的原因是：它們的分析結果都是以實際線索為依據，而且幾乎都是正面解答。此外，人們通常在陷入焦慮時，最可能期望占星術師之類的人為自己指點迷津，而在這種情況下，對關於自己與未來的「客觀」資訊最為敏感。

◆參考文獻

Beyerstein, B., & Beyerstein, D. (Eds) (1992). *The Write Stuff: Evaluation of Graphology–The Study of Handwriting Analysis.* New York: Prometheus Books.

Forer, B.R., (1949). The fallacy of personal validation: A classroom demonstration of gullibility. *Journal of Abnormal and Social Psychology*, 44, 118–23.

Furnham, A. and Schofield, S. (1987). Accepting personality test feedback: A review of the Barnum effect. *Current Psychological Reviews and Research*, 6, 162–78.

010 吸引力與美：不僅是情人眼裡出西施

如果埃及豔后的鼻子短一點，世界的面貌必將有所不同。

——布萊茲·帕斯卡（Blaise Pascal），《思想錄》（*Pensées*）

我總是說，美貌不過是一層皮。

——薩基／赫克托·休·芒羅（Saki/H.H. Munro），《Reginald's Choir Treat》

人們常說吸引力難以解釋，但可以辨識。長久以來，我們一直試著定義哪些因素讓一個人的相貌具有吸引力。例如，古希臘人相信美是由正確的數學比例所組成。但對哲學家大衛·休謨（David Hume）而言，「美並不是事物本身的性質，僅存在於觀賞它的心靈中；而每個心靈對美都有不同的認知」。情人眼裡出西施這個看法，也就是「不同的人對美的定義都不同，因此對誰美、誰不美，無法產生共識」，長年以來，在哲學與藝術領域中都占有主導地位。

不過，與「美純屬主觀意識」的看法相反，心理學家主張吸引力還是有客觀定義的準則。如今，在世俗大眾與科學界盛行一種截然不同的看法，就是認為「美是以可靠的健康與生殖力指數為依歸」，而這就是演化心理學觀點。這是目前占據主導地位的看法，過去三十年來，也有無數研究嘗試記錄普世公認具吸引力的現實與生理條件。

依照演化心理學對人類歷史的看法，在繁衍過程中，男性的主要目標就是對有生育力的女性授精，而女性的主要目標則是從優質男性身上獲得「優良基因」，可能的話順便獲得育兒責任的分擔及保護。對演化心理學家來說，時至今日，全球男女的主要目標依然不離這些，他們也依照兩性策略的規則，推定出幾組促使並引導一個人生育繁衍的行為組。

他們主張女性選擇男性的標準，是高社會地位與為後代提供資源的能力。因此，男性會努力獲取比其他同性更多的資源，以吸引女性。

女性發展出對男性各種特徵的偏好，而這些特徵暗示的是財產，或是獲得資源的潛力。反之，男性對女性的特徵偏好，則是年輕與外貌。人類的祖先需要的是年輕健康的女性，但僅能以滑嫩肌膚、娃娃臉、某種身材等，與健康有關的特徵為判斷基準。

這種演化心理學模型驗證了許多實驗社會心理學的實證發現。例如，來自某些文化的男性偏好相貌年輕的女性，如果這類偏好是繼承機制的結果，看來男性就是「被設定」為傾向選擇有生育力的年輕女性，以保障將自己的基因傳承下去的機率。

因此，演化心理學家一直以來都能根據上述（及其他）變數，來預測並解釋哪個人可能被評為具吸引力。雖然基於對美的評價的尊重，他們曾經探索過社會階級、文化、人格及年齡等個人差異因素，但最後都能找到男性及女性認為什麼樣的異性最具吸引力及美的清楚標記。

◆參考文獻

Dion, K., Berscheid, E., & Walster, E. (1972). What is beautiful is good. *Journal of Personality and Social Psychology, 24,* 285–90.

Judge, T. A., Hurst, C., & Simon, L. S. (2009). Does it Pay to Be Smart, Attractive, or Confident (or All Three)? Relationships Among General Mental Ability, Physical Attractiveness, Core Self-Evaluations, and Income. *Journal of Applied Psychology, 94 (3),* 742–55.

Kanazawa, S., & Reyniers, D. J. (2009). The role of height in the sex difference in intelligence. *American Journal of Psychology, 122 (4),* 527–36.

Swami, V. (2016). *Attraction Explained.* London: Routledge.

011 自閉症、亞斯伯格症與類分裂性人格違常

唯有在看過一個人讀的書、掛在牆上的畫、追求的目標、交往的朋友，你才可能真正了解他。

——亨特（W.A. Hunt），《美國心理學家》（*The American Psychologist*），一九五一

你會對以下這兩個人的問題做出什麼樣的診斷？

約翰：今年二十歲，兩歲時就被發現有語言障礙。他總是脾氣暴躁、個性內向，而且不會與家人或同儕發展人際關係。他對預期外的改變相當敏感，經常做出自殘或扔東西等攻擊性行為，這種行為導致他在學校遭到霸凌。約翰對於火車相關一切知之甚詳，牆上還掛著倫敦地鐵路線圖。

安娜：今年二十二歲，在社區圖書館上班，她在孩提時代每個週末都在這裡度過。她擁有資訊工程學位。在學校時曾因沒做功課惹上麻煩，因為她只對電腦感興趣。安娜沒有朋友，唯一喜歡的話題就是電腦，對電腦不感興趣的同儕很少跟她往來。與人對話時，她不會直視對方的雙眼，而且聲音毫不帶情緒。安娜和父母同住。

答案是，約翰患有自閉症類群障礙症（Autism spectrum disorder, ASD），病徵是語言障礙、不發展人際關係、對改變敏感、注意力全集中在單一事物，而安娜則患有高功能自閉症類群障礙症，病徵是生活行事一成不變、注意力全集中在單一事物、缺乏社交技能。

大多數人都聽過自閉症與亞斯伯格症（Asperger syndrome），也能說出這兩種病症的某些症狀，但無法將兩者做清楚區分。大家可能也聽過自閉症的「類群障礙」（spectrum，原意為光譜），代表症狀可以從極度嚴重到相對輕微。不過，關於這部分仍然有些爭議。

自閉症類群障礙症是一種神經發育障礙（neurodevelopmental disorder），症狀是持續性的溝通與社交互動能力匱乏。患者通常難以進行任何溝通、發展任何人際關係。他們可能會有某些強迫行為或展現對某些事物的濃厚興趣，對特定生活行事極度堅持。估計約有百分之一的兒童患有自閉症類群障礙症，而且男孩的比例是女孩的五倍。

大家對自閉症類群障礙症有許多誤解，對成因、症狀及治療的理解與實踐也不甚充分。高功能自閉症（high-functioning autism, HFA）的定義是否有意義，至今仍爭論不休。高功能自閉症及亞斯伯格症患者在行為表現上差異甚小，因此治療方法也沒有太大差別，其中一個主要的差別是，高功能自閉症患者說起話來較為遲緩，亞斯伯格症患者則沒有這個問題。

亞斯伯格症患者在辨識及傳達自己的感覺上有困難，這一點與高功能自閉症患者無異。他們看起來情緒智商極低，說起話來不帶感情，而且經常需要嚴格遵守時程表，對某些特定主題也有近乎迷戀的強烈興趣。因此，他們長大成人以後，可能在最高深的數學、音樂或工程領域成為舉世聞名的專家。

較之典型自閉症，患有亞斯伯格症／高功能自閉症的兒童，通常擁有平均甚至高於平均的智商，而且病徵通常相對較晚才被診斷出來。

近二十年來，對自閉症類群障礙症的成因及治療上的理解有許多重大進展。

類分裂性人格違常

這種人格違常的特徵，是對人際關係漠不關心，以及範圍極小的情緒及表情變化。類分裂性人格違常患者既不想要、也不享受與人親近，甚至包括家人在內；他們少有朋友和知己，情感上的表達也相當有限。他們通常顯得冷漠、無情，在與人溝通時，也鮮少做出動作或表情，例如微笑或點頭等。

類分裂性人格違常的另一個特徵，是對人際關係缺乏興趣。亞斯伯格症患者則是能與人溝通，也能建立人際關係，但選擇不這麼做。亞斯伯格症患者不像類分裂性人格違常患者那麼遁世，而後者則沒有亞斯伯格症患者那麼偏好並固著於強迫行為。

約翰．奧德姆與路易斯．莫里斯（2000）整理出孤僻型類分裂性人格違常患者的五種特徵與行為：

- 孤僻。他們不需要陪伴，獨處時感覺最自在。
- 獨立。他們自給自足，日常生活中沒有與他人互動的需要。
- 沉著。他們沒有情緒起伏、冷靜、缺乏熱情、缺乏感性、泰然自若。
- 性冷感。他們沒有任何性需求。
- 腳踏實地。他們不為讚美或批評所動，對自己的一切行為都不會有任何疑慮。

他們就是人格違常領域裡最冷酷的人：疏離、冷漠、沒有情緒、更偏好與動物培養感情。他們自給自足，不需要任何人的仰慕、討好、指導或取悅，而且完全不會為寂寞所苦。他們看起來完全沒有熱情；是行動者與觀察者而不會是感受者；面對痛苦與熱情也完全不為所動。

類分裂性人格違常患者看起來經常與人際關係脫節，面對他人的情感表達及情緒起伏極為有限。他們被認為對一切都冷漠無感，面對他人的讚美或批評也不為所動，幾乎不受任何事物所驅策。

◆參考文獻

Baron-Cohen, S., Lombardo, M.V., Auyeung, B., Ashwin, E., Chakrabarti, B., & Knickmeyer, R. (2011). Why are autism spectrum conditions more prevalent in males? *PLoS Biol, 9* (6), e1001081.

Furnham, A., & Buck, C. (2003). A comparison of lay-beliefs about autism and obsessive–compulsive disorder. *International Journal of Social Psychiatry, 49* (4), 287–307.

012 行為經濟學

錢就好像第六感，你少了它就沒辦法使用其他五感。

——毛姆（W. Somerset Maugham）

情緒對決策有很大的影響。更重要的是，決策結果對情緒也有很大的影響。

——梅勒斯（B. Mellers）、施瓦茨（A. Schwartz）、庫克（A. Cooke）《心理學年度評鑑》（*Annual Review of Psychology*），一九九八

雖然我們的判斷反映出對事物的看法，但這判斷是由我們的意志，而不是智慧所決定的。

——沃勒（E. Waller），《神聖的愛》（*Divine Love*），一六五〇

行為經濟學建立在心理學及經濟學的知識基礎，其目標是理解人們如何選擇、處理及判斷財經（及其他各類）情報，對於許多人顯然受過教育且能接觸到足夠情報，卻會在金錢的借貸、投資、花費等各方面做出不合邏輯或不合理的決定，想要提出深入且簡約的解釋。賀伯・賽門（Herbert Simon）、丹尼爾・康納曼（Daniel Kahneman）、理查・塞勒（Richard Thaler）這三位心理學家都因這方面的研究而獲得諾貝爾經濟學獎。

經濟學家一直無法找出某些難以解釋之經濟行為的原因，例如：為什麼人會付小費？為什麼以現金或信用卡消費的感覺不同？為什麼大家要開設利息率跟不上通貨膨脹的定存戶頭？為什麼我們刷卡購物時花費的金額總是比支付現金時更多？

蓋瑞・貝斯基（Gary Belsky）與湯瑪斯・季洛維奇（Thomas Gilovich）在合著的暢銷書《行為經濟學：誰說有錢人一定會理財？》（*Why Smart People Make Big Money Mistakes*, 1999）中，探討了七個常見的問題：

1. 並不是所有錢都能被等而視之。這被稱為心理帳戶（mental accounting）或可替代性（fungibility），指的是人會以不同的方式看待並使用錢。賭輪盤贏來的一百元、薪水裡的一百元、退稅拿回的一百元，雖然金額完全相同，但花起來的感覺會很不一樣。心理帳戶可以讓人有時揮霍、有時節省：某些種類的錢花起來痛快豪爽，某些種類的錢花起來則是理性保守。

2.我們對損益的態度相當不同。對情境的定義及敘述方式，會對決策產生強烈的影響，結果十分清楚：人們會為了減少損失而冒險，而在有機會獲利時，會變得更保守。等量的痛苦和歡愉會產生非常不同的影響，這就是「損失規避」（loss aversion）的心理。對損失過度敏感，代表人對於市場下跌的情況會很快（甚至太快）做出反應。但是賣掉一支股票或債券（造成賠錢的痛苦），會讓某些人更願意冒險在它持續下跌的情況下，繼續這些投資。

行為經濟學家證實了損失規避與忽視「沉沒成本」（sunk costs）的無作為，均證明人經常做出不智之舉。但他們也對大家為何不在來得及挽救時採取行動一事提出解釋。有時，被迫選擇會令人不知所措，因為不知如何決定而陷入癱瘓，所以會推遲做出抉擇，決策癱瘓（decision paralysis）在有太多選項時尤其容易發生。被給予的工作時間愈多，人就愈容易變得拖拖拉拉。

3.人生來就容易無所作為。我們很容易安於現狀——也就是什麼都不做：拒絕改變，或不願自找麻煩。尤其有趣的是「稟賦效應」（endowment effect），意指人會高估自己所重視的事物，這就是為什麼企業會提供試用期並保證不滿意退款。從許多蛛絲馬跡也可以看出這種心態：不知如何選擇投資項目、沒有養老金、總是推遲做出財務決策。

4.貨幣幻覺（money illusion）**及大值偏誤**（bigness bias）**。**這種情況通常在我們搞不清楚金錢的名義變化（漲或跌）與實質變化的相對關係時發生，例如通貨膨脹或通貨緊縮的作用。重點在目前的金錢購買力與實際金額的相對關係。相關的概念還有「基率」（base rate）：由於中獎機率極小，因此購買彩券常被比喻為「繳傻人稅」。

5. 錨定偏誤（Anchoring bias）**與確認偏誤**（confirmation bias）。人們常有不論是否有意義，仍堅持並使用某種想法／事實或數字，做為未來決策參考的強烈傾向。理所當然，在對某事物缺乏情報（例如外國青年旅館的收費、一般的折扣行情等）時，尤其容易受這種錨定心理影響。

6. 過度自信是一種人們經常陷入的「自我陷阱」。太多人不知道自己的財經知識少得可憐，以為自己能在沒有專家建議的情況下賣掉房子，並選擇好的投資標的。有些人堅信自己打敗市場（beat the market），卻連自己投資的實際回報率是多少都不清楚。

7. 透過小道消息獲得明牌並過度仰賴其他人的理財行為是本書所收錄的最後一個「理財錯誤」。這種追隨群眾行為的盲從投資，在大家爭相投資「熱門股票」時相當常見；許多人因此買在高點，賣在低點，原因都是過度仰賴同儕、朋友、記者及財經顧問的看法。建議大家，投資應該「急而不亂」（hurry up and wait）；避免跟風、過濾雜音、隨時找機會站在對立面思考。

蓋瑞．貝斯基與湯瑪斯．季洛維奇在該書結尾提出了以下幾則的「思考原則」：

A.對每一塊錢等同視之：不論這一塊錢是怎麼來的、怎麼存的、怎麼花的（薪水裡的、別人送的、賭博贏的），都應該一視同仁。

B.損失帶給你的痛苦，大於獲利帶給你的歡愉：我們都會規避損失和風險。

C.已經花掉的錢就是不重要的錢：別讓過去的錯誤成為現在的陰影。

D.端看你怎麼評估／觀察／看待一切：我們評估潛在損失與獲利的方式，深深影響我們的每一個抉擇。

E.即使你不精打細算，每一塊錢都很重要：俗話說積少成多，聚沙成塔。千萬不要低估小錢。

F.不要把太多注意力花在不重要的理財事務上：我們習慣把某些論據和數字看得太重要。

G.別把對理財的信心放錯地方：我們很容易且經常高估自己的理財能力與理財知識。

H.承認自己的理財錯誤令人難受：自我批判不只有損自尊與自負，而且令人相當痛苦。

I.趨勢可能不是你的朋友：在追隨群眾做投資前，相信你的直覺。

J.你可能知道太多：氾濫的財經情報可能將你淹沒，而且其中有許多是毫無意義的。

◆參考文獻

Belsky, G., & Gilovich, T. (1999). *Why Smart People Make Big Money Mistakes–and how to correct them.* New York: Simon and Schuster.

Kahneman, D. (2014). *Thinking, Fast and Slow.* London: Penguin.

013 行為主義與行為療法

行為主義是一種心理的地平說……它將昔日的擬人化老鼠的觀點，替換成擬鼠化人類的觀點。

——亞瑟・庫斯勒（Arthur Koestler），《機器中的幽靈》（*The Ghost in the Machine*），一九六七

行為主義可以被正確且扼要地形容成一種沒有心的心理學。

——蒯因（W.V. Quine），《心理語言學》（*Psycholinguistics*），一九六一

在二十世紀的大部分時期，行為主義在心理學領域一直占據著主導地位。它可以被形容成一種研究（且僅研究）可觀察、可測量的行為科學。行為主義主張，我們需要以（可觀察的）行為證據來驗證理論。因此，除非我們能觀察並測量與兩者相關的特定行為，否則無法了解或分辨兩種心理狀態（態度、信念、價值觀等）的差別。

哲學理念

行為主義的哲學源頭可以上溯至邏輯實證主義（logical positivism）與英國經驗主義（British empiricism）等哲學運動。行為主義者主張，我們不需要參考信仰或記憶等內在心理活動，便能充分理解心理歷程。所有與內在狀態（例如想法和感覺）有關的討論，都應該被連根拔除，以嚴密的行為概念取而代之。

行為主義有幾種略有差異的版本，最有名的是伊凡．巴夫洛夫（Ivan Pavlov）的古典或生理行為主義。如果一隻狗或老鼠必須做出某個動作，例如在某種聲音出現或一顆燈泡亮起時推一根推桿或以特定方式移動，才會被餵食，牠們就可能反覆做出這種動作。聲音或燈光屬於辨別刺激（discriminative stimuli），移動或推拉屬於反應（responses），食物則是強化（reinforcement），而反覆動作是學習歷程（learning histories）。

行為主義學家對行為的心理學或演化論解釋沒有多少興趣，其核心概念是操作反應（operant response）：也就是一種反應對特定刺激的頻率與強度。巴夫洛夫以自己創立的方法（強化時制，reinforcement schedules）展示了他訓練動物的能力，並定義了許多具體，但大多不太尋常的反應。

行為主義學者傾向聚焦於十分具體、可辨識，且認為可以藉由規畫周詳的強化時制形塑的行為，但也有部分學者願意接受人類並不只是個人強化歷程的產品。我們也受自己的生理因素影響，有時候還會受文化影響，而文化相當於一個氏族或群體的共通行為。

社會學習理論

社會學習理論包含了許多重要的概念。

第一個是觀察學習（observational learning）或模仿（modelling）：我們經常透過觀察學習其他人的行為並進行模仿，接著再看他人被獎勵或懲罰，來獲得替代強化（vicarious reinforcement）。這可能對人產生刺激，提供有用的情報、普通的情緒激發（emotional arousal），鼓勵我們重新檢討自我、改變觀點。這就是電視電影之所以能激發行為改變的原因。

自我效能（self-efficacy）是社會學習理論中的一個重要概念，意指一個人對自己因應一個特定環境或達成一個特定目標的自信。這個理論主張在任何情境中的自我效能評估有四個功能：一、他們在類似情境中的學習歷程或成敗；二、顯著的替代經驗（關於其他人如何在類似情境中行動的知識）；三、言語／社會說服或強化（或他人鼓勵或說服你在該情境中行動的程度）；四、情緒激發，或因擔心失敗所導致的焦慮或苦惱。

「自我效能判斷」在學校、職場及治療中的激勵與目標設定方面，扮演重要的角色。大家愈相信自己知道該怎麼做，曾有成功經驗並希望避免失敗，就會愈想成功。

自我效能有廣義與特定目的兩種。廣義類是指相信凡事都有成功的把握；特定目的類則是僅侷限於人生中某一特定部分的成敗。

最後一個概念是「自我規範」（self-regulation），指利用想法／信念來控制行為，是一種用於自賞及自罰行為的個人資源。這能促使人們觀察自己的行為，並判斷這些行為如何發生、與他人相較又是如何。一般人對成功的反應是開心與自豪，對失敗的反應則是痛苦與自我批判。「自我規範過程」指的是人們會反覆做出能提升自我價值或自尊的行為，同時避免可能造成挫敗或自我厭惡的行為。

認知行為療法

認知行為療法（cognitive behavioural therapy, CBT）是一種以管理及改變人的思維及行為，進而排除許多病況的談話療法，通常用於治療焦慮及憂鬱症狀。

它以想法、感覺及行動相互連結的概念為基礎，而特定的負面思考及感覺可能造成病況慢性化的惡性循環。

不同於心理分析，認知行為療法處理的是「目前」而不是「過去」的病況與問題。

例如：你今天過得很糟，感覺煩悶，就出去散步。在路上與某個熟人擦身而過，但對方顯然沒理會你。這導致你做出一個於事無補的反應，認為對方不喜歡你（想法）、為了被排擠而感到難過（情緒）、身體開始不舒服（生理情緒），回家後感覺變得更糟。比較有幫助的反應，可能是：認為對方看起來正在苦思（想法）、因此開始擔心他（情緒）、想到最該做的就是打電話給他，確認他是否無恙。

最重要的是，重新詮釋並分析造成這些想法、感覺及行動的情境，並將這些想法、感覺及行動從負面導向正面、有幫助的方向。

認知行為療法在僅靠藥物無法見效的情況下，或許有效。許多人認為這種療法頗具吸引力，因為與其他談話療法相比，它可以在相對較短的時間內完成。而且，認知行為療法合乎邏輯的結構，代表它能以不同模式進行，包括團體治療、勵志書籍，甚至勵志應用程式。支持者主張，它有效、實用的策略能被運用在人生的各個層面。

但一如其他療法，它仰賴於患者本身的努力與投入。同樣的，它也無法完全觸及某些社會問題。即使如此，通過驗證的「低成本」及效能還是讓它廣受採用。

◆參考文獻

Skinner, B.F. (1969). *Contingencies of reinforcement: a theoretical analysis.* Appleton-Century-Croft.

Staddon, John (2014). *The New Behaviorism* (2nd edition). Philadelphia, PA: Psychology Press.

014 出生序：你是長子還是獨生女？

父母在每個孩子進入家庭時如何與他們互動，大致上決定了孩子最後的命運。

——凱文．萊曼（Kevin Leman），《出生順序：你為什麼是你》（*The Birth Order Book: Why You Are the Way You Are*），一九八二

由於沒有兄姊，長子女或獨生子女主要從父母身上尋求認同，遵循他們的理念及要求，而且這孩子沒有其他同伴一起分擔這些要求。由於長子女會努力滿足大人（也就是老師及父母）而不是同儕的期待，他們比較可能學到更多，拿回家的成績單也會比弟妹的好看。因此，長子女會為弟妹鋪路，建立一套讓別人或自己評估弟妹的標準。

——維多利亞．瑟昆妲（Victoria Secunda），《女人與父親》（*Women and their Fathers*），一九九二

你是獨生子女或長子女嗎？身為許多孩子裡的老么是什麼感覺？簡言之，出生序對你的人格

與價值觀會有影響嗎？大家經常認為一個人的某些行為及人際關係，與他在兄弟姊妹中的排序（老大、老二或老么）有關。這背後有沒有什麼理論支撐？是否有任何證據可以驗證？

一八七四年，法蘭西斯．高爾頓（Francis Galton）注意到科學家裡有特別多長子女和獨生子女，讓出生序成為心理學最早的研究課題之一。他認為，這既是實際情況使然——「他們最可能擁有穩定資產，因此較能追求最吸引自己的事業。」而且，他們也有父母比較像同伴般對待所養成的「獨立個性」，因此，許多研究調查了不同出生序者的智力、成就與人格的系統差異，並針對這些差異提出一些假說，通常聚焦於每個孩子的家庭環境至少有部分受到出生序所影響。

佛洛伊德的學生阿爾弗雷德．阿德勒（Alfred Adler）以「被篡位」（dethronement）的概念為基礎，提出了可能是第一個出生序的綜合性紀錄。直到某個時點為止，長子女都是大家注目的焦點，但弟妹的出生讓他們失去這個地位。相對的，較晚出生的孩子會將兄姊視為「典範」，努力跟上他們。而最晚出生的老么永遠不會失去這個壟斷權，因此常會被寵壞。幾種人格相關的效應就是以這些推論做為預測依據。

在這方面已經有許多相關的報告與評論，以下就是不同出生序在人格、智力、積極度與性取向的特徵整理。

- **長子女的特徵**：學術／智力表現最高，成就與積極度也極高，很可能是領袖／主導人物，最有親和力，在學術淵博者當中占比最高，最受權威影響，認同父母的價值觀，性方面最不符合常規，對新環境最畏懼，最早有性經驗，最可能成為政治家，認真負責，行為成熟，最有自尊心，最仰賴他人的贊同，抗壓性最差，自律且最不情緒化。

- **獨生子女的特徵**：對成就最渴望，最可能上大學，最容易出現行為偏差，最不需要加入群體，自私，遭逢壓力時會尋求群體協助，罹患精神疾病比例最高，最討人喜歡，最合作，最容易信任他人。
- **中間子女的特徵**：最缺乏歸屬感，最善於交際，最不會做出不當行為，在團隊運動中最為成功，最擅長與較年長或較年輕的人相處，在各方面與長子女競爭，感情上從一而終。
- **老么的特徵**：對社交最感興趣，在各方面親和力高，最叛逆，最有同理心，最可能酗酒，在精神病患中占比最高，較有藝術氣質，較缺乏科學精神，最受人歡迎，並偏好社交互動性質的活動。

這領域的研究權威法蘭克・薩洛威（Frank Sulloway）在著作《天生反骨》（*Born to Rebel*, 1996）中，以二十六年的統計論據，驗證了長子女在行為上與弟妹的不同。他的論點是，孩子為了吸引父母注意，會為自己創造出獨特的利基（niche），而長子女傾向於變得負責、好勝且傳統，弟妹則會變得較調皮、合作且叛逆。

為了證明自己的觀點，薩洛威提供了數千則與出生序有關的案例，有些是歷史人物，有些則是現代人物。他的研究與主張令人相當讚歎。

因此，法蘭克．薩洛威的理論吸引了許多支持者，其中一位凱文．雷門（Kevin Leman, 1996）指出長男或比兄姊小五歲以上的孩子，最有機會發展出長子女的特質，或成為「實質上的長子女」。薩洛威與雷門也為此提出了一份符合他們所定義的類型名人名單。

這些研究雖然引人入勝，仍有不少後續分析對薩洛威的理論提出質疑。有些研究者表示自己的研究並未發現人格與出生序有明顯關聯。同儕評論也顯示，並非所有同業都認同薩洛威的假說。泰隆．傑佛遜（Tyrone Jefferson, 1998）等人指出，較晚出生的孩子「*在朋友及鄰居眼中，比長子女善於交際、有創造力，也較信任他人。*」有趣的是，這些個案的配偶的意見，與這些同儕評論所提出的結果並不吻合。

爭議尚未結束。從出生序影響人格及行為的分析中，的確可以導出一些誘人的結論，但這些影響尚未獲得足夠精確的定義。其中一個問題就是，出生序與社會階級等因素也有關聯：貧窮家庭通常會生養較多孩子。大多數科學家對這個理論仍抱持懷疑態度，認為出生序論的許多主張是完全錯誤的。

◆參考文獻

Eckstein, D., Aycock, K. J., Sperber, M. A., McDonald, J., Van Wiesner, V., Watts, R. E., & Ginsburg, P. (2010). A review of 200 birth-order studies: Lifestyle characteristics. *Journal of Individual Psychology, 66,* 408–34.

Eckstein, D., & Kaufman, J. A. (2012). The role of birth order in personality: An enduring intellectual legacy of Alfred Adler. *Journal of Individual Psychology, 68* (1).

Sulloway, F. J. (1996). *Born to Rebel: Birth order, family dynamics, and creative lives.* New York, NY: Pantheon Books.

015 身體語言：一切盡在不言中

言語如此無用又無力。

——卓別林（Charlie Chaplin），金像獎獲獎感言，一九七二

任何溝通的嘗試都因為話說太多而失效。

——羅伯特・格林里夫（Robert Greenleaf），《僕人式領導》（*Servant Leadership*），一九七七

身體語言可以被翻譯成口語，以下幾個例子取自非語言溝通的不同領域：

- **身體狀態形容詞**：對於情緒，我們經常使用與身體相關的字彙來表達。我們會「肩負重擔」、「面對問題」、努力「保持幹勁」（原文為keep our chin up，抬起我們的下巴）、

「咬緊牙關」，遇到痛苦時我們會「強忍悲痛」（原文為stiff upper lip，繃緊上唇）、「齜牙咧嘴」，有時會被他人「吸引目光」，也會「擺脫」厄運（原文為shrug off，聳肩）。

- **目光接觸**：「我懂（原文為see）你的意思」、「眼見為憑」、「我想（原文為see）不到其他的解決方案。」、「他對色彩很有眼光」。
- **姿勢**：我們喜歡「保持均衡」、「站穩腳跟」、「清楚自己的立場」（原文為know where you stand on this，知道你站在哪裡）。當一個人感到不舒服，把重心從一隻腳移向另一隻腳時，大家可能會覺得他們是「騎牆派」。
- **氣味**：「我喜歡成功的甜蜜滋味」、「他對金錢的嗅覺很靈敏」、「結果還是證明她是清白的」（原文為came up smelling of roses，聞起來有玫瑰味）、「他總是在打聽（原文為sticking his nose）別人的私事」、「她總是一副趾高氣昂的模樣」（原文為sticks her nose in the air，把鼻子伸到空中）、「我保證會讓他難堪」（原文為rub his nose in it，在裡面揉鼻子）。
- **方向**：「我討厭老是選邊站的人」、「我徹底反對（原文為diametrically opposed to）他所做的一切」。
- **地盤／距離**：「他給我一股親切感（原文為feel close to）」、「她非常高傲（原文為stand-offish）」、「混蛋－離我遠一點（原文為back off from me）」、「我希望與她保持適度距離（原文為keep her at arm's length）」。
- **碰觸**：「我被他的關懷感動了（原文為touched）」、「她的困境讓我同情（原文為touched）」。

言語溝通和非言語溝通是相輔相成的。

身體語言有幾個需要謹記的重點。第一，它並非隨機的，而是有特定規則可循。簡言之，它是一種類似法律規範的行為。以目光接觸或四目相交為例，這種動作有部分取決於物理距離（例如大家在電梯裡站得太近，彼此就會避免目光接觸）、交談話題（以避免目光接觸時，發出羞恥或尷尬的信號）、人際關係（我們較常與自己喜歡的人有目光接觸）、競合關係（我們比較會與合作者而非競爭者有目光接觸），以及人格因素（外向的人比內向的人更習於與人目光接觸）。

相關主張與謬論

雖然在這方面有些卓越且謹慎的研究，但仍有許多關於此議題的謬論，通常出自目的不是啟蒙教育，而是娛樂大眾（並藉此刺激銷售）的記者或其他自稱「專家」之筆。

身體語言相關論述中，有誤導嫌疑甚至錯得離譜的，大致有以下幾類：

象徵性：所有的身體語言都是象徵性的表達

支持精神分析學（佛洛伊德學派）的人，喜歡將外顯行為解讀成（通常在潛意識的）欲望與行為的外在展現。許多身體語言專家最難以抗拒的誘惑，就是為了「潛意識」性的佛洛伊德式心理學解讀，而忽略更簡單的解釋，很容易做出錯誤的過度解讀，可參照以下圖表對同一行為兩種解釋（一種很簡明，另一種則否）的比較。

身體語言：兩種解讀

行為	心理學解讀	另一種解讀
手插口袋	這個人隱藏著某些祕密，孤僻，可能心情鬱悶。	天氣冷；這個人可能伸手進口袋裡找什麼東西。
雙臂交叉	保護身體安全的防禦動作。顯示困惑或缺乏自信。	天氣冷；兩手沒地方擺；這樣比較舒服。
翹腿	防禦，壓抑，甚至可能帶敵意。	女性認為翹腿看起來較有女性魅力；男人翹腿是因為這樣比較舒服。
摸鼻子	這個人在說謊，或掩藏他的情緒。	他或她感冒了或鼻子癢。

有些非言語提示是潛意識欲望、期望與衝動的象徵，但許多並非如此。

力量（身體語言的溝通總是比較有力量）

我們常聽到諸如此類的說法：「七〇%的溝通是透過非言語手段進行的」、「重點不在於你說什麼，而是你怎麼說。」身體語言專家都有為自己的專業領域「傳道」的自然傾向，經常會過度強調身體語言的重要性。非言語溝通有時的確很有力量，例如臉部表情或肢體動作往往比言語更能表達出強烈的憤怒或恐懼。痛苦或愛也能透過臉部表情的變化來傳達，詞彙量有限的兒童就是以這種方式表達情緒，非言語溝通能力更是猜字遊戲的關鍵重點。

身體語言的溝通能力最重要的，就是它能透過中樞神經系統的變化，展現一個人的身體狀態。當然，不論一個人如何努力掩飾，都藏不住憤怒等強烈情緒，性方面的興奮和罪惡感也同樣難以掩藏。這些強烈情緒幾乎都會以日常生活中較不常見的身體狀態表達出來。

身體語言有時強烈，有時溫和。宣稱它們威力強大的人，不妨試著以非言語溝通表達這些相對簡單的訊息：「非常謝謝你」、「我完全同意」、「我為你感到高興」。

可控性（我們能控制自己所傳達的所有訊息）

有些非言語溝通行為，例如姿勢或碰觸，是完全可控的；但諸如流汗和瞳孔擴張則不行。人們通常會試圖掩藏焦慮或某些特定情緒（例如性歡愉），但就是無法辦到。大多數人在對話時往往不會特別留意他人或自己的手腳動作，但這些是有需要就能控制的。大家經常忽略自己在說出某些話時，肢體動作或臉部表情可能出現些微的改變。

看人像翻書一樣（身體語言是容易解讀的）

許多暢銷書都主張可以在掩藏自己情緒的同時，解讀其他人的身體語言，宣稱只要擺出一張撲克臉就能隱藏潛在的意圖。

但非言語溝通領域的專家對這件事卻有南轅北轍的看法。測謊專家指出，要揭穿一個技巧高超的偽君子可能相當棘手。他們全都強調，要確認「他在說謊」、「她很外向」或「他們在這方面無法勝任」，往往需要判讀大量資訊。

◆參考文獻

Collett, P. (2003). *The Book of Tells*. London: Doubleday.

Furnham, A., & Petrova, E. (2011). *Body Language in Business*. London: Palgrave.

016 腦力激盪：這很好玩，但有效嗎？

只要被有創意的心靈支配，社會就會有創意。

——塞西爾．柯林斯（C. Collins），《一個傻瓜的願景》（*The Vision of a Fool*）

創意可以傳授嗎？我們如何想出劃時代的點子？什麼是激發點子的最佳方法？對許多人來說，答案就是腦力激盪。但這對於解決問題或激發新點子有幫助嗎？現在我們必須將它稱為「思考浴」。

腦力激盪最常被用於針對特定問題激發出盡可能多的解決之道，重量不重質。基本前提是「三個臭皮匠勝過一個諸葛亮」，大家聚在一起，一定能碰撞出創意的火花。基本規範是：

- 人數以五至七人為佳。
- 不許有任何批評。
- 盡可能天馬行空。

- 數量與多樣性都重要。
- 鼓勵相互組合和改良。
- 一定要做筆記。
- 選出備選方案。
- 不應過度遵循以上任何一條規範，導致發想受限。

想像自己正在解決一個需要具體步驟並有確切答案的問題，例如算數試題或填字遊戲。獨自解決這種高結構化（well-structured）的問題，怎麼比得上跟一群人合作？

研究證實，一群人一起解決高結構化的問題，能做出更好、更正確的決策，但是會比一個人進行花費更多時間。有份研究比較了一人和五人一組解決幾個高結構化問題的情況，研究者比較兩者的準度（獲得正確答案的次數）與速度（解題所花的時間），結果發現五人一組的準度高於一人，但同時也發現五人一組的速度明顯比一人來得慢（慢了約四成）。

團體比較準確，但比較慢。但團體解題的潛在優勢是，大家得以共享每位成員的資源，並結合大家的知識，激發出多樣化的解決之道。不過，要擁有這些好處，前提是每個成員必須具備能對團體協力有所貢獻的知識與技能。簡言之，要是大家都沒東西可以分享，分享資源就得不到什麼效果。三個臭皮匠想勝過諸葛亮，每個臭皮匠還真的需要有點料，若是僅有無知可以分享，對解決問題就沒有幫助。

組織所面對的問題，通常不是高結構化，既沒有清楚的步驟或劃分，也沒有明顯的解答，通常都是相對的低結構化（poorly structured）。而創意思考就是針對低結構化問題做出決策所必備的能力。例如，某家公司正在決定如何使用新開發的化學材料製造消費產品，所面對的就是一個低結構化問題。其他低結構化問題包括：構思新產品名稱、形象或商標；或為衣架、迴紋針或磚塊等既有物品想出嶄新或獨創的用法。

雖然你可能期待這類創意問題的複雜度會讓團體決策占有優勢，但真相並非如此。事實上，研究證明在解決低結構化的創意性問題上，個人的表現比團體更佳。例如，在一場實驗中，受測者被問到如果每個人突然瞎了會有什麼後果，並需要在三十五分鐘內作答。在比較四到七人的團體與一個人獨自提出的答案／問題／結果的數目後，發現一個人比一群人更有成效，也更快導出答案。

最常利用腦力激盪的是創意性質的組織，他們不太在乎決策團體的技能，因為面對的都是為新產品構思名稱這類低結構化的問題。換言之，腦力激盪通常在它最無效的情況下被使用，而不是在它最有效的情況下。

該如何解釋腦力激盪（brainstorming）？如果要求一個母語非英語的人回答這個問題，答案可能是「癲癇發作」或「頭痛欲裂」。對某些人而言，為了解決一個創意性、解答開放性的問題而參與這種活動，的確會造成偏頭痛。腦力激盪的最大矛盾，就是這種技巧最常被運用在研究證實它最無效的地方。

即使腦力激盪受到在工作上需要激發群體創意的經理或商務顧問歡迎，但研究結果顯示，這種團體互動模式對眾人分享新穎想法似乎會產生抑制作用。利用腦力激盪的團體所獲得的點子，數量上明顯少於同樣人數的個人所產出的點子。研究者認為這種產能損失可能肇因於：

1. 團體成員擔心自己的點子可能換來同儕的負面評價，也就是評價焦慮（evaluation apprehension）。
2. 成員很難在聆聽他人點子的同時構思出自己的點子，也就是生產封鎖（production blocking）。
3. 在團體合作中，每個人可能會付出較少的努力，也就是社會懈怠（social loafing）。

基於上述的理由，有人認為激發創意最好獨自進行，而在選擇與執行高品質創意時，則應以團體模式進行。

但參與團體腦力激盪的人表示，自己很享受這種尋找改善自己工作方式的過程。參與團體腦力激盪的人，似乎都經歷了某種認知刺激（cognitive stimulation），而這種刺激的確能催生質量均高的創新點子。

另一種為克服團體腦力激盪的限制而出現的程序性技術，則著眼於以文字書寫取代口語交談。這種技巧常稱為「書面腦力激盪」（brainwriting），目的是抑制腦力激盪團體中所出現的生產封鎖。以書寫取代交談，可以促進新點子的產生，因為成員可以自由選擇對其他人的點子表示意見的時間。在這種模式中，團體成員無須再承擔聆聽他人意見，並以這些點子為基礎進行發想的艱鉅任務。

順帶一提，腦力激盪也能以「電子腦力激盪」（electronic brainstorming）的方式進行。在這種模式中，參與者的互動僅透過電腦，排除成員之間的所有言語溝通。以上所述的所有程序性技術，由於成員能以匿名方式提出點子，在某種程度上也算是試圖解決大家在腦力激盪中可能產生的「評價焦慮」。

◆參考文獻

Osborn, A.F. (1963) *Applied Imagination: Principles and procedures of creative problem solving*. New York, NY: Charles Scribner's Sons.

Furnham, A., & Yazdanpanahi, T. (1995). Personality differences and group versus individual brainstorming. *Personality and Individual Differences*, 19. 73–80.

017

洗腦與邪教：如何創立邪教？

沒有奇妙的教條，也沒有怪異甚至誇張的行徑，一群人還是可以因自認受到神聖的啟發而聚在一起。

——赫胥黎，《橄欖樹》（*The Olive Tree*），一九四〇

愛情、友情、尊敬，都不如共同的仇恨能凝聚人心。

——契訶夫（Anton Chekhov），《筆記本》（*Notebooks*），一八九二至一九〇四

一個封閉性團體……是一個不容異己的群體。

——亞伯．艾比斯菲德（I. Eibl-Eibesfeldt），《愛與恨》（*Love and Hate*），一九七一

為什麼人們會加入邪教？原本聰明健康的成年人，為何能輕而易舉地被洗腦？正常的社交團體及組織和（危險的）邪教團體有哪些差異？兩者是否都利用類似的「洗腦」技巧？

有人主張邪教具有以下八種可辨識的特徵：

- 對明確人物或教條有強烈且專一的忠誠奉獻。
- 利用「思想改造」課程整合、訓練及說服控制成員。
- 具有規畫縝密且徹底的吸收、篩選及訓練步驟。
- 持續強化信徒對教團的心理及生理依賴。
- 持續改造信徒對世界的看法。
- 持續利用信徒達成首腦的目標。
- 利用環境控制信號：特別、陌生的環境，特別的規則、詞彙與行為模式。
- 不惜造成信徒、其親友，乃至整個群體的身心傷害。

在大多數邪教團體中，入教後的第一步是阻絕批判性思考，所用的方法是要求成員遵照「神聖教條」生活。邪教試圖透過公開懺悔及教義洗腦，確保控制及「純淨」。通常邪教團體會刻意激發成員的恐懼、罪咎，甚至自豪。他們常會發展出自己的語言、衣著及信號，以突顯自己與外人有別。

極端主義團體所使用的心靈控制技巧，與軍隊、宗教團體及監獄沒有多大差異。這些技巧其實廣為人知，就是要求徹底、一貫的遵守與服從，以極具說服力的技巧造成對方情緒失調，進而對其施加操控。它們之間的差異僅限於強度、時間長度，以及有效性。

大家經常以受害者的人格為出發點，來解釋出人意料的怪異行為（例如加入邪教團體），像是失意的人遭到洗腦而加入這類怪異組織。人之所以會對這類怪異思想深信不疑，真的是因為他們可憐、愚昧、天真、患有人格違常嗎？

在責怪極端分子刻意作怪之前，不妨先試著了解邪教、極端主義團體、政治組織，以及某些企業組織的心理訴求。

一份對邪教信徒的分析，證明信眾在年齡、職業、教育程度、信仰及才能方面的多元性，是超乎預期的高。他們所網羅的人從研究生到文盲、青少年到銀髮族、堅實的中產階級到邊緣人、信仰狂熱者到信仰淡泊者、政治狂熱者到政治冷感者，不一而足。從人口結構來探討，還不如從心理需求及動機來探索還比較有意義。

加入宗教團體（不論邪教還是非邪教）會為入教者提供什麼？那就是單純但重要的心理利益：友情、認同、尊重及安全感。他們也會提供一套世界觀，即分辨好壞、對錯的邏輯。另外還會提供一套結構完整的生活方式與獲得新技能的能力，以及關於這世界如何運作的道德解釋。他們針對高難度的大命題提出清楚的解釋，例如幸福的祕密、來世、對與錯的差異、誰是自己人而誰又是敵人、獲得救贖者與下地獄者等。有些還強烈主張陰謀論。

極端主義團體對成員的危害有以下五點：

1. 他們會命令大家切斷與他人（家人、朋友）及組織（學校、教會）的關係。這會使信徒在無形中變得對教團更依賴，也因此獲得一個新的身分。他們的人生被重啟，過往的一切全部一筆勾銷。
2. 成員被要求對教規與其他繁文縟節展現緊密且絕對的服從，無論它們是多麼不合理、多麼繁瑣或毫無意義，教團都必須確保信眾的忠誠與服從。部隊也以同樣的策略訓練新兵。
3. 教團成員必須長時間從事繁瑣的工作，例如訓練、乞討、煮飯，再加上強制性閱讀、誦經或打坐，讓入教者的身體、情緒及心理都為此疲憊不堪。睡眠剝奪也是入教初期常用的手段。
4. 所有團體都需要金錢維持運作，因此入教者經常為此被迫從事非法或半非法的活動。信眾必須知道教團如何、何時、為何需要錢，並且盡快把錢弄到手。
5. 這些團體會將信眾退教的條件設定得很高，讓脫退近乎不可能。他們常將退教與失敗、迫害、孤立劃上等號，讓你感覺一旦脫離教團，就不再有回頭路。

某些人是否比其他人更容易被邪教的訊息所引誘？宣教者知道這些人的共通點，也就是正逢人生中的某種轉折點，失去了什麼而尚未復得什麼，例如經歷生理變化、離婚、失業、放棄原本的信仰。他們經常感覺被孤立，為此心中充滿了無意義感、無力感與無助感，覺得自己與這個沒能給他們什麼的商業、政治及技術世界愈來愈疏遠。對世界不滿又充滿憤怒，他們只能在同類之間尋找慰藉。

加入後，宣教者會給他們簡單（但也「明智」）的答案。教團會提供簡單的規則、生活方式及人際支持。教團（邪教）似乎能滿足他們的一切需求與想望。

極端主義團體也是在日益複雜的世界裡，傳遞簡單明確的訊息。這世界是如此腐化、邪惡、不公不義，而且極度複雜，因此只要有一群人或一位領袖對這複雜的世界提出「明智且合理」的解釋，這個提供安全感與個人救贖的團體就會顯得很有魅力。他們可能以許多形式出現：可能是極左或極右派政治家、宗教領袖、浪漫的革命家、極具煽動力的作家、權力飢渴的野心家、舌燦蓮花的演講者，也可能是明星級的救世主。加入極端主義團體的人，絕不會是一群古怪、不安、如羔羊般盲從的傻子。

由於邪教是個貶義詞，沒有人會認為自己是邪教信徒。的確，即使教義相對極端，特拉普會（Trappist）修士或艾米許（Amish）農夫也絕不會認為自己信仰的是邪教。但他們虔誠獻身的信仰，與上述條件的確有不少吻合之處。

◆**參考文獻**

McCauley, C.R., & Segal, M.E. (1987). Social psychology of terrorist groups. In C. Hendrick (Ed.), *Review of personality and social psychology, Vol. 9. Group processes and intergroup relations* (pp. 231–56). Thousand Oaks, CA, US: Sage Publications, Inc.

Singer, M.T., & Lalich, J. (1995). *Cults in our midst.* San Francisco, CA, US: Jossey-Bass.

018

行為變化：像石膏一樣硬邦邦，還是像塑膠一樣有彈性？

如果我們想在某方面改變自己的孩子，應該先檢視這是不是我們自己應該改進的。

——卡爾．榮格，《榮格全集》（*Collected Works*），一九五六

就連神也無法改變過去。

——阿伽頌（Agathon），引用自亞里斯多德（Aristotle）的《尼各馬可倫理學》（*Nichomachean Ethics*）

我們有哪些理念和行為是能或不能（輕易）改變的，對心理學而言是個很重要的課題。許多心靈書籍承諾將提供如何改變行為的答案，從「治癒」各種成癮到獲得普遍性的健康與快樂，其

中文有許多針對複雜的心理現象或心智歷程提出簡單的解決之道，而且所陳述的主張往往缺乏立場公正、同儕審核、實證研究的科學方式來印證。

我們知道所有節食注定會失敗，因為人終究得結束節食。永久性減重需要的是改變生活方式，問題在於做到這一點的難易度。大多數人都知道，就連要戒除非成癮習慣都是一件很困難的事。因此，在渴望改變的人及組織的驅策下，我們有個「改變產業」。

為了「以堅定不移的坦承，檢討主要心理障礙的大多數療法的有效性」，馬汀・塞利格曼（Martin E. P. Seligman, 2007: p.xi）整理出一些心理改變的原則，在著作中檢驗了包括性偏好、性向認同、性傾向以及性功能障礙等十六種障礙的可變性，並整理出十則「改變相關原則」：

1. 恐慌很容易反學習（unlearn），但無法靠藥物治癒。
2. 長期來看，節食幾乎保證不會有效。
3. 性「功能障礙」（性冷感、陽痿、早洩）很容易反學習。
4. 兒童不容易變得雙性化（androgynous，編註：指男性化和女性化的混合與平衡）。
5. 情緒可能對身體健康造成嚴重破壞，卻很容易控制。
6. 沒有任何已知療法可以改善戒酒的自然復原過程。
7. 憂鬱可以藉由徹底改變意識思考或投藥治癒，但靠回溯童年經驗不會有任何療效。
8. 同性戀者不可能變成異性戀。
9. 樂觀是靠學習養成的技能。一旦學會了，它就能提升工作成就、改善身體健康。

10.「消除童年創傷」無法抹除成人的人格問題。

在人格理論方面的爭論中，有些人主張人會改變（隨著時間產生大幅且明顯的改變），有些人則認為不會。這個對立有時被稱為「石膏假說與塑膠假說」，前者主張人格特徵在長時間內只會有些微改變，後者則主張人格特徵必然會發生明顯、有系統、可解釋的改變。

長年來，主張只有些微甚至毫無改變的石膏假說，已經被主張可以改變的塑膠假說所取代。如今，人格特質理論學者都相信人格會隨著時間出現變化，雖然對特質變化的種類、幅度、原因與過程尚有爭議。

臨床心理學也檢視了改變和「治癒」的理論及證據，以驗證療法的功效。在一項以業外人士與臨床心理學家做比較的研究中，研究者發現，臨床心理學家對於療法功效及個案病況的預後（prognosis），比外行人更悲觀，態度上也傾向質疑。因此，治療師對於恐懼症、焦慮發作與睡眠障礙的預後較為樂觀，而對自閉症、痴呆症與藥物依賴的預後則較為悲觀。但業外人士對研究題目所提供的三十六種病症的預後，全都較為樂觀。智力能不能產生變化也是一個受爭論的議題，因為這攸關人是否有辦法變得更聰明。

這是一個熱門的學術爭論主題，有些人主張可以，其他人則主張人類的智力無法持續增長，安德里亞・庫澤夫斯基（Andrea Kuszewski, 2011）則下了這樣的結論：「流質智力（Fluid intelligence）是可訓練的。訓練及隨此而來的收穫取決於劑量，也就是訓練得愈多，收穫就愈多。不論起跑點在哪裡，每個人都能提升自己的認知能力。就算接受的訓練任務與測驗題目不完全相符，也能獲得成效。」

個人改變

所有諮商教練、輔導員及治療師都知道，人唯有在自己想改變時才會出現改變，若是不想改變，再怎麼強迫甚至賄賂也沒用，一定要有很強烈的動機。那麼，為什麼人們會想努力改變自己的生活方式、處世哲學及管理風格呢？以下是幾個常見的原因：

1. 失去：失去一位重要的人（父母、配偶或子女）可以改變一個人的人生目的。所有計畫、期望及夢想都會隨著這個人而去。情勢需要重新評估。

2. 患病：這最常由壓力或習慣不正常障礙（habit disorder，編註：指無意識地做出不受歡迎的重複行為，如拔頭髮、暴飲暴食等）所造成。

3. 無法解決的衝突：可能發生在職場，也可能發生在私生活領域。人際關係可能是關懷，也可能是壓力的主要來源。

4. 未完成的夢想：大多數人對自己的職業都有夢想、期待及幻想。隨著時間流逝，大家會愈來愈明白這些期望可能永遠不會實現。

5. 無法忠於自我：大多數人在工作時都得扮演「另一個人」。工作會使人犧牲大量的時間與心力。

6. 創傷：包括危及與不危及生命的創傷。被捲入一場意外、遇劫被搶走重要財物、輕微觸法。

一個人是否已經做好改變的準備，可以下列準則或標識衡量：

1. 主要是對自己，但同時也是對他人的心理洞察及好奇心。這並不是要大家透過自我合理化而變得自戀、自我放縱，而是要在一個人過去與現在的生活中，找出思維、情緒及行為之間的關聯。

2. 情緒覺察與管理：指具備感性與知性、能力強、勇敢，並願意說出自己真正的情緒。更重要的是，如何處理被攪亂的情緒泥沼。

3. 自我揭露的能力：指對他人敞開心胸，以更開放、更不設防的態度，說出自己的恐懼、信仰及令自己內疚的祕密。

4. 對觀察他人的接受性及適應性：指能夠多次誠心聆聽他人說了什麼。

◆**參考文獻**

Ardelt, M. (2000). Still stable after all these years. *Social Psychology Quarterly*, 63, 392–405.

Furnham, A., Wardley, Z. & Lillie, F. (1992). Lay theories of psychotherapy III. *Human Relations*, 45, 839–58.

Kuszewski, A. (2011). You can increase your intelligence. *Scientific American*, March 7, 1–8.

Seligman, M. (2007). *What you can change ... and what you can't*. London: Nicholas Brealey.

019 性格強項與美德：保持正向思考

一個人的性格，就是他的命運。

——赫拉克利特（Heraclitus），《論萬物》（*On the Universe*）

正向心理學（positive psychology）研究的是促成個人與團體的正向情緒、端正品行及最佳表現的原因與過程。雖然少數心理學家對於健康、調整及巔峰表現一直很感興趣，但直到千禧年前，幸福及正向情緒還是不重要，甚至微不足道的議題。

性格強項（character strengths）與美德的分類，是讓正向心理學領域鹹魚翻身的轉捩點之一。早期的分類讓研究者能以嚴謹、實證的科學方式，將已知的相關要素進行組織建構。分類學永遠是科學的起點。

有人主張性格強項可以被定義為「何謂美德的心理作用或心理機制」（Park & Peterson, 2006），而且由於它們滿足了各種條件，因此是有價值的、充實的，而且彼此不相牴觸。「性格強項」被認為與「人格特質」類似，因為它們是長期相對穩定的習慣模式。有些人缺乏某些性格強項，而這些強項通常是由社會規範及社會制度培養而成。研究這個議題的兩位先驅克里斯托弗．彼得森（Christopher Peterson）與馬汀．塞利格曼（2004），以理論基礎定義出六種核心美德群（core virtues）之下的二十四種性格強項。

性格強項

1. **求知欲**：受到許多事物吸引，對它們感興趣。
2. **熱愛學習**：閱讀，理解，懂得更多。
3. **擁有良好的判斷力**：批判性思考，理性，開明。
4. **獨創**：有原創力，實務智力，生存能力。
5. **社會智能**：情緒／個人智力，擅長駕馭情感。
6. **智慧**：識大局，宏觀遠瞻。
7. **英勇**：勇氣，果敢，無懼。
8. **堅持**：毅力，勤勉，勤奮。
9. **正直**：誠實，真誠，正當。
10. **善良**：慷慨大方，有同理心，樂於助人。
11. **有愛心**：能愛人也能被愛，義重情深
12. **公民意識**：團隊合作，忠誠，有責任感。
13. **公正**：重視道德，講求公平及公允。

14. **領導能力**：能激勵群體，有包容心，目標明確。
15. **自我控制**：能控制情緒，克制衝動。
16. **審慎**：細心，有遠見，慎重，深思熟慮。
17. **謙遜**：謙虛，不矯飾，謙卑。
18. **對美的追求**：追求卓越，體驗驚歎與神奇。
19. **謝意**：懂得感謝，心懷感激。
20. **樂觀**：懷抱希望，放眼未來，正向思考。
21. **靈性**：有信仰，有處世哲學，有人生目標／使命感。
22. **寬恕**：仁慈，和善，親切。
23. **有趣**：幽默，逗人發笑，童心未泯。
24. **熱忱**：熱情，熱心，有感染力，認真投入。

人會使用不同的性格強項來展現特定美德，雖然通常一個美德群只會展現一至兩種性格強項。這些美德包括：

1. 智慧與知識（包括創意、求知欲、開明度、熱愛學習及培養觀點）。
2. 勇氣（包括英勇、堅持、誠實與熱情）。

3. 人性（包括愛、親切與社會智能）。
4. 正義（包括團隊合作、公正性與領導能力）。
5. 節制（包括寬恕、謙虛、審慎與自我規範）。
6. 追求卓越（包括對美與傑出的追求、感激之情、希望、幽默與靈性）。

有人主張性格強項與美德是心理健康的基礎，而心理健康在現代環境中已明顯降低了。如今大家承受更大的壓力，將適應這種情況的本錢悉數耗盡。許多研究證實，性格強項與主觀及心理幸福感的確有正向關聯。

許多對正向心理學感興趣的諮詢師，耗費許多時間幫助大家找出並「說出」自己的強項。他們的目標是幫助人們找到自己天生最擅長做什麼，以供大家開發並鑽研自己的「天賦」。這個目的並不是試圖「修正弱點」，而是與自己的天賦對話。

此外，感激之情、希望、熱情、求知欲以及最重要的愛，都被證實與人生滿意度有關。例如，一項研究凸顯了「希望」幫助工作者「在逐漸受到併購、破產、新科技及前景不明的全球經濟威脅的環境中，維持上進心」的重要性。「希望」是一種幫助人們戰勝不確定性的強項。這些研究結果，對於努力促進社會正向發展的人來說，具有重要意義。

職場中的強項

大衛．彭德爾頓（David Pendleton）與阿德里安．弗爾納姆主張，在職場中能找到以下幾種強項——

1. **天生強項**：與生俱來的能力。務必努力發揮這種強項。
2. **潛力強項**：天生並不具備，但可在人格的幫助下獲得並展現出來的能力。務必努力培養這種強項。
3. **脆弱強項**：有潛力成為領導者的人原本就具有的能力，但在人格的妨礙下無法展現。務必努力培養這種強項。
4. **抗性極限**：天生並不具備，在人格輪廓的侷限下也無法養成的強項。務必繞過這類障礙。

研究發現，過度使用強項是造成領導脫軌（leadership derailment）的原因之一。正向心理學的基本前提，應該聚焦於什麼能讓人感到幸福，而不是讓人難以忍受的事物（例如，主流心理學最重視的心理疾病）。它以強項為基礎，目標是讓領導者發現自己的強項，以利用它們並有效率地將之應用在職場上。不過，近年來，大家紛紛發現，過度使用強項可能對團隊、效能，甚至產能造成傷害。

◆參考文獻

Biswas-Diener, R. (2006). From the equator to the north pole: A study of character strengths. *Journal of Happiness Studies*, 7, 293–310.

Furnham, A., & Lester, D. (2012). The development of a short measure of character strength. *European Journal of Psychological Assessment,* 28, 95–101.

Pendleton, D., & Furnham, A. (2012). *Leadership: All You Need to Know.* London: Palgrave.

Peterson, C., & Seligman, M. (2004). *Character strengths and virtues: A handbook of classification.* Washington, DC: APA Press.

Seligman, M. (2002). *Authentic Happiness.* New York: Free Press.

020 教練心理學：這是什麼？有效嗎？

至今仍無人發現如何靠訓練獲得智慧。

——弗雷德里克·巴特萊特（Frederic C. Bartlett），《工作與玩樂的心》（*The Mind at Work and Play*），一九五一

人類是唯一一種天生一無所知，若沒人教就什麼也學不到的物種。僅靠大自然的提示，他既不會說話，也不會走路，更不會吃飯。簡言之，他什麼都做不了，就只能哭。

——老普林尼（Pliny the Elder），《博物志》（*The Natural History*）

商務教練（Business coaching）是一門大生意。一位商務教練可能僅為六至八次區區幾小時的會面，就向客戶收取高達一萬英鎊的費用。但他們的工作內容究竟是什麼？與其他的各行各業又有哪些不同？教練是否和諮詢師或治療師類似？

許多人嘗試界定這類區別，並用以C與T為首的字彙來下定義：

- **教練**（coach）：指導或訓練表演人員或運動選手的私人教師，曾接受過密集的指導、展示及職業訓練。
- **懺悔者**（confessor）：以英雄式的行為證明自己對信仰虔誠的人。
- **知己**（confidant）：信賴到可以分享祕密的人。
- **顧問**（consultant）：通常是提供專業建議或服務的專家。
- **諮詢師**（counsellor）：提供專業建議的人。
- **老師**（teacher）：提供教育或指導的人
- **治療師**（therapist）：受過不使用藥物或手術治療，並以復健方法訓練的人。
- **培訓師**（trainer）：訓練考試或比賽的參加者，以讓他們獲得學歷或精通特定活動之能力的人。

有人主張教練必須包含一對一的發展性討論，目的是讓人了解自己的強項與弱點。這是一種相對短期的活動，但期間較長的高階主管教練（executive coaching）是例外。這也是一種非直接性的發展活動，聚焦於改善工作表現及發展／強化客戶的技能。教練活動訂有企業目標，也訂有個人目標。它假設客戶的心理是健康的，不需要任何臨床手段的介入。其前提是，客戶必須有或能養成自覺。他們也能討論個人問題，但主要重點還是在職場中的表現。

如何選擇商務教練？

選擇教練應該依循哪些準則？以下清單是一個不錯的起點：

- **訓練**：這些教練是否受過正式、獨立、獲認可的商務教練訓練？
- **經驗**：他們在教練，尤其是商務方面，有過哪些經驗？
- **風格與互動默契**：他們是否能讓人產生信賴感，讓人在能量、政治及幽默產生共鳴？
- **知識素養**：他們的理論闡述／分析能力如何？能否做理論性的解釋？
- **評量標準**：他們如何、何時、為何對結果做評量？
- **指導**：這些教練是否有其他人監督及支援？
- **自覺**：這些教練對自己的強項及弱點是否有自覺？他們從事教練工作是出於什麼動機？

這有效嗎？

有人主張，基於以下四個理由，教練的效果與諮詢及治療相同。

1. **治療同盟**（therapeutic alliance）：透過治療，病患及客戶感覺到被接受、被注意、被照顧、被尊重並被支持。這種被理解、被幫助的感覺，對治癒及發展相當關鍵。
2. **自我檢驗**：治療過程從頭到尾都鼓勵自我監控及自我分析，就這一點而言，常能因此找到解決之道。
3. **道德**：客戶常表示自己變得更快樂，也更樂觀，因為他們相信自己的適應機制及策略獲得改善，感覺自己有可能克服難關。
4. **對改變的承諾**：認同並自願參加治療，而且願意為此付費，形同重申自己對改變的承諾，這是對改變的最佳預測指標。

一項重要研究整理出商務教練成功的四個要素：

1. **客戶因素**：簡言之，最重要的是知道誰（什麼樣的人）遇到問題，而非是什麼樣的問題。在成效的因素中，這一項高達四〇%，被稱為教練準備度，是學習、改變、迎接挑戰的意願與能力的混合體。
2. **客戶與教練的關係**。教練可以探索並利用治療同盟。重要的是合作、合意與支持，以及成為一種有效且情感性的關係。再次重申，這必須是為客戶量身定做的。重點在建立並維持一種正向、開明、充實，並具有改造作用的關係。散漫、疲憊、準備不足的教練，絕不會是個好教練，雙方的關係通常必須建立在明確並獲得合意的目標與課程內容。

3. 客戶的期待：在成效的因素中，占了十五％的項目，是有時稱之為「希望」，如今叫作「期待」的古老情感。最重要的是對進步、發現新的達標方法以及行動力思考（agency thinking）的期待（也就是相信有志者事竟成的信仰）。教練會公開或暗示性地表達成功的改變或進展是可能的，在剛開始建立關係時，就以建立信賴來激發客戶的希望。

4. 理論與治療：在成效的因素中，這一項占了十五％。過程中使用了治療儀式。教練的背景會影響他們關注哪些部分，有些教練關注組織性的競爭、衝突、控制與權力，其他教練則可能聚焦於自我覺察，並鼓勵個人的SWOTS，即設立強項（strengths）、弱點（weaknesses）、機會（opportunities）、威脅（threats）的標準。

理論能輔助觀察。有些教練會與客戶分享理論，有些則不會。很明顯的，好教練需要知道哪些方式對哪些客戶有效。但教練還需要了解商務領域，以及客戶與企業之間在利益上的衝突，甚至必須對此相當精通。

教練只有在客戶有能力、有準備、有意願的情況下，才可能生效。若是教練與客戶能建立良好關係，又讓客戶對改變懷抱希望，成效就會很顯著。社內的導師（mentor）是否也能見效？可能也可以。但是，通常更客觀、不懷任何偏見的外聘教練，還是比較理想的選擇。

◆參考文獻

Grover, S., & Furnham, A. (2016). Coaching as a Developmental Intervention in Organizations: A systematic review of its effectiveness and the mechanisms underlying it. Plos One 11(7) 001559137.

Kauffman, C., & Coutu, D. (2009). *The Realities of Executive Coaching* (pp. 1–25). Harvard Business Review: HBR Research Report.

021

認知失調：態度及行為的改變

有一群人相信世界將在特定的某一天毀滅……而且會有飛碟在特定的某一時間來把他們接走。他們等著等著，當然，沒有任何人出現。經過四至六小時的動搖與絕望，他們做出一個結論：他們徹夜未眠的祈禱讓上帝拯救了世界。接下來……他們走出去，比從前更賣力地宣教。

——利昂．費斯廷格（Leon Festinger），《心理學與心理學家》（*Psychologists on Psychology*）

不論自己的行為有多怪異，大多數人都覺得有必要將自己的行動合理化。癮君子都知道尼古丁成癮有害健康，飲酒量是正常量兩、三倍的酒鬼也知道這是壞習慣。

我們對凡事都有追求一致性的強烈欲望，但對於是否所有文化都是如此，卻也有所爭論。為什麼就連技巧最精湛的訪談者，都無法讓政治人物回答簡單的問題？答案之一是，政治人物極度畏懼自己表現得前後不一，因此絕對不會做出任何自己無法兌現的承諾或預測。

「認知失調理論」相當有趣且刺激。相較於態度對行為的影響，它主張行為更可能導致態度的改變；也就是先有行為改變，才會有態度的改變。

這個理論提到「辯證不足效應」，也就是當自己的行為無法明顯地以外來的獎勵（如金錢）或強迫（如命令）解釋，我們就會感受到失調。認知失調理論不認同「先態度－後行為」，而是以「先行為－後態度」效應為依歸。人們愈是受到強迫，改變就愈少。

想像有三組人針對某個本身不相信的重要議題（例如死刑、種族隔離、動物研究）撰寫長篇大論、旁徵博引的文章。一組是出於被迫（若不寫就會受到嚴重懲罰），一組是為了豐厚酬勞（一百英鎊），最後一組則被給予微不足道的費用（一英鎊）。這個理論在數據的佐證下主張，第三組人對這個議題的態度會出現最大的改變，因為他們不會因為受強迫或獲得豐厚獎賞而將寫作合理化。

根據這個理論，在特定情境下認知失調會被激發，而且必須被克制。

1. 大家必須覺得自己態度分歧的行為完全出於自願選擇，而且自己必須為此負責。若是因為受到外來強迫或威脅（或缺乏其他選項）才有此行為，認知失調就不一定會發生。
2. 大家必須覺得自己態度分歧的行為，完全是出於無法撤銷的堅定承諾。若這行為很容易改變，認知失調的程度就會降低。
3. 他們必須相信自己的行為對自己及他人會造成嚴重後果。若這後果小到微不足道，就不太可能造成任何認知失調。

4.在特定態度或行為與自己的自我想像、自我價值及價值觀息息相關時，人就會感受到龐大的認知失調壓力。

認知失調的悖論

這個理論主張以下幾點：

1.若一個人被迫做出違背自己信念的行為，就會產生認知失調。

2.強迫做出這類行為的力量愈大，認知失調的幅度就愈少。反之亦然。

3.態度改變可以減少認知失調的幅度。

4.矛盾的是，強迫愈少而非愈多的時候，態度改變的幅度就愈大。

認知失調理論也指出，我們傾向於貶低自己欺負的對象。在缺乏明顯合理依據的情況下欺負另一個人或團體時，我們會扭曲自己的信仰，藉由負面看待受害者來合理化這種行為。我們喜歡認為自己為人正直、和善、重道德、崇尚正義，不太可能造成無辜者的傷害或苦惱。因此，如果對他人做出吼叫、忽視或毆打等傷害性的行為，就會產生認知失調。若是無法靠道歉或賠償「收回」這類行為，要克服這種窘境最簡單的方法，就是進一步貶低受害者，指出他們有多壞、遭受這種對待完全是罪有應得。

決策後認知失調

許多重要決策都是在困難的選擇下做成的。很多人會整理出各種選項優缺點的清單，幫助自己做出經過深思熟慮的選擇，或是向他人徵詢意見。

研究證實，我們會將自己選擇的選項升等，並將自己否決的選項降等，以合理化自己所做的決策。這個傾向被稱為「買方懷舊」（buyers' nostalgia）或「決定後合理化」。

人們經常發現在購買一個產品之後（而非之前），自己會更頻繁地閱讀曾購買過的產品之廣告，而且會讀得更仔細。

賭徒聲稱，相較於下賭注前，下賭注後自己會對賭贏更有信心。

認知失調、推銷與說服

社會心理學家鉅細靡遺地研究了說服的原理與技巧，也就是推銷員等人說服我們購買商品的訣竅。

因此，專業訓練人員會試著引誘對象，做出後續行為會一致的口頭承諾。

這些承諾在**公開進行**、**需要某種程度的努力**、**看來完全自願而非受迫**時最有效。這就是為什麼許多組織要求人們對他們的價值與行為意圖做出自願、公開的承諾。人通常會為了先前的合理化再添加更多合理化，以強化自己決策的明智程度。

◆**參考文獻**

Cooper, J. (2007). *Cognitive Dissonance: 50 Years of a Classic Theory.* London: Sage Publications.

Festinger, L. (1962).'Cognitive dissonance'. *Scientific American.* 207 (4): 93–107.

022

冷讀術：如何說服他人相信你真的了解他們？

要成為有影響力的人，不能只安於和別人相同。

從來沒有人因為低估美國大眾的品味而損失過一毛錢。

——巴納姆（P.T. Barnum），《賺錢的藝術》（*The Art of Money Making*）

許多推銷員及江湖術士會發展出一連串技巧，證明自己能看穿顧客或受害人的心。大約四十多年前，雷．海曼（Ray Hyman, 1977）就曾經寫過一篇報告，解釋各類騙徒以什麼樣的方法，讓天真的客人以為他們知道自己的一切。文中所列舉的十三個要點，雖然是針對手相算命師、筆跡學家之類的職業，但對其他相對不道德的諮詢行業也同樣適用。

十三個要點分別是：

1. 切記，一個成功的人格解讀者，其關鍵成分就是自信。如果你打扮、表現得充滿自信，即使做出的解讀錯得離譜，大多數客戶也會買單。

2. **有創意地利用近期的統計摘要、市調及民調數據**。這能提供你豐富的資料，分析社會各類族群相信什麼、想得到什麼、擔心什麼等等。

3. **為你的解讀創造條件**。表現謙虛，不要做出過度要求，這通常能使對象放鬆警戒。不要讓對方感覺你在跟他鬥智。你可以解讀他的人格，至於他對你在不在乎、相不相信，是他的問題。

4. **事先徵求對方配合**。強調他的誠心配合對於解讀的成功和你的功力同樣重要，並聲明基於語言及溝通上的困難，你有時可能無法精準地表達自己的意見。如此將會讓對方努力以自己的字彙及人生經驗，解讀你所傳達的訊息。

5. **利用一些噱頭，例如水晶球、塔羅牌或看手相**。以看手相為例，這麼做有兩個重要的目的。一方面能讓你的解讀添加幾分新奇趣味，更重要的是可以做為你語塞或構思下一句話時的掩飾。

6. **準備一套隨時能說出口的罐頭話題**。即使你只是在冷讀，口若懸河地說出這些話，能讓你的解讀顯得更有說服力，並且在試圖構思該如何把話說得精準時，為你爭取一點時間。不妨從任何對象都適用的「例行話題」開始累積。

7. **睜大眼睛仔細觀察**。充分利用你的其他感官，打量客戶的服裝、首飾、儀態及談吐。即使是透過這些地方做粗淺的分類，也能為解讀提供足夠的資訊。同時留意你的話語對對方所產生的影響。

8. **善用「釣魚」技巧**。這是指某種促使對象吐露心聲的機制。聽到之後，你可以將他告訴你的內容，重組為聽似有理的摘要來回覆。一種釣魚技巧是將所聽到的內容，重組成疑問句來回覆，說完後再等對方做出回應（或反應）。若對方的反應是正面的，就代表他把你的這番話當成正面的肯定。

9. **學會當個好聽眾**。在解讀過程中，你的客戶遲早會開始滔滔不絕地聊起被提及的議題。一個好聽眾能讓客戶自動吐露更多心聲。

10. **將你的冷讀戲劇化**。以你獲得的少量訊息做回覆，或每次都只提及一點點。讓你的話顯得更有分量，每次提及時都添加一點畫面，誇張一點也無所謂。

11. **隨時讓對方以為你知道的比說的還多**。成功的冷讀高手，例如家庭醫師，總會表現出他知道更多的模樣。一旦讓客戶以為你知道他某些不可能透過正常管道得知的事，他就會以為你無所不知。

12. **一有機會就拍對方馬屁**。有些對象會對這類諂媚表示譴責，但其實還是被哄得心花怒放。碰到這種情況時，你可以進一步哄他果然洞察人心、眼光犀利或聰明絕頂。

13. **最後，謹記這條黃金守則**。跟客戶說他想聽的話。

◆參考文獻

Hyman, R. (1977) *Cold Reading: How to convince strangers that you know all about them.* The Zetetic 1, 18–37.

023 心理學與常識

常識是全世界分配最平均的東西，因為每個人都相信自己擁有豐富的常識。

——勒內．笛卡兒，《方法論》（*Discours de la méthode*），一六三七

常識就是人到十八歲為止所累積的各種偏見。

——愛因斯坦（Albert Einstein）《科學人》（*Scientific America*），一九七六年二月號

多數人都相信自己擁有充沛的常識（不論是什麼樣的常識），而且範圍涵蓋生活的各種領域，因此我們都能清楚地分辨哪些事有道理、哪些事毫無道理。

我們真的都有常識嗎？如果有，大家是如何學到的？從哪裡找到的？可能是從成語及「至理名言」，但是，「小別勝新歡」和「日久情疏」、「老狗學不了新把戲」和「活到老學到老」，哪一句是常識？曾有人對心理學理論提出下列批評：

1. **心理科學只比常識高明一點點。**所有發現和理論都不令人驚訝，資訊量極低，甚至只能算是套用邏輯。它的內容完全不新鮮，都是大家早就知道的道理。

2. **心理科學貶低了常識。**它以術語將一切單純、常識性的想法包裝成模糊不清的說明，證明心理學家不過是以偽科學的文字將常識加以包裝而已。

3. **心理科學的解釋經常是錯誤的。**它對人與心理運作方式的描述都不是真的。

4. **心理學家是危險人物。**他們的想法和作法讓他們成為憤世嫉俗的操弄者。心理學家都有政治意圖。

我們對世界的「理解」大多來自直覺。在敘述對他人的看法及決定該做什麼時，我們都有自己的意見、偏見、預感和誤判。以下二十則題目都能讓你檢查自己對人類行為「理解」多少。在閱讀每一題之後，標註「是」或「非」。

是或非？

1. 大學時成績在班上前三分之一的學生，畢業後賺取的收入會比成績普通的學生高。
2. 聰明絕頂的人通常較體弱多病。
3. 絕大多數的運動員智力低於平均值。
4. 所有歐洲人生來就有同樣的條件追求成功。

5. 平均而言，女性比男性聰明一點。
6. 人不是外向就是內向。
7. 學到一件事以後，你在未來幾個小時內忘記的，要比未來幾天內忘記的多。
8. 微量飲酒有助於學習。
9. 女性比男性更會憑直覺行事。
10. 吸菸者每年請的病假比非吸菸者多。
11. 四十歲的人比二十歲的人聰明。
12. 如果要懲罰行為不端的某個人，最好在他剛犯錯時進行。
13. 學業成績不佳的人有較佳的技工能力。
14. 高成就者是勇於冒險的人。
15. 凝聚力高的團體，產能也較高。
16. 人受挫的時候，通常會變得比較有攻擊性。
17. 嬰兒時期的體驗，對往後人生的行為有決定性的影響。
18. 成功的高階主管對金錢的渴求比對權力大。
19. 從事公職者都是不敢冒險的人。
20. 大多數主管對下屬的管理方式非常民主。

第1、7、10、12、16及17題的答案是「是」，其他為「非」。

來源：羅賓（S. Robbins, 1991）

憤世嫉俗者與懷疑論者往往認為，心理學只是被包裝成社會科學的常識。這種「常識反對論」通常有以下三種形式：

第一種是質疑心理學的發現與理論都是廣為人知、直覺性、毫無驚奇，而且缺乏知識含量的事，都是大家原本就知道的常識。

第二種是認為心理學適得其反，主張在解釋常識議題時，需要使用淺顯易懂的語言，而不是行話術語。後者只會造成隔閡，而不是幫助常人理解。

第三種是社會科學的特性，例如，勞動心理學的實驗結果與普世觀點相違背時，就可能導致對心理學觀點的反對。許多證明人類本質是殘酷、不友善、自我中心、盲從或反社會的心理學研究，會比結果正向的研究招致更多批評。

相較於自然科學，社會科學所面對的主要困難，是社會科學家所發明的理論與概念，除了在他們需要分析的社會科學領域內傳播，也會在領域外傳播。但外行人的概念會固執地介入社會科學的技術性討論，因此社會科學中最有趣、最創新的概念，往往因此淪為平庸。

換言之，心理學之所以受注目，部分原因可能是它的失敗。心理問題、理論及研究愈是被報章雜誌報導、介紹及探討，就會顯得愈理所當然，愈像常識。

◆參考文獻

Furnham, A. (1983). Social Psychology as Common Sense. *Bulletin of the British Psychological Society, 36,* 105–109.

Furnham, A. (1989). *Lay Theories.* Oxford: Pergamon, UK.

Kelley, H.K. (1992). Common Sense Psychology and Scientific Psychology. *Annual Review Psychology,* 43, 1–23.

Robbins, S. (1991). *Organizational Behaviour*. (5thedition) New York: Prentice Hall.

024

透過不同媒體溝通

媒體即是訊息。

——馬歇爾・麥克魯漢（Marshal McLuhan）

我根本不知道自己在想什麼，直到我發現自己說了什麼。

——格雷厄姆・華勒斯（Graham Wallas）

每天，我們都會透過不同媒體與其他人溝通：我們寫字（電子郵件、便條、書信）、花很多時間打電話，也會透過Skype或Zoom等軟體與人面對面交談。我們有不同類型的媒體可以選擇：口語類（文字）、語音類（文字與聲音）及視覺類（文字、聲音與圖像）。我們為何會選擇這些類型的媒體？有些媒體是否比其他的更有效率或比較有助於記憶？

人比較容易記得自己所聽到的、看到的，還是讀到的？問一個普通人，視聽媒體（電視）、音聲媒體（廣播）和平面媒體（報紙）哪一種最具相對效力，多數人（約七十五%）都會選擇電視。但研究結果怎麼說？

看看以下的測試：將六十位同質性的受測者隨機分成三組，每組二十人。一組看十分鐘的電視新聞（完全沒看過的內容），一組聽十分鐘相同內容的廣播，第三組則是閱讀十分鐘這則新聞的文字稿。三組接收的都是同樣的訊息，只是透過不同類型的媒體。

接下來，他們要做一場記憶檢測，比較哪一組人記得最多內容，並分析原因。關於他們為何做出自己的選擇，相信電視比較有助於記憶的受測者，提到了圖像的「衝擊性」、「影樣的力量」等等。除了少數例外，超過二十項嚴肅的研究所獲得的結果大致相同：印刷媒體組記得的內容最多，而影音組記得的最少，而音聲媒體組居中。如果詢問得深入而具體，你會發現電視組記得約五分之一的細節，廣播組約四分之一，而平面媒體組約三分之一。

人們經常會為自己其實記得很少的內容而感到震驚。但現在，最讓人好奇的是：為什麼影音組在這方面的表現最差？有許多理由。

1. 心理學家所謂的「認知歷程」（cognitive processing），也就是有沒有動腦的差異。看電視或電腦比看報紙輕鬆，比較不需要動腦。相對的，閱讀時的動腦能促進理解。

2. 影音內容較難記住還有一個理由，就是文字與影像的同步率。新聞記者負責撰稿，攝影師負責捕捉最好的畫面，兩者的步伐並不一致。文字與影像的落差可能相當惱人：一起戲劇性事件本身令人難忘，但鮮少有人記得它周遭的瑣碎細節，因為它們無助於聚焦。

3. 速度也是一個問題：每個人的閱讀速度不盡相同，原因包括教育程度、讀的文字是否為母語、練習是否夠豐富等。電視播報的步調讓不同的人對訊息的理解程度產生差距，而閱讀的步調是可以自己掌控的，練習通常也是，這一點有助於對內容的理解。能以自己的步調學習，往往學得最多。

4. 訊息以何種方式被拆解及建構是很重要的。報章雜誌的編輯對於在頁面上的哪個位置安插圖片相當謹慎，也很在乎文章如何被分段。我們都知道在不同情況下都會有首因效應（primary effect）與近因效應（recency effect），也就是第一個或最後一個出現的資訊會產生最大的效果。我們也知道，在大部分的情況下，中間的資訊總是最容易被遺忘。

就平面媒體而言，我們只有二次元空間可以利用：以色彩、字體級數、照片與插畫，來切割文字或強調某些要素。在廣播裡，你只有大聲／小聲、腔調、速度，以及資訊被呈現的次序。電視也能改變色彩，但極少這麼做。

有沒有說法可以挑戰平面媒體→廣播→電視的定律？

- **這是否因內容而異：**大家會比較容易記得新聞、廣告，還是科學節目的內容？雖然只領先一點點，但平面媒體在這方面的效果還是最好的。不過，訊息愈簡單，呈現方式愈誇張，尤其是以圖像成功強化訊息時，電視的效果可能會比廣播好。
- **這是否因觀眾而異：**比方說，接收者是成人或兒童？平面媒體再次證明表現最佳，不過兒童傾向對視覺影像的內容較有記憶。

- **這是否因記憶的測量方式而異**：例如短期或長期、自由回憶或是在有提示的情況下回憶？這方面的影響其實不大。
- **故事的寓意層面**：如果你想傳達一個能被聽眾完全理解的訊息，理論上你應該採取的手段是寫一封文筆優美、結構完整的電子郵件，問題是，如今文字訊息已經過度氾濫。電子郵件的缺點可以被分為兩大類：數量與解讀。

很矛盾的，由於員工得花一整天發送並接收文字訊息，企業試圖構思新的規則。或許這些規則有些是積極性的、有些是消極性的，但目標都是過濾訊息與確立優先排序。

例如以下幾則：

- 禁止發送電子郵件給同一樓層或同一大樓內的人；與這種距離的對象必須見面討論。
- 不得濫用代表急件的V形標示。每天不能發出超過一則標有三重V形標示的「特急件」電子郵件。
- 一天不得發送超過二十則電子郵件。
- 一天僅能發送五則複本，對象不能超過七人。
- 每一則電子郵件的內容不得少於二十字、超過一百五十字。條列重點可以圓點標示，但不得超過七點。

- 如果一則電子郵件沒有在四十八小時內獲得回應，就應該刪除。
- 假日或離開辦公室時必須啟動自動回覆，以讓寄件者知道你人不在。

第二個問題是語調。沒有面對面溝通，加上缺乏語調起伏，電子郵件的內容很容易被誤判。大寫字母被視為吶喊；拼錯或打錯字被視為粗心大意或無知；表情符號在商務背景下被視為不專業、使用起來是有風險的；也有可能把寄件者所打的「哭笑臉」解讀成「哭臉」，因此以悲傷的語調回覆。

通常情緒智商低並缺乏社交技巧的人，會選擇以電子郵件溝通。他們認為這麼做比較容易，其實不然。欲讀出電子郵件中的隱喻是相對困難的，一些針對收到傳統書信的建議，可能也適用於這種情況：

- 如果一封書信激起你的強烈（負面）情緒，不要立刻回覆。不必等到隔天，但至少花幾個小時沉澱一下心情。
- 由於解讀可能與環境背景息息相關，轉發包含笑話、迷因（meme）或個人意見的電子郵件時，務必小心。
- 送出前，務必重讀你的回覆至少一次，尤其是充滿情緒的電子郵件。
- 務必理解不是每一則電子郵件都能成功寄出。

◆參考文獻

Furnham, A., Gunter, B., & Green, A. (1990) Remembering Science: the recall of factual information as a function of presentation mode. *Applied Cognitive Psychology,* 4, 203–12.

Furnham, A., Gunter & Walsh (1i998). Effects of programme context on memory of humorous television commercials. *Applied Cognitive Psychology,* 12, 555–67.

Furnham, A, (2001). Remembering stories as a function of the medium of presentation. P*sychological Reports,* 89, 483–6

Furnham, A., Gunter, B., & Richardson, F. (2002). Effects of product-programme congruity and viewer involvement on memory for televised advertisements. *Journal of Applied Social Psychology,* 32, 124–41.

025

盡責性與意志力：上進與投入

工作能攆走三個魔鬼：無聊、墮落與貧窮。

——伏爾泰（Voltaire），《贛第德》（*Candide*）

當工作是一種樂趣，人生就是一種享受！當工作是一種義務，人生就是一種苦役。

——馬克西姆．高爾基（Maxim Gorky），《底層》（*The Lower Depths*）

盡責性（conscientiousness）是一種性格變數，是除了智能以外，學校、大學與職場對人評鑑的一種基準。它能解釋為何女孩在學業成績上優於男孩，也能預測一個人在何時為了什麼原因上進與投入。有責任感的人不太會曠課或曠職，也少有紀律問題。

這會帶來兩個相關問題，精確地說，責任感有哪些構成要素或面向？同樣重要的是，如何測量它？

分類學家認為盡責性有八種不同但相關的成分：

1. **勤奮**：工作賣力，總是全力以赴，並常有超出期待的成果。勤勞的人會全力驅策自己（和他人）向成功邁進。

2. **完美主義**：以高品質為目標、不犯錯、不抗拒工作。極度留意細節，凡事追求第一。

3. **整齊**：指對秩序、規律與「物歸其所」有強烈要求。有責任感的人對脫序及髒亂極度厭惡，喜歡將一切事物歸檔，並完成任務。

4. **絕不延宕**：有責任感的人不容易分心，也有過人的行動力。他們不會拖延不喜歡的工作或只挑簡單的差事做。他們能迅速投入工作；並懂得區分優先順序，不會無謂地浪費時間與力氣。

5. **偏好控制**：這不是控制欲強，而是指凡事有規畫、計畫周延、有決斷力，同時也指他們了解指揮者該扮演什麼樣的角色。和這些特質相反的是倉促、魯莽、衝動行事。

6. **謹慎**：基於上述特質，有責任感的人會避免犯錯、掌握現況、深謀遠慮。他們會先動腦再開口，並在用詞遣字上力求謹慎。

7. **任務規畫**：有責任感的人懂得規畫。他們會謹慎地訂立計畫、時程及可行之道，並要求自己與他人嚴格遵守。他們會找出最有效率的方法，並嚴格執行。

8. **毅力**：有責任感的人懂得如何因應挫折與障礙。他們不輕言放棄、不逃避責任，也不會半途而廢，在壓力下依然沉穩自若。

盡責性通常與講求效率、有條不紊、值得信賴並勇於負責等有關。責任感強的人大多屬於成就導向、有才幹、可信任且產能高。因此，父母、老師及雇主都相當重視這種人格特質，也希望能幫助自己的子女、學生及員工培養出這種性格。若要預測大學生的成績表現，從責任感來評估往往比智商更準確。

相關研究一再發現，盡責性與學業成績或職業聲望的關係雖然只有微幅相關，但明顯呈現正比。也有些證據顯示，性別與責任感有關，並利用這一點解釋為何男女在智能上僅有微不足道的差距，但女性的學業成績往往優於男性（Furnham, 2008）。

這種人通常也有情緒較穩定、個性較宜人的傾向；能在有責任感的老闆手下工作，是較為理想的。

但這項研究也發現了其他有趣的問題。我們知道，智能和盡責性皆與職業上的成功（如升遷、加薪等）有關。但矛盾的是，在許多知名學府的學生中，智能與盡責性的關係卻呈現反比。研究者提出一個彌補性的假說，就是智能較平庸的人必須付出更多努力才能跟上腳步、維持領先，因此盡責性相對較高。不妨試著觀察自己身邊有沒有這種跟不上同儕，而必須加倍努力的人。

◆參考文獻

Roberts, B., Chernyshenko, O., Stark, S., & Goldberg, L. (2005). The Structure of Conscientiousness. *Personnel Psychology*, 58,103–39.

Stairs, A., Smith, G., Zapolski, T., Combs, J., & Settles, R. (2012). Clarifying the Construct of Perfectionism. *Assessment,* 19, 146–66.

Stoeber, J., Otto, K., & Dalbert, C. (2009). Perfectionism and the Big Five. *Personality and Individual Differences,* 47, 363–8.

026 陰謀論

如果有人說（例如）某人在進行不利於他的陰謀，你無法駁斥，只能告訴他，大家都否認自己有參與這項陰謀，而這正好就是陰謀者會做的事。他的解釋所掩藏的真相，和你的一樣多。

——卻斯特頓（G. K. Chesterton），《正統信仰》（*Orthodoxy*），一九〇八

這世界由一群與非內幕人士所想像的極為不同的人物所統治。

——班傑明・迪斯雷利（Benjamin Disraeli），《科寧斯比，或新世代》（*Coningsby, or the New Generation*），一八四四

政府有什麼祕密不讓我們知道？大企業之間有哪些我們從沒聽過的幕後交易？陰謀論的定義是「堅信世上的重大事件是由許多人物所組成的邪惡、殘酷、無所不在的祕密組織所造成的」。這是心理學界一個相對嶄新的研究領域。

重大事件看起來似乎都有重大起因，因此總有許多人對官方說法抱持懷疑態度。另一方面，來自各種出身背景的陰謀論者則主張：

- 相信官方對事件的解釋是很天真的。
- 政府是馬基維利（Machiavellian）式的媒體操控者。（編註：義大利政治學家馬基維利曾提出「政治無道德」的權術思想。）
- 政府敘事的目標是維持百姓的無知與恐懼。
- 反陰謀論者會醜化他們，而且不願花時間看看證據（思想保守狹隘）。
- 陰謀論鼓吹者的目標是質疑當權者並改寫歷史。
- 那些揶揄、嘲笑他們很傻的人，自己才是傻子。

陰謀論者主張，其實有許多團體在審查我們所接收的資訊：包括政府（FBI、CIA等）、軍方（北約等）以及企業（銀行、石油公司、大製藥廠）。

但陰謀論並非肇因於非理性或精神疾病，而是本著理性與邏輯對大眾情報做出來的回應。當某起事件相關的可靠情報太少或細節太模糊時，陰謀論可能因為提出一套有條理、全方位的世界觀而被接受。

陰謀論相信，有些事是由一群人聯手策畫的隱密、非法、惡毒的勾當，因此那些人會針對這些事或為了不讓大眾知道真相而進行資訊封鎖。許多人都可能是這類「壞蛋」的嫌疑人，可能是國內土生土長，也可能來自國外，包括政府、銀行、國安單位或軍方。

此外，有學者主張陰謀論者與真正的陰謀政治有別，是出於以下四種性質：

1. 陰謀論者「堅信他們所指控的陰謀者是邪惡的化身」。
2. 陰謀論者「堅信陰謀集團必能專心且萬無一失地達成目標」。
3. 陰謀論者「堅信陰謀集團無所不在」。
4. 陰謀論者「堅信陰謀集團幾乎無所不能」。

陰謀論是「一言堂信念體系」的一部分。一個人一旦接受了任何一種（主要的）陰謀論世界觀，由於他們支持這種特定的世界觀，就更容易接受新的陰謀論。

陰謀論在全球各地相當普遍，只是在西方似乎特別明顯。民調結果經常顯示，高達九成的美國人相信甘迺迪不是由李・哈維・奧斯華（Lee Harvey Oswald）獨自暗殺的。

心理學家感興趣的問題是：什麼樣的人、在什麼時候、為了什麼會相信陰謀論，不論是較知名的還是相對不為人知的。

心理學研究者提出這個問題：相信陰謀論的人是非理性、天真、瘋狂、偏執，還是聰明的懷疑論者？大多數人對陰謀論都抱持懷疑態度，雖然大家都意識到有時政府和其他組織可能會掩蓋某些事。

陰謀論可能有心理學的功能：對許多人來說，這個論點對充滿混亂與不確定性的世界提供了解釋，點出了哪些人是「黑暗力量」、哪些人是「光明力量」，讓人感覺獲得了某些只有自己知道的祕密情報。

心理學研究顯示，強烈的陰謀論思維，與失範（anomie）、對權力的質疑、政治犬儒主義（political cynicism）、無力感及自卑感有明顯關聯。這些研究結果符合以下這個主張：陰謀論思維大多盛行於權利遭剝奪、位居弱勢、缺乏力量的群體之中，而陰謀論在幫助這些群體維持自信上，扮演著重要角色。

有人建議可以用以下手段對抗陰謀論：

1. 徹底禁止宣揚陰謀論。
2. 對散播陰謀論者課稅（以稅金或其他方式）。
3. 提出「反制言論」，以合理、堅實的論點擊敗陰謀論。
4. 正式雇用私人團體推廣反制言論。
5. 以非正式形式與陰謀論者溝通，鼓勵他們接受治療。

但我們是否有將陰謀論者視同精神病患的嫌疑？是否有些陰謀論者比其他囫圇吞棗地接受「政府企業」陰謀論的同類人聰明、有知識？這種差異該如何分辨？

◆參考文獻

Bale, J. M. (2007). Political paranoia vs. political realism: On distinguishing between bogus conspiracy theories and genuine conspiratorial politics. *Patterns of Prejudice. 41*, 45–60.

Sunstein, S. R., & Vermeule, A. (2009). Conspiracy theories: causes and cures. *The Journal of Political Philosophy. 17*, 202–27.

Swami, V., Chamorro-Premuzic, T., & Furnham, A. (2010). Unanswered questions: A preliminary investigation of personality and individual difference predictors of 9/11 conspiracist beliefs. *Applied Cognitive Psychology. 24*.749–61.

027 國家與文化差異

一個人的天性、熱情與焦慮，都是文化的產物。

——埃里希・佛洛姆（Erich Fromm），《逃避自由》（*Escape from Freedom*），一九四一

文化具有由內將自己強加在文化上的力量。

——圖里（S. Touli），《紐約書評》（*NY Review of Books*），一九七七

隨著旅行日益普及，如今大家已經習慣拿不同的國家及文化做比較，兩者之間往往有著歷史與地理、經濟與宗教、語言與飲食上的差異。某些人相信，就像人無法被分類或量化，國家亦然。但過去三十年來，兩位荷蘭心理學家以其相互交疊的理論，大幅改革了跨文化心理學及管理。吉爾特・霍夫斯塔德（Geert Hofstede, 1981）在一項比較了七十國十一萬六千人的研究中，主張有四種基本文化維度（cultural dimension）注定會對人類的行為及工作產生影響，在後來

（1984）的著作中又增加到六種。他主張，我們能以這些維度正確地描述並比較所有國家的民族性與組織文化。

1. **權力差距**：指大家都接受權力（及影響力）分配的不平等。在去中心化、較扁平化、管理階層人數較少的文化及組織中，這種差距通常較小。
2. **不確定性規避**：指對曖昧不明的容忍度，以及人與組織試圖避免或降低不確定性的程度。不確定性規避需求較強的人與文化，比較有相信專家、習於規避風險與遵守規則的傾向。
3. **個人主義－集體主義**：在許多方面算是東方與西方之間的差距。個人主義與集體主義深植於文化價值及文化意識中。個人主義者較難適應團隊合作，對團隊及群體也較缺乏向心力。
4. **男性化－女性化**：指源自兩種性別的不同價值。男性化指金錢、職業與地位等男性主導價值，女性化則指關懷、公正與生活品質等女性主導價值。
5. **長期導向－短期導向**：指過去、目前、未來的行動／挑戰之間的關聯。短期導向的社會，表示尊重並維護傳統，重視維持現狀。長期導向的社會，則將適應力與因地制宜、務實主義的解決之道，視為生存的必需品。
6. **放縱－約束**：用於測量幸福，也就是對簡單歡樂的需求是否能獲得滿足。放縱指的是享受人生及享樂主義，約束則是指一個社會以嚴格的社會規範控制欲望與需求。放縱的社會相信人生及情緒掌握在自己手裡，約束的社會則相信人生及情緒為其他因素所控制。

馮斯．川普涅爾（Fons Trompenaars, 1977）也以類似方式對不同社會做區隔。他的主要目標是協助管理來自不同文化的人，並宣稱協助國際管理是他更遠大的目標。

1.普世主義：當一個組織中的主導信念是組織的權利高於個人的權利，就會建構出普世性的組織文化。在這種文化中，共通規則適用於每一個人。

特殊主義：認為個人的權利高於整體社群的權利。可能會為友情或親情而打破規則及法律，即使這麼做可能賠上整個社群也在所不惜。

2.個人主義：認為每個人都該照顧自己，並為自己做決定。文化整體視追求成功為每個個體的個人自由及個人發展目標。

集體主義：這類文化圈的成員都隸屬於某些要求個體效忠群體，並對個體提供幫助及保護做為交換的團體。

3.特定導向：屬於這種導向的員工會親近其他人，並知道哪些事物該與其他人分享，哪些則不然。成功與失敗被視為個人能力及弱點所造成的結果。

擴散導向：屬於這種導向的員工較不會表現出他或她對人際關係的期待，因此也比較無法發展社交能力。成功被視為做人真誠的結果。

4.中性導向：屬於這種導向的人較不願吐露自己的感受，即使這需要極大的自我控制力。他們也相對堅忍寡欲。

情感導向：屬於這種導向的人習於隨時吐露自己的感受，並依這種習慣行動。他們可能被視為擁有高情緒智商。

5. 成就導向：視社會地位為個人利用努力與天賦累積成功資歷的結果。

歸屬導向：認為每個人的社會地位和與生俱來的出身、性別、年齡或經濟能力息息相關。

6a 過去導向：過去導向的組織參考過去的歷史規畫未來。

現在與未來導向：未來導向的組織較不關心過去，將現況視為規畫未來的第一步。

6b 順序導向：依順序規畫時間的員工，傾向一次做一件事。對他們而言，時間是線性的、有形的、可分割的。他們對守時非常在乎，將遵守時程視為關鍵。

同步導向：同步規畫時間的員工會在同一時間處理好幾件事。對他們而言，時間是彈性的、無形的。完成工作的速度因他們與對象的關係而異。

7. 內向導向：屬於這種導向的人，相信每個人都是自己這艘船的船長，命運掌握在自己手上。對他們而言，所有成敗都是個人的努力與能力的結果。

外向導向：屬於這種導向的人，相信自己的職業生涯受機遇、手氣、命運等強大外力所影響。

◆參考文獻

Hofstede, G. (1984). *Culture's consequences*. Beverly Hills, California: Sage.

Triandis, H.C. (2004). The many dimensions of culture. *Academy of Management Executive*, 18, 88–93.

Trompenaars, F. (1997). *Riding the waves of culture: understanding cultural diversity in business.* London: Nicholas Brealey.

028 創意

真正的創意往往在語言結束時啟動。

——亞瑟・庫斯勒，《創造之舉》（*The Act of Creation*），一九六四

只要被有創意的心靈支配，社會就會有創意。

——塞西爾・柯林斯，《一個傻瓜的願景》，一九七〇

在創造的過程中，人會與世界合而為一。

——埃里希・弗洛姆（Erich Fromm），《愛的藝術》（*The Art of Loving*），一九五七

從過去到未來，必然會有各種關於創意的定義，而這些定義的核心是，創意的概念將會產出或表現在新穎又實用的點子與產品中。這個邏輯反映的是，真正的創意必須具有創新的想法與實

際的用途。

即使如此，創意在學術上依舊只是一灘死水，這主要是因為判斷一個人、一項發明、一件藝術品或科學研究是否具有真正創意的標準，並不明確。問題在於這個判定由誰來進行，並且必須同意到什麼程度，才有人能宣布「這是一個真正的創意體現」。判定條件的基礎可能是專利獎項、專業人士評定、社會認可，甚至銷售成績，每一種團體的判斷都有各自的條件與可靠度，但對科學家而言，這類判斷並沒有太大意義。如果一個人無法公正、強勢、可靠地列舉出這些條件或為產品做出評定，這個判斷過程就難以理解。

絕大多數人都能接受某些人有創意的概念，也記得許多創意人（例如梵谷或莫札特）可能是英年早逝、受世人冷落、身無分文或精神失常，後世認為他們有創意，但他們在世時並沒有獲得這樣的認可。

但如果一個人相信必定有某些因素讓某些人成為創意豐富的人，這對心理學家而言至少構成了一個問題：創意究竟是一種能力、穩定的人格特質，還是某種（情緒）狀態或思考風格？

如果創意是一種**能力**，我們會期待它像智能一樣常態分配，但情況卻是有些人天生就有天賦，也有少數人毫無天賦。如果創意是一種（認知）能力，它應該是可以被改進的，而且改進的幅度能從這種能力的等級（從極低到極高）變化中監測出來。

創意會不會是一種類似外向或神經質之類的**人格特質**？還是一種可能與病理學有關的氣質？的確，成功的作家、藝術家等，在行為與出身背景上似乎常有高度重疊，但人格就跟「能力」一樣，是常態分配且難以改變，部分原因是屬於「硬性連結」（hard-wired）且有生物學的基礎。

或者，創意比較像一種**情緒狀態**？它是否被音樂、電影，甚至某種令人回味無窮的氣味誘發？真正的創意人格在某些情緒狀態下，可以產生較好的效果，但所有藥物的效應都會讓你產生某種情緒。

那麼，創意是不是一種**思考風格**？創意工作坊告訴你的訊息是，一、創意人人都有；二、我們可以教你改變看待問題的方式，激發你的創意。你可以學會（很簡單但需要花很多錢）如何改變思考風格，以誘發出「與生俱來的創意」。所以，你可以來一點腦力激盪，一點「德．博諾」式（de-Bono-ing）創意思考等等（編註：愛德華．德．博諾〔Edward de Bono〕是創新思維之父），讓你感覺自己也可以成為一個橫向思考者。

個人經驗分享

有趣的是，當創意豐富的人，不論是藝術家、商界人士或科學家，寫下自己的經驗時，都會有以下四個相同的階段。第一是**準備期**（Preparation），也就是深入了解問題，此處常被寫成是「意識清楚的、努力的、有系統的、有目的」，但通常是白費力氣與焦慮的。第二階段是**醞釀期**（Incubation），也就是創意豐富的人在無意識的情況下處理問題。第三個階段是**豁朗期**（Illumination），也就是靈光一閃的時候，淋浴時或在海灘上突然想到某些解決方案，或許還不完整，但至少方向正確，這類點子通常是偶然迸出來的。第四階段則是**驗證期**（Verification），點子在這個階段獲得發展及驗證。

一個重要的問題是：創意的決定因素及相關過程在不同的領域，例如藝術、商務、貿易或科學中，是否會有所不同？另一個問題則是：創意做為一種能力或特質，在全人類中究竟是常態分配還是高度偏移，也就是僅出現在極少數人身上？

目前，學者已經透過以下四種關鍵途徑來解決這個問題：

1. **創意豐富的人**：差異心理學家（differential psychologist）試圖整理出創意豐富的人獨具且奇特的能力、動機及特質。
2. **發揮創意的過程**：試圖理解思維（認知）在發揮創意的過程中如何運作。關注對象不是人，而是成因。
3. **發揮創意的情境**：社會及商業心理學家對壓抑或促進創意發揮的文化、環境及組織方面的因素，特別感興趣。他們認為可以透過這方面的研究，建構出所需要的情境，讓天生缺乏創意的人也能被激發出創意。
4. **創意的產品**：試圖透過研究被清楚定義為有創意的產品，釐清創意的所有面向。

創意與心理疾病的關係

自古以來，就有人認為創意與瘋狂有實質上的關聯。在條件設定嚴謹的研究中，研究結果常會找出創意與多種心理疾患有關的證據。一項針對超過三十萬人所進行的研究，證明在創意相關的行業中，患有躁鬱症與思覺失調症者的比例有較高的趨勢。

◆參考文獻

Batey, M., & Furnham, A. (2006). Creativity, intelligence and personality. *Genetic, General and Social Psychology, 132, 355*–429.

Furnham, A. (2017). Personality Traits, Personality Disorders and Creativity. In G. Feist, R. Reiter-Palmon & Kaufman, J, (Eds). *The Cambridge Handbook of Creativity and Personality Research.* New York: Cambridge, pp. 275–93.

Jamison, K.R. (1993). *Touched with fire: Manic depressive illness and the artistic temperament.* New York: Free Press.

Simonton, D.K. (2019). Creativity and psychopathology: the tenuous mad-genius controversy updated. *Current Opinion in Behavioural Sciences, 27*, 17–21.

029 文化衝擊：新世界的震撼

在大多數人類的互動中，「現實」是深植於文化中，漫長且複雜的建構與溝通下的結果。

——傑羅姆・布魯納（J. Bruner），《意義行為》（*Acts of Meaning*），一九九〇

規則是一種文化產品，也是應對某些情境的手段，而它們是逐步發展而成的。規則可以改變，但這類改變是緩慢的。

——麥可・阿蓋爾（Michael Argyle），《社會行動的結構》（*The Structure of Social Action*），一九八五

關於是什麼人構思出「文化衝擊」的概念，以及這種情況通常在什麼時候發生，至今仍有爭議，文化衝擊的定義也依然尚未完全釐清。一般都認為這個概念是由人類學家卡勒沃・奧伯格（Kalervo Oberg）在一九六〇年提出的。他寫道：

文化衝擊隨著擔心失去所有熟悉的社交互動符號與象徵的焦慮而產生。這些符號與提示，包括了我們在日常生活中定位自己的所有方式：何時該握手、見到人時該說什麼、該在何時以何種方式付小費、如何向傭人發號施令、如何買東西、哪些時候該接受或拒絕邀請、哪些時候該認真看待或忽視聲明。如今，我們都在自己隸屬的文化中，透過自己使用的語言及接受的信念，適應了這些可能以言語、動作、臉部表情、習俗或規範呈現的提示。所有人的安心感與效率，都靠這些讓我們意識不到其存在的數百種提示維繫。

文化衝擊的某些症狀是：過度洗手；過度擔心飲水、食物、碗盤及床鋪的衛生；畏懼與服務生或僕人有身體接觸；恍神且沒有目標的凝視（有時稱為「熱帶凝視」〔tropical stare〕）；無助感及對同鄉的強烈依賴感；動輒因事情延誤或其他小小的不如意而暴怒；長期且公然抗拒學習當地語言；過度擔心遭受欺騙、搶劫或受傷；對些微痛楚及肌膚不適過度敏感；以及極度強烈的思鄉病，渴望能啜飲一杯咖啡、享用一塊蘋果派、走進街角的藥局、探訪幾位親戚。主要就是，渴望與能溝通無礙的對象交談。（奧格伯，一九六〇年，一七六頁）

許多人嘗試「拆解」這個定義。

無法因應新環境會導致以下六種無力感：

1. 心理上被迫適應新文化而產生的**壓力**。
2. 失去朋友、地位、職業及財產而產生的**失落感及被剝奪感**。

3. 自己對新文化成員，以及新文化成員對自己的**抗拒感**。
4. 對自己所扮演的角色、該角色所背負的期待及價值觀的**困惑**。
5. 意識到文化差異後所產生的**驚訝**、**焦慮**，**甚至嫌惡及憤慨**。

雖然「文化衝擊」這個詞彙源自學術文獻，但很快就成為大眾的想像及日常語彙，各種旅遊導覽上都會提供如何緩解文化衝擊的指南。

雖然大家都會感到驚訝，但很快就意識到這種衝擊。不過，大家也同意這是所有「旅行者」隨時隨地都會經歷的正常階段。置身「異地」並失去正常的溝通能力，可能擾亂自我認同、世界觀，以及整個行為、感覺與思考系統，這是許多旅行者每天都會經歷的體驗。

文化衝擊的症狀很多，其中包括認知、情緒、心理方面的各種反應。許多豐富的個人證言及有效建議，能幫助大家養成較強的「情緒韌性」以因應跨文化移動，其中也包括告訴前往海外工作及求學的人，如何降低文化衝擊所造成的不適。

周揚方（Yuefang Zhou，中文為音譯）、迪維亞・金達爾－斯內普（Divya Jindal-Snape）、基思・塔平（Keith Topping）和約翰・托德曼（John Todman）在二〇〇八年提出此領域的現代理論主要有三種：

1. 適應壓力：生活上的改變必然伴隨壓力，因此跨文化旅行者必須發展出對抗壓力的適應策略。

2. 文化學習：為了在新環境中生存及發展，跨文化旅行者必須學習文化相關的社交技能。

3. 社會認同：跨文化移動可能伴隨文化認同及群際關係的改變。

他們主張可以透過個人層級（個人與情境因素）及社會層級（原本出身的社會與後來遷居的社會）兩種變數，判定壓力與技能不足的程度，或反過來判定抗壓能力及技能習得的程度。

文化衝擊是一種對新（社會）環境的嚴重、劇烈或慢性的情感反應。不過還有其他極為類似的「衝擊」體驗，包括：

- **入侵衝擊**：觀光客或其他類型的訪客突然在某地大量出現，讓當地人在自己家園淪為少數而感受到的衝擊。
- **反向文化衝擊**：一個人返回自己原本所屬的文化圈時，發現一切已經不同於記憶裡的印象而感受到的衝擊。換句話說，就是一種家園已不復存在而無家可歸的感覺，即使置身於原本所屬的文化中，也必須重新調整、重新適應、重新融入。

- **專業化與換證衝擊**：受過訓練的專業人士原本擁有的資格不受移居國家承認，必須重新受訓並取得認證時所感受到的衝擊。
- **商業衝擊**：發現許多細微的商場慣例在不同文化裡有明顯差異時，所感受到的衝擊。
- **族裔文化衝擊**：在自己國家的某個機構中變成少數族裔時，所感受到的衝擊。面對不同階級與族裔的穿著、談吐習慣等與自己的差異，可能會對沒有心理準備的人產生這類衝擊。

◆參考文獻

Furnham, A. & Bochner, S. (1998) *Culture Shock.* London: Methuen. Oberg, K. (1966) Culture shock: Adjustment to new cultural environments. *Practical Anthropology, 7,* 177–82.

Zhou, Y, Jindal-Snape, D., Topping, K., & Todman, J. (2008). Theoretical models of culture shock and adaptation in international students in higher education. *Studies in Higher Education,* 33 (1), 63–75.

030 黑暗三人格：自戀、馬基維利主義、心理病態

自戀：握著自己的手走在情人小徑上。

——科林・鮑爾斯（Colin Bowles），《機智詞典》（*The Wit's Dictionary*），一九八四

精神即將崩潰的症狀之一，就是相信自己的工作非常重要。

——伯特蘭・羅素（Bertrand Russell）

「黑暗三人格」是一個相對嶄新的研究領域，這是由德爾羅伊・鮑休斯（Delroy Paulhus）和凱文・威廉斯（Kevin M. Williams）在二〇〇二年提出的人格差異主張。「黑暗」兩個字提示了這些特質具有在人際互動中令人嫌惡的特質，而這三種人格就是**自戀**（Narcissism）、**馬基維利主義**（Machiavellianism）、**心理病態**（Psychopathy，又稱精神病態）。

自戀的特質是愛慕虛榮、狂妄自大、自我中心與缺乏同理心。這種特質強的人，希望大家仰慕他們、注意他們。他們期待受到特別待遇，而且對名望及地位特別飢渴。

約翰・奧德姆與路易斯・莫里斯在一九九一年歸納出九種屬於此類型的「自信」特質：

1. 有自信的人相信自己，也相信自己的能力。
2. 他們深信自己是獨一無二的。
3. 他們期待隨時隨地都會受到眾人的善待。
4. 他們聊起自己的野心與成就時，毫不掩飾的態度總是令人吃驚。
5. 他們在各種場合都會積極、有效地推銷自己。
6. 他們與人往來特別精明。
7. 他們隨時樂意競爭，享受爬到頂峰、盤據寶座的感覺。
8. 受人讚美、表揚或欽羨時，他們總是能表現得優雅、沉著。
9. 不過，他們的內心深處其實非常敏感。

馬基維利主義的特質是習於操弄剝削他人，憤世嫉俗地藐視法律與道德，專注於謀取私利、詐欺瞞騙。這種人利用諂媚及謊言達到目的，對自己的詐騙技巧得意到近乎自我陶醉。

他們有以下四種特質：

1. 在人際關係上相對缺乏感情、同理心薄弱、對道德近乎無視，但目標相當明確。
2. 藐視約定俗成的道德觀，為了功利往往可以不講道德，也不重道義。
3. 缺乏總體心理病態特徵。他們擅長面對現實，無法被歸類在其他既定類別中。
4. 缺乏理想色彩：只關心能否達成短期性、策略性的目標。

心理病態的特質是反社會行為、衝動易怒、自私自利、冷酷無情、毫無悔意。心理病態的人對他人的感覺完全無視，對人性也不屑一顧。

這些類型的人格被視為「敢冒險」、「調皮」，而且他們僅願意依循自己的價值觀，不太受其他人或社會規範影響。他們熱愛冒險所帶來的刺激，而且頻繁投身高風險活動。他們幾乎從不為他人設想，因為他們堅信每個人只需要為自己負責。他們通常極具說服力，擅長結交朋友、影響他人。

靠著自己的天賦、技能、智謀和機靈，他們的日子過得很好，在金錢方面可能很大方，深信有錢就該花，反正一定能從其他地方賺回來。他們勇敢無懼、身強體健、敢於對抗任何占他們便宜的人。最重要的是，他們對過去不懷任何愧疚，對未來不抱一絲焦慮。

研究結果

黑暗人格研究者發現，這三種人格有某些特質重疊：具體而言，就是三者在人際交往上都心懷惡意，而且行為上都有自我推銷、情緒冷漠、表裡不一、好勝心強的傾向。對於這三者為何互有關聯、為何該被一起研究，他們並未提出明確的理論性解釋，只是根據在三種黑暗人格中所觀察到的相似點而做出的推論。有兩種領域的研究賦予了黑暗三人格實質的意義。

他們之所以對其他人缺乏感情或同情心，可能是因為天生有不易認同他人的特質。在冷酷的自我中心及現實主義驅策下，不產生或流露情緒，不為懇求或同情所動是合理的，如此一來，他們才能更輕易地操控周遭的人與環境。

黑暗三人格或許只能在亞臨床的層次上定義這些特質。這三種特質都與冷酷無情的社交與工作風格有關。在這個觀點被提出之前，這三種人格是被分開研究的。沒錯，許多相關研究都證實這三種概念分開測量時，也能看出彼此的關聯，而且三者能以同樣的基準進行測量。

彼得・喬納森（Peter K. Jonason）、布萊恩・凱尼格（Bryan L. Koenig）與傑里米・托斯特（Jeremy Tost）在二〇一〇年提出三種解釋，說明這些黑暗人格為何能被合而為一，每一種解釋都與三極概念之一相呼應。

第一種解釋是，因為黑暗三人格較顯著的人被視為較有自主性，在操控周遭環境時態度較積極；他們在控制結果上較為成功，因此感知能力也較精準。馬基維利主義人格天生的操控性格可能是促成這種情境的因素。

第二種解釋是，自戀人格能透過高度自信促成社交剝削，是因為他們在更早的溝通中發現自信能增加說服力。這在將黑暗三人格視為「與頻率相關的『詐欺』策略」時特別準確。

第三種解釋是，黑暗三人格顯著的人比較可能投身高賭注的博弈等高風險、高獲利的冒險行為。

許多證據證明，黑暗三人格較顯著的人在職場上可能遭遇困難。他們可能較衝動、追求快感、不怕風險；較可能陶醉在惡意的喜悅中，也就是建立在他人痛苦的喜悅。

由於具有黑暗三人格的人比較自私自利，因此他們對獎勵或付出的判斷、對義務與互助的藐視，以及較不會對他人投入感情，可能危及他們在職場中的人際關係。馬基維利主義人格比較憤世嫉俗、較無法信賴、在工作上也不太會認為他們多做事就能多領錢。自戀人格認為自己的表現總是優於同事，因此互惠與義務相關的規則不該套用在他們身上。心理病態人格缺乏對他人的敏感度，代表他們比較不會做出讓人開心、幫助他人的行為。

◆參考文獻

Furnham, A., Richards, S., & Paulhus, D. (2013). The Dark Triad: A 10 year review. *Social and Personality Psychology Compass, 7,* 199–215.

Jonason, P. K. & Koenig, B.L., Tost, J. (2010). Living a Fast Life: The Dark Triad and Life History Theory. *Human Nature*. 21, 428–42.

Oldham, J., & Morris, L. (1991). *The New Personality Self-Portrait.* New York: Bantam Books.

Paulhus, D. & Williams, K.M. (2002). The Dark Triad of personality: Narcissism, Machiavellianism, and psychopathy. *Journal of Research in Personality,* 36, 556–63.

031

防衛機制與因應：下意識的因應之道

時下隨著「做自己」的主張而產生的自戀潮，帶有心理特質及性傾向，完全是個人以清楚意識所做的選擇，而不是基於下意識或生活本能所需的意涵。

——理查・羅森（Richard D. Rosen），《心理學術語》（*Psychobabble*）

瘋狂不一定都是錯亂，也可能是突破。

——連恩（R.D. Liang），《經驗的權力關係》（*The Politics of Experience*）

根據佛洛伊德學派的精神分析理論，防衛機制是為了因應無法接受的想法或感覺，而下意識地啟動的心理策略。心理健康的人終生都會使用這些防衛機制，唯有在過度使用、導致行為失常且嚴重影響身心健康時，才會演變成心理疾病。

防衛機制在定義上有六種特徵：

1. 通常是下意識地（意識之外）被啟動。
2. 作用是將不良的想法、衝動及願望排除在意識之外，以保護自尊心不受傷害。
3. 啟動的目的是保護人不受過度的焦慮所折磨。
4. 防衛機制是正常人格功能的一部分。
5. 一種或數種機制使用過度，將會導致心理疾病。
6. 防衛機制因人而異。

防衛機制為數龐雜，各種機制的正確數目是多少，至今仍然沒有廣為接受的理論性統計數據。喬治．瓦倫特（George Vaillant, 1977）為防衛機制所做的分類，是這個領域的一大突破。他制定了一套發展層次，將它們分為四個防衛層級：其中一端是讓人修改目前的外在體驗，以迴避面對現實的**病態防衛**（pathological defence）；另一端則是終生用於因應眼前情況，有效排除情緒與思維衝突的**成熟防衛**。在這兩種極端之間，還有一種可減少因環境或他人造成不適所產生的苦惱及焦慮的**不成熟防衛**，以及有助於對人際關係、工作及生活感到挫折的人，獲得短期緩解的**神經症性防衛**（neurotic defence）。

防衛層級	防衛機制	定　義
病態	否認	因過度畏懼而拒絕接受外在情境較令人不快的面向。
	扭曲	將對現實的解讀改變或重塑成符合自己期望的樣貌。
	投射	藉由下意識地否認自己的不良欲望來緩解焦慮，並將這些無法被接受的想法、感覺及衝動歸咎到他人身上。
不成熟	行動化	下意識地展現出表情／衝動，但沒意識到背後的情緒。
	幻想	逃避現實以化解內在與外在的衝突，例如頻頻做白日夢神遊。
	理想化	把人想像成擁有比實際上更多的優點。
	被動攻擊	以間接方法將憤怒或挫折感發洩到他人身上。
	認同	角色扮演；套用其他人的行為模式。
神經症性	轉移	將情緒轉移到其他較可接受或較不具威脅性的目標上。
	慮病症	因對他人的負面情感而產生自己罹患某種不明疾病的錯覺。
	理智化	以邏輯和理智分析對自己造成威脅的情境，使情境變得超然。
	隔離	將情緒從事件中抽離，例如不帶任何感情地討論眼前的情況。
	合理化	以錯誤的合理化說服自己情況沒那麼糟，例如「找藉口」。

防衛層級	防衛機制	定　義
神經症	反向作用	做出與實際感覺相反的行為，以迴避焦慮。
	退化	不面對令人不快的情境，而選擇退化到比當前的發展階段更早期的發展階段。
	壓抑	避免令人不快的想法滲入意識中。
成熟	利他	做出讓他人快樂，也讓自己內心獲得滿足的行為。
	預期	了解並接受接下來可能得面對的不快。
	幽默	以幽默的方式表達不快的想法，例如拿不快的情境開玩笑。
	攝入	強烈認同某個人或物到將其與自己視為一體的地步。
	昇華	將負面情緒轉化成正面行動、行為或情緒。
	思考抑制	有意識地將想法往下意識推，例如刻意無視某種情緒，以因應眼前的情境。

其他還有各種可供你檢核自我防衛機制的自陳報告性防衛機制量表，最為人所知的包括：防衛機制量表（Defense Mechanism Inventory）、防衛類型問卷（Defence Style Questionnaire），以

及新防衛類型問卷（New Defence Style Questionnaire）。

古典精神分析理論堅信性別差異根植於人格之中，女性傾向被動導向，男性則較為主動（佛洛伊德，1936）。研究結果也與佛洛伊德的原始理論一致，以內化／外化的導向做分類，導出女性使用的是內化防衛機制，男性則採用外化防衛機制。雖然兩性防衛策略差異的成因，不在目前的研究範圍之內，但從前的研究暗示，男性與女性的社交模式，的確會讓兩性發展出內容有別的防衛機制。

有人推測，由於女性較為被動，也比較不容易對外展現攻擊性，因此比較可能選擇仰賴能改變自己想法及感覺的防衛機制（如否認）閉關自守。相對的，男性則較仰賴對外尋找衝突的防衛機制（如投射）。不過，雖然粗略分類是如此，但結果並不是這麼有系統，並且會因所使用的採樣及方法而異。例如，雖然男性較有投射、轉移及攻擊性的行動化傾向，但反向作用（外化防衛機制）的結果並不是那麼一致。

◆參考文獻

Cramer, P. (2006). *Protecting the self: Defense mechanisms in action.* New York: Guilford Press.

Freud, A. (1936). *The Ego and the Mechanisms of Defense.* New York: International Universities Press.

Vaillant, G.E. (1977). *Adaptation to life.* Boston: Little, Brown.

032 妄想與幻覺

我腦袋裡的聲音。念誦、親吻、麵包、證明你自己、戰鬥、推擠、學習、賺錢、尋找愛情。

——維克拉姆．塞斯（Vikram Seth），《聲音》（*Voices*），一九九〇

我抓不到你，可是仍舊看得見你。不祥的幻象，你只是一件可視不可觸的東西嗎？或者你不過是一把想像中的刀子，從狂熱的腦筋裡發出來的虛妄意匠？

——威廉．莎士比亞（William Shakespeare），《馬克白》（*Macbeth*）

妄想

正確區分幻覺、錯覺與妄想是很重要的。「錯覺」是對於現實情境的錯誤歸因而產生的現實反應；「妄想」是明顯錯誤、天馬行空、自欺欺人，但一個人或團體依然堅信的想法。最重要的是，妄想是絕不可能成真或明顯不真實的。

紀錄中有最多妄想的人是偏執狂（paranoia，又稱妄想症），他們被證實會經歷幾個階段：懷疑一切、對他人採取選擇性知覺、心懷敵意、一切條件在偏執的「光影」中成形，最後被矛盾性妄想所影響並付諸實行。

妄想通常會完全占據人的思維，並造成強烈的苦惱。需要注意的是，妄想和錯覺有別。人會經歷視覺性或聽覺性的錯覺，例如以為太陽繞著地球轉，或腹語師操弄的傀儡真的會說話，也會對童年產生選擇性的記憶和錯覺。這些在感官或記憶中感覺像是真實的，但明顯是錯誤或沒有現實根據。

精神疾患與妄想症

在一些非常特定的情境中，精神科醫師才會做出妄想症的診斷。第一，一個人必須持續表示自己有一個或多數的非怪異妄想超過一個月。第二，一個人並不符合思覺失調症的行為條件。第三，雖然有觸覺與嗅覺方面的幻覺，但聽覺與視覺方面的幻覺並不明顯。第四，雖然妄想造成行為失常，但這個人的心理運作並未受損到足以被判定為怪異的程度。第五，特定妄想對這個人的情緒變化並未產生長期性的影響。第六，這種錯亂並非心理失常或服用藥物所造成的結果。

精神科醫師整理出妄想症的五種主要類型：

- **情愛妄想症**（Erotomanic）：相信某人以宛如好萊塢式的浪漫，甚至心靈性的方式，而不是以性方面的方式深愛著自己。對象通常是名人（電影明星、體育明星）或職場上掌握大權的上司。
- **自大妄想症**（Grandiose）：有時也稱為自大型妄想（delusions of grandeur），特徵是一個人（毫無證據地）堅信自己很特別：能力或洞察力過人，或是發現了某件至關重要的事。
- **嫉妒妄想症**（Jealous）：明顯特徵是強烈但毫無根據地相信伴侶出軌，並提出荒誕的「證據」加以證明。他們可能會雇用徵信社、監禁伴侶、做出肢體或言語攻擊。
- **被害妄想症**（Persecutory）：堅信某人或某一群人以欺騙、監視、恐嚇、八卦、下毒或用藥陷害自己。這種人通常對不公義表達出強烈的不滿與憤怒。
- **軀體妄想症**（Somatic）：感覺自己的身體有哪裡出了問題或不聽使喚。可能是感覺身上有怪味，或身上某個部位（鼻子、胸部、雙腿）感覺不對、畸形或醜陋。

這些症狀的成因通常不明。

幻覺

簡言之，幻覺就是對某些不存在的事物，例如噪音、氣味、景象有所感知，而且是在清醒且意識清楚時，這是一種不需要刺激的感覺。

感官幻覺包括聽見過世已久或虛構人物的說話聲、感覺有昆蟲在皮膚上或皮膚內爬行、看見天使或仙女在光中飛舞。有些幻覺極為特別，許多都是短暫、非現實且令人困惑。

幻覺通常與睡眠（尤其是睡眠不足）、用藥（各種致幻劑）、心理疾病（尤其是精神病）以及幾種神經系統疾病有關。通常發生在思覺失調症發作時，精神疾病診斷手冊將之形容為「聽見兩人以上的聲音正在對自己品頭論足」。

「幻聽」可能是最廣為人知的「瘋狂徵兆」之一，特別是思覺失調症等精神疾病的病徵。患者會聽見特定或不明人物在說話，但在場的其他人卻聽不到。

有人宣稱自己會看見實際上並不存在的動物、物體或人。他們可能認為這些是「鬼魂」或「天使」，有些人還會看見複雜的場景或怪異的情境。有些幻視是無聲的，有些則會聽見說話聲，通常是直接對經歷幻覺者下達清楚的指令。

原因

幻覺的產生有六種原因。

第一種是藥物，除了酒類與大麻，也包括古柯鹼、海洛英或麥角酸二乙醯胺（簡稱LSD，一種致幻劑）。第二種是高燒，尤其是年輕人或老年人發高燒時。第三種發生在盲眼或耳聾等特定感官殘疾者身上。耳聾者常說自己會聽見某種聲音。截肢者在做出所有動作時也會感覺到幻肢，甚至疼痛。

第四種發生在腦癌、腎臟或肝臟衰竭者身上。第五種可能發生在飲酒所引起的震顫性譫妄（delirium tremors）或年老的失智症患者身上。第六種通常與創傷後壓力症候群或思覺失調症等特定且嚴重的精神疾病有關。創傷後壓力症候群患者通常會體驗到回憶重現（flashback），當他們聽見某些聲音或聞到某種氣味時，會感覺身陷於創傷發生的時間點，例如戰爭或車禍等，並產生對特定事件的強烈回憶重現幻覺。此外，有些人在遭到龐大壓力與強烈傷痛時，會聽到有人以話語撫平他們的痛楚。

解釋

傳統上，對幻覺的產生有一些心理學上的解釋。佛洛伊德學派將幻覺視為潛意識裡的願望或欲望的投射，人們認為這些幻覺如此「真實」，是因為反映了潛意識中無法表達的感受。

認知心理學家則將矛頭指向認知歷程，尤其是認知他人對各種事件之認知的後設認知（metacognition）。他們認為幻覺是對他人行為的錯誤解讀。

不過，對幻覺的原因解釋得最清楚的，莫過於生物心理學家。他們認為這主要是腦傷或化學物質失衡而受損時所產生的現象。當然，他們也指出了幻覺與哪些腦部區域及藥物效果有關。

◆參考文獻

American Psychiatric Association. (2015). *Diagnostic and Statistical Manual of Mental Disorders* (5thed.) Washington, DC.

Oldham, J. & Morris, L. (1991). *Personality Self-Portrait.* New York: Bantam Books.

033 憂鬱症：惡性憂傷

有自殺傾向的憂鬱症形同心靈的隆冬，冰凍、無機、毫無生氣。

——艾爾・艾佛瑞茲（Al Alvarez），《野蠻的上帝》（*The Savage God*）

絕望是為自己設定不可能達成的目標所付出的代價。

——格雷安・葛林（Graham Greene），《事物的核心》（*The Heart of the Matter*）

憂鬱是成長的證據，以及個人情緒發展的健康。

——唐納德・溫尼科特（Donald Winnicott），《家庭與個體發展》（*The Family and Individual Development*）

憂鬱症是一種非常普遍、日益增加的嚴重情感疾患，特徵是持續性的憂傷，感覺無助、毫無希望。罹患憂鬱症的人會「把自己封閉起來」，對曾經很喜歡的活動失去興趣，同時也會出現許多與飲食及睡眠有關的症狀。許多事會讓我們陷入憂鬱，但要診斷出罹患憂鬱症，其症狀必須持續至少兩個星期。

《精神疾病診斷準則手冊》第五版中，列出了診斷憂鬱症的條件。一個人在兩個星期內必須出現超過（下列八種症狀中的）五種症狀，而且至少包含：一、情緒低落；二、對快樂失去興趣，這兩種症狀的其中一種。

1. 一天裡大多數時間都處於情緒低落，幾乎天天如此。
2. 一天裡大多數時間明顯對於一切，或近乎一切活動失去興趣或感受不到樂趣，幾乎天天如此。
3. 體重增加，或在沒有節食的情況下體重減輕，幾乎天天食欲都有明顯增強或降低。
4. 思考變慢，或身體活動減少（根據他人的觀察，不僅是根據當事人感覺自己變得坐立不安或慵懶無力的主觀感受）。
5. 幾乎每天都感覺疲憊或筋疲力盡。
6. 幾乎每天都感覺自己毫無價值，或產生過度的罪惡感。
7. 幾乎每天思考能力或專注力明顯下降，或變得優柔寡斷。
8. 一再產生尋死念頭，一再考慮自殺但沒做詳細規畫，或曾經試圖自殺或對自殺做過詳細規畫。

憂鬱症的類型

重鬱症發作（Major Depressive Episode）**與重鬱症**（Major Depressive Disorder）：診斷出重鬱症需要超過兩種重鬱症發作的症狀。

輕鬱症（Dysthymic Disorder）：症狀是每天大多數時間都處於情緒低落，至少兩年來這種日子比情緒正常的日子多。

躁鬱症發作（Bipolar Episode）**與躁鬱症**（Bipolar Disorder）：躁鬱症的定義是至少經歷過一次躁鬱症發作，其中包含至少持續一週的躁症發作（manic episode），也就是明顯不正常且持續升高、擴大或易怒的情緒，跡象包括自尊心變得愈來愈強或愈來愈自大，以及睡眠需求降低、變得比平時多話，一打開話匣子就停不下來、注意力渙散，以及目標導向的活動增加。

藥物誘發之憂鬱症：這是一種接受藥物濫用治療的客戶常見的憂鬱症，經常在藥物中毒或戒除藥癮的過程中發生。

一般醫學狀況誘發之憂鬱症：可能是甲狀腺機能低下症或帕金森氏症等病症所導致的結果。

適應障礙併發憂鬱情緒：這是一種對憂鬱症或其他症狀所造成的龐大情緒或心理壓力，而產生的心理反應。

其他可能加入這份清單的，還包括**季節性憂鬱症**及**產後憂鬱症**等。

治療方法

憂鬱症的治療方法甚多，包括均衡膳食、運動及其他自助技巧，也有許多可使用的抗憂鬱劑。多數人偏好的是認知行為療法（CBT）、人際治療、心理動力治療（Psychodynamic therapy）、心理諮商等談話療法。

一般大眾（潛在客戶）面對了愈來愈多令人眼花繚亂的心理治療干預手段，其中有些理論與方法非常相似，包括求助治療師、參加訓練課程或焦點團體、觀察及／或服藥、接受催眠。決定求助與否，與許多因素有關，包括是否有獲得相關服務的管道、經濟成本，以及一個人的社會屬性及心理因素。

大眾對心理治療師及心理治療的認知，將會促使更多數量和類型的人選擇接受心理治療。除了這些對潛在客戶的影響及他們的實際治療體驗，大眾對心理治療的認知應該也會對公共政策及心理健康改革產生明顯的影響。

最不可能接受精神健康服務的人是男性、高齡者及少數族裔。這些人較可能迴避或拒絕治療，也較不承認自己有精神方面的問題。除了這些因素的影響，外行人還可能以對治療功效的認知，以及特定心理問題所產生的副作用兩個條件，決定是否接受治療。例如，諮商常被認為是最有幫助的手段，而諮商的有效性也取決於是否由一位經驗豐富、值得信賴的專業諮商師進行。

◆參考文獻

American Psychiatric Association. (2015). *Diagnostic and Statistical Manual of Mental Disorders* (5thed.) Washington, DC.

Furnham, A., Ritchie, W., & Lay, A. (2016). Beliefs about the causes and cures of depression. *International Journal of Social Psychiatry*, 62, 415–24.

034 夢與做夢：幻想時光

沒被解讀過的夢，就好比沒被讀過的信。

——《塔木德》（*The Talmud*）

夢唯有在做夢者的人生背景中才有意義。

——布羅德里布（D. Broadribb），《做夢者的故事》（*The Dreamer's Story*），一九八七

夢是潛意識人生的波浪映照在想像力地板上的反射。

——亨利．阿米爾（Henri F. Amiel），《日誌》（*Journal*），一八六九

為什麼我們每晚入睡後都會進入這個夢幻世界好幾次？為什麼我們會感覺自己經歷了想像中的事件、做出想像中的行為，而這一切意味著什麼？為什麼有些人宣稱自己從未做過夢，或記不

得做了什麼夢？為什麼我們會反覆做同樣的夢？夢到自己能飛行、牙齒都掉光，這有什麼含意？

夢的類型

自古以來，人類就認知到夢的存在，並試圖解讀其含義。夢（dream）這個字起源於「歡樂」（joy）及「音樂」（music）。

人做的夢種類繁多：意識高度清醒但內容模糊的夢、惡夢、美夢。三歲到八歲之間的兒童自稱常做惡夢，但在三、四歲前，自己似乎不太會出現在夢境裡。有些人表示會反覆做同樣的夢，有些讓他們恐懼，有些讓他們期待。近三分之二的人表示自己曾做過預知夢。

所有人都會做夢，內容包括自己被困住、被跟蹤、躲避某人或坐牢、過世多年的人會出現在夢中。大家經常夢到渾身麻痺無法逃脫，或完全相反，能夠翱翔於天際。夢境經常和水有關：溺水、衝浪或被鯊魚追逐。動物和汽車經常在夢中出現。許多人曾夢見自己身穿奇裝異服或一絲不掛。許多人也承認自己曾做過火熱的情色夢。

夢的解讀

許多人對這類夢境提出各種解讀。例如，掉牙齒的夢：是否暗示我們非常在意自己的外表有沒有吸引力？或是象徵失去力量或擔心自己沒沒無聞、遭到埋沒？或許牙齒象徵言語武器，之所以掉落是因為你說了某些關於他人的謊言？古代的中國人相信做這種夢是因為擔心自己說謊，希臘人則將之視為憂心死亡的象徵。甚至有些人認為這種夢和金錢有關，即期待一位牙仙子現身，並賜予大量金錢。

一個夢境可以有多種難以證明的解讀，讓這個領域顯得既引人入勝又令人沮喪。

佛洛伊德學派的觀點

曾經針對這個議題寫過一本書的佛洛伊德主張，「夢」源自我們的潛意識欲望，與透過社會化所學到的、不能為這些欲望採取行動的壓抑，兩者之間的內心衝突。因此，所有的夢都代表無法達成的願望，只是內容都經過了象徵性的偽裝。隱性內容（latent content，被隱藏）在夢中被轉化成顯性內容（manifest content，情節），因此解讀一個人的夢境，就能揭開他潛意識的欲望。夢是通往潛意識的捷徑。

佛洛伊德偏好以夢境剖析這種衝突，因此他會鼓勵人毫無隱瞞地陳述自己的夢境。對做夢者而言，顯性內容掩蓋了潛藏在隱性內容背後的意涵或重要性，導致焦慮及心理上的不適。夢本身並不直接代表我們的潛意識，而是潛藏於我們心中感受的象徵或隱喻，因此需要加以分析。雖然有些象徵具有生理性或功能性的共通點，大家都會夢到，但沒有共通的解碼系統可供參考。

首先，批評者質疑，如果夢只與願望的達成與否有關，為什麼有那麼多夢境是負面的。其次，佛洛伊德僅仰賴少數（少於一〇％）患者仍記得並經過整理的夢境，來建構他的理論。第三，不同的治療師所做出的解讀往往南轅北轍，讓這些解讀的可信度受到嚴重質疑。第四，榮格指出，夢的內容在不同時代與文化中似乎都有極大的相似性，不論這些時代與文化是極度壓抑還是高度自由。

佛洛伊德堅稱，夢讓人得以一窺自己的潛意識，但這些理論畢竟寫於一百多年前，如今許多心理學家對這個議題所知遠比當時更多。

快速動眼期

在快速動眼（Rapid Eye Movement, REM）睡眠期間，腦橋中負責分泌乙醯膽鹼（acetylcholine）的神經元活化，會刺激眼球快速活動，造成大腦皮質與肌肉麻痺，這些連動進而促使人看到不存在的影像。此外，多項實驗發現，人在做夢時的眼球運動與夢境內容有相對關聯；這時候的眼球運動，就和夢中事件發生時的反應相近。夢中影像常與做夢者近日發生的某件事或常思考的事情有關。

這些研究發現並沒有牴觸佛洛伊德對於夢境多半有難以察覺的複雜認知歷程的看法，但對於其理論的中心宗旨，也就是「夢境是被抑制於潛意識深處的衝動經過掩飾的呈現」這個看法，提出質疑。

不論夢到什麼樣的情節，我們並不知道自己的夢境是否與夢的功能有關，也不知道腦內的心理變化是否能讓快速動眼睡眠達成目的。由於我們仍不知道自己為何要做夢，這些問題依然沒有答案也是理所當然。但腦部研究的迅速進展，讓我們相信在不久的將來一定能得到部分答案。

◆參考文獻

Domhoff, W. (2002). *The scientific study of dreams*. New York: APA Press.

Freud, S. (1900). *The Interpretation of Dreams*. London: Hogarth Press.

035 飲食障礙症

我們每天都在用牙齒為自己掘墳墓。

——山繆爾．斯邁爾斯（Samuel Smiles），《義務》（*Duty*），一八八〇

告訴我你吃什麼，我就能告訴你，你是什麼。

——薩瓦蘭（Anthelme Brillat- Savarin），《美味的饗宴》（*Physiologie du Gout*），一八一〇

飲食障礙症種類繁多，尤其以下兩種最為知名：

- **心因性厭食症**（Anorexia Nervosa, AN）：是一種持續性限制能量攝取，導致體重明顯過輕的病症。患者對體重過重及肥胖有持續非理性的恐懼，由於對自己的體重及體型看法扭曲，也對自己產生了不良影響。
- **心因性暴食症**（Bulimia Nervosa, BN）：是指復發性的暴飲暴食。暴飲暴食的特徵是在一段時間內（例如兩小時內）的食量，明顯比大多數人在同樣時間內、同樣環境下的食量大得多。發作時，讓人感覺患者對食量失去控制（例如覺得自己一開始吃就停不下來，或無法控制自己該吃什麼、該吃多少）。

心因性暴食症的另一項特徵，是為了避免體重增加而出現復發性的不當補償行為，例如自行催吐、濫用瀉藥或利尿劑等藥物、禁食或過度健身，而這類行為平均每週至少出現一次，且持續三個月以上，對自己的看法也過度受到體型及體重影響。不過，心因性暴食症也可能在心因性厭食症發作期間發生。

《精神疾病診斷準則手冊》第四版中對心因性厭食症的定義，標示出診斷飲食障礙症的四個主要條件：第一，拒絕維持該年齡應有的最低體重，導致體重減輕到比健康體重低至少十五％。第二，即使體重過輕，依然對過重極度恐懼。第三，對自己的體型及體重有扭曲認知，並拒絕承認體重過輕可能造成的風險。第四，女性停經至少三個經期，也就是無月經症。

雖然有五%至八%的死亡率，但心因性飲食障礙症患者覺得這些行為為自己帶來了美觀及完全的控制感。它能激發自豪、成就感、完美主義，以及讓自己與眾不同，甚至比其他人優越。占總人口一%的飲食障礙症患者中，女性的占比高達九〇%到九十五%。不過，這種障礙症已經開始影響十五歲至十九歲之間的年輕族群，而且在欣賞苗條體型的富裕國家較為常見。

在學術文獻中，可以找到許多試圖對飲食障礙症提出解釋的主要學術理論。

1. **家庭體系理論**：有些家庭裡的母親意志堅定且居主導地位，而父親性格溫順、不觸犯人、疏離或冷漠，可能會成為「厭食家庭」。這種家庭明顯封閉、關係緊密，沒有多少家庭以外的朋友，父母通常有酒癮、毒癮或憂鬱症等心理問題。母親通常控制欲強、過度保護，而且是一家主要的教養者，在家中居主導地位，而厭食者與母親的關係緊張。母親可能會為了自己沒有扮演好慈母的角色而感到內疚，藉由過度餵食孩子來證明自己的愛，如果她對孩子的敵意或排斥缺乏自覺，更有可能出現這種替代行為。這孩子長大後，可能把食物看得比人際關係還重要，並對自己在社會上的角色感到迷惘。
2. **生物學理論**：到了青春期，年輕女性（及其家人）發現自己的身體開始發育，並對此感到羞恥時，可能導致厭食傾向；適應良好的少女對於這種變化則可能感覺驕傲或滿足。這種對發育的羞恥感，伴隨著對發育後自己可能得離開家庭舒適圈，進入較成熟、較不安全的同儕關係的恐懼與日俱增，最後，恐懼可能讓當事人意識到是該與異性發展關係的時候了。此外，也可能出於少女對「肥胖」的嫌惡感，變得無法接受自己開始發育的身體。

3. **社會文化理論**：通常適用於女性厭食症患者，因為這與「苗條就是標準身材」的宣傳有關，女性必須面對自己實際體重與宣傳中女模特兒體重的差距。心因性厭食症尤其好發於從事強調外貌與姣好身材相關行業的女性。不過，媒體也會以苗條的模特兒建構出成熟與迷人的形象，不斷向普通女性灌輸以苗條為標準的非現實價值觀，讓她們深信這種身形就是自己必須追求的目標。

4. **女權主義理論**：主張女性應該追求與男性同等的地位，更積極地與男性而非其他女性競爭。對競爭力及追求成就的過度堅持，也是厭食症患者常見的人格特質。不過，社會還是期待女性應該多花一些時間打理外表，這兩種相互衝突的價值觀導致女性對自己該扮演什麼角色、該有哪些自我期許日益迷惘，使得女性產生了選擇擁抱自主權，卻又拒絕為自己的行為或外表向他人承擔責任的社會不確定性。在厭食症患者身上，追求自主權的理念似乎與她們和母親的共生關係有著更嚴重的衝突。

5. 第五種理論以**青少年生理學**，尤其是青春期的角色為基礎。青春期前的潛伏期的一個特徵，就是兩性身體之間仍有相似性。青春期前，男女在外表與體型（肌肉與脂肪占比相同）上的差異極小，脂肪分布及骨骼形狀也頗為相近。在身體產生戲劇性變化的發育期間，女孩注意到自己臀部脂肪開始增加，胸部開始隆起，身高、體重及整體身形開始迅速變化。她們發現自己變得比班上的男生高大，對自己身材的關注與自覺增強的同時，也開始注意自己與異性的差異。因此，青春期女孩意識到自己的身材開始「變胖」，便會試圖以節食避免身體變大，而此時正好又是她們的營養需求明顯增強的時期。

這些理論還有其他版本，但每一種都有不同的證據。

◆參考文獻

Crisp, A.H. (1980) *Anorexia nervosa: let me be.* London: academic process.

Furnham, A. & Hume-Wright, A. (1992) Lay theories of anorexia nervosa. *Journal of Clinical Psychology, 48,* 20–36.

Polivy, J. & Herman, C.P. (2002) Causes of eating disorders. *Annual Review of Psychology, 53,* 187–203

036 情緒智商

我的領主，你的臉就像一本讓人讀出怪異端倪的書。

——威廉・莎士比亞，《馬克白》

大自然給人類一個舌頭、兩個耳朵，那麼我們就該多聽少說。

——愛比克泰德（Epictetus）

雖然「情緒智商」（emotional intelligence，簡稱ＥＩ或ＥＱ）廣為人知，大多數人也表示自己聽過這個詞，但很少人能正確地說出情緒智商的定義。懷疑論者認為這不過是把「魅力與影響」說成「社交與人際溝通技巧」，最後又把它們包裝成「情緒智商」。社交技巧曾被視為敏感度與彈性的代名詞，即一個人對社交暗示有多敏感，以及在精準觀察行為面向後做回應時，表現出多大的彈性。

但是，「情緒智商」是一個「與時代精神同步」的新詞彙、新概念，而且變得非常流行。它催生了一個龐大的產業，立志追求事業成功的人尤其受它吸引。許多書籍提出戲劇性的主張，例如，認知能力或傳統學術智慧在人生成就（包括學業、人際關係及工作）中的比重只占二〇%，剩下的八〇%直接與情緒智商有關。

但總體來說，並沒有足夠的經驗證據能為這些狂妄的主張背書。

情緒智商可以分成四個部分：對自我與其他人的情緒意識及管理。因此，它也可以被定義為「對情緒是否有自覺」。

1. **情緒自我覺察**（Emotional Self-Awareness）：你能不能認知並了解自己對某些特別容易激發強烈、不尋常情緒的人或地點的情緒反應？你是否知道自己為什麼會對某些朋友或事件產生強烈情緒？
2. **情緒知覺**（Emotional Perceptiveness）：你能否精準「讀」出其他人的情緒？能否聽得出他人沒說出口的內心話，證明你擁有敏銳的洞察力？是否擁有心理悟性（psychologically minded）？
3. **個人情緒管理**：你能否管理自己的情緒？這在需要適當控制情緒反應的人際互動中尤其重要，包括公開演講、接受負面回饋以及控制怒氣。
4. **管理他人情緒**：有時也有必要管理他人的情緒。你是否能在適當時機與地點，改變他人的情緒狀態？能否幫助受到驚嚇或憤怒的人撫平情緒？能否在需要的時候給予他人信心？

情緒智商高的人，對於自己和他人的情緒具有敏感的知覺。簡單的說，他們懂得察言觀色，行為也較有彈性。他們懂得如何管理（改變、平撫、控制）自己及他人的情緒。他們知道當自己或他人沮喪、惶恐或憤怒時該怎麼做。光有感知能力卻沒有管理能力是不夠的，這一點在演藝圈裡為何如此重要，答案顯而易見。

丹尼爾．高曼（Daniel Goleman）於一九九八年出版的暢銷書中有一個簡單而有趣的比喻，可以解釋這個概念為何會如此受歡迎。任何行業的技能訓練，都比傳授情緒智商技巧來得簡單；對一個成年人而言，傳授工作技巧要比教導軟性技巧相對單純得多。他也主張奠定情緒智商基礎最適合的時期，就是青春期的早期到晚期。

有些人可能在電腦或其他高技巧性／低接觸度的活動中找到慰藉，因此在剛成年時，他們可能在某些領域（資訊科技、工程等）擁有卓著的技巧，但在社交技能方面，尤其在情緒知覺及控制上，可能依然相對低度開發，甚至對情緒問題心懷恐懼，並排斥接受（社交技能）訓練。一般也認為人不僅較難學會情緒智商技巧，也比較沒有意願嘗試。學會工作技能通常需要一定程度的投入，導致學習社交技巧（情緒智商）的機會大幅降低。低情緒智商的人在玩樂、休閒及尋找靈感時，會選擇科技而不是人，因為他們對情緒實在缺乏了解。

測量

心理測量師（psychometrician）對最大表現（例如有正確答案的智力測驗）及典型表現（例

如只有個人偏好之答案的人格測驗）的測量，訂立一套寓意深遠的基本區別標準。在自陳式測量（self-report measurement）中，情緒智商在本質上是一種人格特質或情緒自我效能（self-efficacy），即「特質EQ」，而在最大表現測量中，情緒智商則是一種認知能力或「認知性情緒能力」，即「能力EQ」。因此，特質EQ和能力EQ是兩種截然不同的概念。

如今有十多種特質EQ測驗，題目看起來和人格測驗大同小異。另一方面，也有一些視情緒智商為「如假包換」的智力或能力，因此需要測量的測驗。這類測驗的「客觀」評分標準以兩種評分系統為基礎，第一種叫做共識評分（consensus scoring），根據眾人的合意來決定正確答案。這類測驗會向一大群人出示照片或播放音樂，要求他們解讀照片中人物的情緒，或陳述音樂所催生的情緒。如果有八十二%的人認為照片裡的人物在生氣，這就會成為這道題目的正確答案。同樣的，如果有七十三%的人認為音樂讓人感傷，這也會成為正確答案。

第二種獲得客觀評分的方法，是由專家進行評分，亦即廣邀各類情緒相關議題專家下判斷（即接受這類測驗），他們的得分應該就是最好的答案。為了盡可能求得客觀的分數，有時也會兩種方法並用。

◆參考文獻

Bar-On, R. (2004). The Bar-On Emotional Quotient Inventory (EQ-i): Rationale, description and psychometric properties. In G. Geher (Ed.), *Measuring Emotional Intelligence: Common ground and controversy.* Hauppauge, NY: Nova Science.

Goleman, D. (1998). *Working Withemotional Intelligence.* New York, NY: Bantam Books.

Petrides, K.V., & Furnham, A. (2000). On the dimensional structure of emotional intelligence. *Personality and Individual Differences,* 29 (2), 313–20.

Petrides, K.V., P. rez-Gonz. lez, J-C., and Furnham, A. (2007). On the criterion and incremental validity of trait Emotional Intelligence. *Cognition and Emotion.* 21, 26–55.

037 工作上的敬業度與驅力

一般來說，驅力有方向，也有強度：它是選擇性的，也是動機性的。

——羅伯特．伍德沃斯（Robert Woodworth），《行為動力學》（*Dynamics of Behaviour*）

如果所有困難都必須在第一時間克服，那就沒有任何事值得嘗試了。

——山繆．約翰遜（Samuel Johnson），《Rassela》

工作滿意度、**工作投入度**、**組織承諾度**與**工作敬業度**之間，有什麼差異？

工作滿意度被視為重要，是因為普遍認為對工作滿意的員工，其產能較高。因此，管理階層的主要任務之一，就是讓員工幸福。遺憾的是，有三項研究結果否定了這種看法。第一，研究發現，幸福感明顯與人格有關，尤其在情緒調整方面。較不擅長調整（也就是較神經質）的人，對自己從事的任何工作可能都不滿意，不論雇主對他們有多支持、薪資有多優渥、工作環境有多舒適。他們隨時都是憂心忡忡，對一切不滿，對凡事反感。

第二，有同樣多的證據顯示，產能反而能逆向地提升滿意度。這表示如果能幫助大家提高產能，可能會讓他們感到更幸福，代表幸福感促成產能的因果方向可能是錯誤的。

第三，工作滿意度是一種想法、一種感覺，與動機比較沒有關係。它沒有驅動力，與任何形式的產能有極少量的關係。此外，有些研究甚至證實它可能是遺傳性的，因此有些人對任何工作都能感到滿意，有些人則是對所有工作都不滿意。

研究者也研究了**工作投入度**。對工作高度投入的人似乎只聚焦於自己所負責的工作，對組織的整體產能較無興趣，也較不關心。就這一點而言，工作投入度甚至可以被視為一種自我中心指數。

因此，他們改採用「**組織承諾**」這個用詞（而非個人承諾）。這是一種與頭腦，而不是心智有關的概念，無法解釋一個人做出承諾的對象是什麼。員工的承諾度愈強，可能就愈不想看到組織有任何發展或改變。承諾也可被視為一種自我封閉。

敬業度

如何形容職場中在生理、認知及情緒方面都很活躍的人：懂得施比受更有福？有動力且能從工作中找到意義？敬業的相反……則是保持疏離，且將自我與工作角色做切割。

敬業的特徵是：

- 在工作上幹勁十足、堅持不懈。
- 在工作上展現正向情感、高度投入。
- 對工作有熱忱、以工作自豪。
- 在工作上展現鬥志。
- 認為工作有意義，而這讓自己有明確的目標。

敬業度有許多測量基準，最佳基準之一簡短明瞭，而且具有以下三種要素：

1. **活力與幹勁**：工作時我感覺充滿活力、幹勁十足。早上起床時，迫不及待地想出門上班。我可以長時間工作，續航力強，碰到任何難關都能克服。
2. **奉獻精神**：我覺得自己從事的工作充滿意義與目標。我對工作懷有熱忱，在工作中獲得啟發。我對自己的工作感到自豪，覺得這份工作有挑戰性。
3. **全神貫注**：努力工作時，感覺時間過得飛快。我對自己的工作投入甚深，一忙起來就全神貫注，即使在私人時間，腦子裡想的也是公事。

敬業度與適應（低度神經質）及盡責性（審慎）等人格特質有關，也與親和性及利他主義有所關聯。因此，有些人的思維及心態很容易達到敬業，有些人則否，雇主與員工皆然。敬業度有一部分也與勞雇關係有關。

蓋洛普（Gallup）研究者整理出四個因素：一、管理者的行為會直接影響員工的敬業度；二、員工敬業度高時，會促成正面的經營結果；三、員工敬業度低時，會促成負面的經營結果；四、管理行為及經營結果之間的介質，就是員工敬業度。

驅力

丹尼爾・品克（Daniel Pink）在二〇一〇年出版了《動機：單純的力量》（*Drive: The Surprising Truth About What Motivates Us*）一書，主張經營上在激勵方面需要修訂出一種以自我決定論（self-determination theory）為基礎的方法，以更進一步貼近現代的工作與商務活動。

這個廣獲推薦的理論之三大元素為：

1. **自主與授權：**讓員工在工作的四個主要層面的某些（或全部）層面擁有自主權：何時做（時機）、怎麼做（技術）、和誰做（團隊）、做什麼（任務）。
2. **專精與才幹：**讓員工在對他們而言重要的事情上變得更好，指派他們執行難易適中的工作；創造一個可以讓人追求專業感的環境。

3. **目的**：對目的進行溝通；同時追求目的與利益的最大化；使用目標導向的語言，在提及組織時，盡量以「我們」二字營造團隊精神。

丹尼爾・品克指出，大量自我決定論相關文獻提到，要促進幸福與健康，必須滿足三種基本心理需求。這些需求舉世共通，但某些在特定時代較為突出，在不同時代、文化或體驗中也可能以不同方式表達。

◆參考文獻

Deci, E.L., & Ryan, R.M. (1985). *Intrinsic motivation and selfdetermination in human behavior.* New York, NY: Plenum Publishing.

Pink, D. (2010). *Drive.* New York: Riverhead Books.

Schaufeli, W.B. (2017). General engagement: Its conceptualization and measurement. *Journal of Wellbeing Assessment, 1,* 9–24.

038 外向性與內向性

> 智力與內向者相當的外向者，會對建議提出較多答案，因為他們比較不怕被人當成傻子。內向者則傾向自我審查。
>
> ——漢斯・艾森克（Hans Eysenck），《心理學與心理學家》，一九七七

「外向性」（extraversion）可能是許多人格理論中最廣為人知，也為圈外人所熟悉的一種。有兩種主流理論試圖解釋外向性的起源：一是榮格派理論，二是艾森克模型（Eysenckian models），兩者並不衝突。

榮格學派的理論認為，外向者「從外界獲得能量」，內向者則是從內在。邁爾斯－布里格斯性格分類指標（Myers-Briggs Type Indicator, MBTI）的專家認為，外向者喜歡積極從事多項工作，對時間冗長、步調緩慢的工作缺乏耐心。他們對工作中的活動，以及其他人會怎麼做很感興趣。他們是行動派，有時候沒想太多就開始動手，會把工作時接聽電話視為消遣。他們習於透過與他人討論來建構想法，喜歡身邊有人陪伴的團隊工作。

反之，內向者則喜歡有利於集中精神的安靜個人空間。他們習慣不受干擾地投入一項長時間的工作。大多對自己工作背後的知識與邏輯感興趣。內向者喜歡先思考再行動，有時會因為想太多而遲遲無法出手。專注工作時，他們視接電話為一種干擾。他們通常透過沉思來建構想法。大多喜歡獨自工作，偶爾也能接受小規模的團隊合作。

艾森克主張，外向性本質上源自生物性遺傳；他以皮質層激發（cortical arousal）與獎賞敏感性（reward sensitivity）解釋這種人格，也認為外向者最適合從事需要高抗壓性、必須密集與陌生人互動的工作。他們能承擔超過負荷、壓力龐大的業務，懂得如何解決工作上的大小事，擁有自我效能感及幸福感。

回顧這個領域，可以找到許多優秀的研究結果。內向者對痛苦比外向者敏感，比外向者容易感到疲憊及無趣；興奮會干擾內向者的工作表現，卻有助於提升外向者的工作表現；他們通常比外向者謹慎，但步調較慢。

- 內向者的學業表現優於外向者，尤其在較進階的科目。此外，為成績理由放棄大學學業的以外向者居多，而以精神理由輟學的則以內向者居多。
- 外向者偏好需要與他人互動的職業，內向者通常偏好較需要獨處的職業。外向者喜歡在工作的縫隙中尋找消遣，內向者對這類驚喜的需求則較低。
- 外向者喜歡露骨的黃色笑話與攻擊型幽默（aggressive humour），內向者則偏好較知性的幽默，例如雙關語或巧妙的笑話。
- 外向者在性方面比內向者活躍，包括頻率及伴侶的人數。
- 外向者比內向者更容易受他人影響。

內向者較容易被激起情緒，也比外向者容易學會社會禁令，因此性格通常較拘謹、克制。也有證據顯示，在學習過程中，內向者較會受處罰所影響，外向者則較會受獎賞所影響。有假說認為，這方面的個人差異有遺傳及環境兩種起源。事實上，許多針對同卵及異卵雙胞胎所進行的研究也證明，遺傳在這方面的個人差異扮演著重要角色。

外向者比內向者更偏好從事需要社交接觸的職業。因此，需要大量組織外的接觸，也較無慣例可遵循的工作，可能對內向員工的情緒造成過度刺激。

外向者比內向者不易受干擾。他們的世界較為忙碌嘈雜、容易令人分心。喜歡刺激的外向者對開放式辦公室、行動電話、不留情面的會議較為適應，內向者容易被他人、噪音及任何刺激干擾。他們在嘈雜的工作環境中較不自在、缺乏效率、對組織也較沒有幫助。

內向者需要較長的時間過濾訊息、整理想法，以及回應旁人的要求。

就激勵方面而言，外向者對「紅蘿蔔」的反應較強，對棍棒則較不在乎。內向者則較不受獎賞所激勵，而是對處罰的威脅較為敏感，也容易被這類威脅壓制。或許因為如此，內向者管理起來較為容易；他們顯然比較容易被讀懂。

外向者的人緣通常較好，因為他們在社交活動中較有自信，也比較自在。有些兒童喜歡與人親近，有些會閃避人，有些則會與人對立。喜歡刺激的外向者，很小就學到與人相處可能很有趣，所以從小就養成了較高的社交智商（social intelligence）及情緒智商。

（過度）外向者有一些廣為人知的缺點。

- **意外**：外向者喜歡冒險。他們會開快車，也會從事危險的休閒活動。他們忽視精準、重視速度，他們容易失態，說話習慣不經大腦思考。
- **犯罪**：外向者善於交際也容易衝動。他們喜歡追求刺激，對新的體驗較感興趣，這讓他們在許多方面的學習遜於內向者，包括學會一般社會規則。他們較難訓練，比較叛逆。他們比內向者更容易成為不良少年或犯罪者，但此項會視犯罪活動的性質而定。
- **學習**：外向者在小學表現較佳，上了大學則否。坐在安靜的教室裡好幾個小時學習艱深的抽象知識，並不是外向者擅長的事。

大多數人能為自己的內向性及外向性做出精準的評分。

刺激尋求

「刺激尋求」（sensation seeking）是一個與這類人格有關的概念。

馬文・祖克曼（Marvin Zuckerman）於一九七九年創建的「刺激尋求量表」（Sensation seeking scale），是一種依據對感官剝奪（sensory deprivation），也就是刻意降低或移除某些感官刺激，以測量個人差異的方法。

1. **刺激與冒險尋求**（Thrill- and adventure-seeking, TAS）：指跳傘、潛水及飛行等高度刺激及高度危險之戶外活動的渴求。
2. **經驗尋求**（Experience-seeking, ES）：指非常規選擇所帶來的嶄新感官或心理刺激，其中包括迷幻體驗、挑戰社會規範，以及與怪人往來的欲望等。
3. **解禁**（Disinhibition, Dis）：指對於狂歡派對、豪飲或特殊性愛等「失控」活動的偏好。
4. **厭煩敏感性**（Boredom susceptibility, BS）：指對一成不變的事務或無趣的人無法容忍，在面對這種情況時會坐立難安。

◆**參考文獻**

Argyle, M., & Lu, L. (1990). The happiness of extraverts. *Personality and Individual Differences. 11 (10):* 1011–7.

Cain, S. (2015). *Quiet: The Power of Introverts in a World That Can't Stop Talking.* Crown Publishing.

Eysenck, H. J. (1971). *Readings in Extraversion-Introversion.* New York: Wiley.

Jung, C. G. (1921). *Psychologische Typen.* Rascher Verlag, Zurich.

039 目光接觸：聽聽眼睛在說什麼

男人很少向戴眼鏡的女孩眉目傳情。

——多蘿西・帕克（Dorothy Parker），《新品》（*New Items*），一九六〇

心靈是實際負責觀看與觀察的器官，眼睛不過是一種接收、發送意識的視覺容器。

——老普林尼，《博物志》

眼睛是「靈魂的信使」。我們會「留意」（keep our eye in）、「關注主要機會」（have an eye to the main chance）、「保持警覺」（keep our eyes open/peeled/skinned）、「與他人意見一致」（see eye-to-eye with others），但也會「對某事睜一隻眼閉一隻眼」（turn a blind eye to certain events）。有些人「不像表面上看起來那麼簡單」（more than meets the eye），有些人是某些人的「心肝寶貝」（apple of one's eye），有些人則是「人見人愛」（sight for sore eyes）。你可能希望自己冷靜到「連眼睛都不眨一下」（not to bat an eye），或成功地「矇騙他人」（pull the wool over others' eyes），也可能「身陷困境」（up to your eyes in trouble）。光是透過眼縫，我們就能精準地形容各種情緒，這就是為什麼戴著墨鏡與人交談可能有礙溝通。

不論我們在何處、何時、如何看人，眼神都是主角。視線在日常對話中扮演著關鍵角色。大家在把話說完時，都會望向對方，以要求回饋並將回覆的棒子交給談話對象。語句中斷時，也是一樣地對望，但會在有所猶豫、說話結巴或思考時，將視線移開。在試圖打斷對話、發笑及回覆簡短問題時，雙方通常會產生目光接觸。

朋友之間的目光接觸比和其他人多，而溫柔的眼神普遍被解讀成正面的關懷。戀愛中的情人經常彼此四目相交。

交談時，習於與對方做目光接觸的人，不僅被視為性格開朗，也被認為是較值得信賴、做人較誠懇。政治人物會以目光「掃視」全場，業務員也很擅長與聽眾做目光接觸。

以時間較長的凝視，取代對話中頻繁出現的短促、斷續的目光接觸，會被對象解讀成彼此之間的關係比這段言語溝通來得重要。

目光接觸的次數與種類會透露大量訊息。瞳孔放大、眨眼頻率、視線方向、雙眼圓睜，全都傳達著清楚的訊息。

瞳孔擴張的原因很多。它們在強光下會收縮，在微光中會擴大，但在性歡愉或憤怒等強烈情緒中也會擴張，後者在準備打鬥的貓狗身上尤其明顯。此外，人也會以目光回應受自己吸引的對象。古時候，女性曾將顛茄植物（belladonna，意為「美女草」）萃取液滴入眼中，促使瞳孔放大（也因此造成視覺問題）。這種作法可能既痛苦又危險，但當時被認為只要能吸引男性，一切都值得，而受到誘惑的男人也就不明就裡地以擴張的瞳孔回報這種視線。

這是足以證明視覺訊號威力的例子，但用在職場上既不理智，也不妥當。

以下是決定目光接觸次數的因素：

1. **距離**：搭電梯時，我們習慣面向電梯門。因為大家站得太近，減少目光接觸能減輕周遭被他人入侵的不自在感。不妨留意乘客的對話在搭乘前、搭乘時、搭乘後，會有什麼改變。一旦人與人之間的距離縮短到少於一百八十公分，目光接觸就會減少。

2. **對話主題**：天主教堂懺悔室及精神分析室中的躺椅，被布置成可供懺悔者或患者減少與神父或治療師發生接觸。當人必須坦承令人羞愧或尷尬的事、暴露自己的內心世界時，最好能感覺到聆聽者的存在，但聆聽者不會（也不能）直盯著他們。大家常會發現自己在與他人走路或一同做洗碗之類的工作時「聊得最愉快」，因為這時候和對方靠得很近，卻無須看著對方。

3. **業務性對話**：醫師在討論情緒問題而不是生理症狀時，望向患者的次數會比較頻繁。一般人比較會望向合作者，而不是競爭者。試圖說服他人時，也比較會尋求目光接觸，以增加影響力。

4. **吸引注意**：搭便車者、慈善活動募款者都會盡可能尋求目光接觸，以吸引更多人注意。在人與人的對話中，說話者有七十五%的時間會望向對方，但聆聽者僅有四〇%。看著對方，是為了獲得並維持對方對自己的注意。

5.人際關係：一般人比較會看向自己喜歡的人，對不喜歡的人則否。看著喜歡的人時，瞳孔會擴張得更大。目光也是一種優勢的訊號：大家比較會看向有力量的人（部分原因是他們看向他人的時間較多，說話的時間較少）。威脅也能以目光傳達。「直視對方」代表威脅，中斷或迴避目光接觸則可能是釋放安撫訊號。

6.合作：願意合作而不是競爭時，也經常會以目光進行溝通。目光接觸的次數與種類是很重要的。目光接觸頻繁通常代表有意或殷勤。不過，若是搭配某些表情，也有可能是威脅的表示。

7.人格：比起內向者，外向者與他人目光接觸的頻率較高，時間也較長。自信、開朗、社交上占優勢的人，與人目光接觸的機會也比有社交焦慮的人多。女性在對話時，也比男性更常與他人做目光接觸。

8.外表：大家比較不會望向殘障者、較不好看的人，反之亦然。

9.心理疾病：許多精神病理症狀與減少及／或「怪異」的目光有關，尤其是自閉症及偏執狂。思覺失調症及憂鬱症患者會有迴避目光接觸的傾向。

10.族裔：接觸性文化（contact culture）的近東地區，要比非接觸性文化的歐洲習於做目光接觸。（編註：接觸性文化是指人們經常互動並接觸的文化群體。）

大家會以墨鏡或遮陽帽遮掩目光。盲人這麼做，一方面是為了表示自己看不見，另一方面則是由於他們無法「面對」他人。為了避免無法與人四目相交的尷尬，盲人在需要時會戴上有色眼鏡。保全從業人員也會戴深色眼鏡，以避免讓可疑者發現他們正看向哪個方向。交通警察戴鏡面反光眼鏡，以降低發生爭執的機率，憤怒或緊張的駕駛可能會因為看不到警察的眼神，只看到自己的倒影，而打消抵抗的念頭。

◆參考文獻

Argyle, M. (1993). *Bodily Communication*. 2 nd ed. London: Routledge.

Beattie, G. (2003). *Visible Thought: The New Psychology of Body Language*. Routledge: London.

Furnham, A., & Petrova, E. (2010). *Body Language in Business*. London: Palgrave.

040 佛洛伊德及其學說：史上最有名的心理學家

在科學領域裡，愛因斯坦提出相對論後，世界並沒有分毫改變，但在佛洛伊德之後，人變得有點不一樣了。

——瑪麗．雅霍達（Marie Jahoda），《人的模型》，（*Models of Man*），一九八〇

一言以敝之，佛洛伊德學派衰退的原因就是一個詞：鋰鹽。

——湯姆．沃爾夫（Tom Wolfe），《週日獨立》（*Sunday Independent*），一九九七

佛洛伊德對性的概念極為寬鬆，而且相當模糊，可以用來解讀任何事。

——卡爾．榮格，《尋求靈魂的現代人》，一九五〇

精神分析之父、史上最有名的心理學家之一——西格蒙德．佛洛伊德，在一八五六年生於奧地利，年幼時舉家遷居維也納之後，他就在那裡度過了七十八年人生中絕大部分的時光。

原本，他研究的是神經病學及神經生物學。但身為一個猶太人，他在反猶太氣氛濃厚的環境裡，工作機會受限，因而被迫轉向精神病學。他的恩師之一——約瑟夫．布洛伊爾（Josef Breuer）對催眠深信不疑，也相信它能揭露人類被壓抑的想法與情緒。根據這一點，佛洛伊德構思出關於人格與人格違常的心理學理論。他的主要目標是分析潛意識，以心理治療幫助患者探索大腦的最深處，挖掘出受壓抑的記憶及情感。

以下是幾個與佛洛伊德研究有關的關鍵想法及概念。

佛洛伊德心理學的基本假設

- 行為是強烈且通常無意識的動機、驅力與需要**對抗**及**妥協**後的結果。
- 行為可以用微妙或偽裝的方式反映動機。
- 同一種行為可以在不同的時間、對不同的人反映出不同的動機。
- 人對促使自己做出某些行為的力量，以及驅策它們的衝突，可能有自覺。
- 行為由一種能量系統所駕馭，此能量的量能在任何時候都是相對固定的。
- 行為以追求快樂為目標（舒緩緊張、釋放能量，也就是快樂原則）。
- 人主要受到**性本能**及**攻擊本能**的驅策。

- 這些驅力的表達與社會要求可能有所衝突，此時，為了平衡這些驅力，能量必須尋找其他管道釋放。
- 有**生存本能**（eros），也有**死亡本能**（thanatos）。

最知名的五種概念

自由聯想

這是精神分析過程中的一個步驟。佛洛伊德讓患者放輕鬆，完全不費力地集中精神分享自己的夢境。換言之，他們的思緒並不會受到任何操控，想說什麼都可以。佛洛伊德相信，這種思緒接連被陳述的方式，可以揭露出潛藏在患者潛意識深處的核心，也可以用來治療某些因想法受壓抑所造成的症狀。

自我、超我與本我

一九二〇年左右，佛洛伊德發表了一個人格模型，主張人格是由內心的三個部分構成。第一個部分是「本我」（id），也就是與生俱來的「動物本能」所在的位置。這些包括、但不限於我們的性本能及生存本能。大腦的這個部分受到這些本能所帶來的快樂所驅策，而且會因痛苦或不快樂等感覺而失去動力。新生嬰兒就是受本我驅策的最好例子，他們的唯二需要就是食物與關愛，兩者都由父母提供。

在接下來的人生中，孩子便需要學會如何在現實中滿足自己的需要。幼兒發現夜半嚎哭已經無法再換來食物或被母親抱在懷裡，必須找到更務實的方法獲得快樂，這部分就是「自我」（ego）。自我是比較理性的部分，目標是找到務實方法來滿足自己的需求。「超我」（superego）則可被視為父母代理的內化。換言之，隨著孩子長大，他們開始學會克制自己的衝動，社會規則及倫理道德也會對那些為了滿足本能所採取的行動加以約束。因此，超我就是自我衡量後的結果，作用是促進我們的良心與自我觀察。

佛洛伊德式錯誤

根據佛洛伊德的精神分析理論，佛洛伊德式錯誤（Freudian slips）是指潛意識努力在意識領域中冒出來。佛洛伊德相信，我們的潛意識充滿想法及情緒，因此我們的內心有時會造成失言，暴露出潛藏於潛意識之下的情感。

性心理發展期各階段

佛洛伊德在一九〇五年根據性衝動（libido，性方面的驅力及本能）在不同時間集中於身體的哪個部位，建構出心理發展於童年的理論。他提出兒童會經歷以下五個階段：口腔期（零歲到一歲）、肛門期（一歲到三歲）、性器期（三歲到六歲）、潛伏期（六歲到青春期），以及生殖期（青春期到成年）。他認為，有些人到了其中一個階段便停滯不前，沒能達到完全發展，因此產生人格違常。

陽具妒羨

佛洛伊德相信兒童在三歲到六歲時的性器期（戀母期，Oedipal phase）時，會了解不同性別的性器官有所差異。他認為，女童會羨慕男童擁有的陽具，根據佛洛伊德的理論，陽具被認為是較優越、獨一無二的器官。這階段的男童則會認為女童可能因為某種原因而受到閹割懲罰，並因此產生閹割焦慮（castration anxiety）。女童也會相信自己遭到閹割，並為此怪罪同樣也曾遭到閹割的母親。她們因此開始強烈地希望擁有陽具，也開始對父親及所有男性產生好感（戀父情節，Electra's syndrome），希望能透過他們獲得一個孩子以做為自己失去陽具的補償。

雖然佛洛伊德可能是心理學史上最有名的人物，他的理論還是受到不少質疑，許多甚至已遭到否定，尤其在一九六〇年代後這股風氣更是明顯。不過，他仍將永遠名垂青史。

◆參考文獻

Kline, P. (1995). *Fact and Fantasy in Freudian Theory.* Second Edition. London: Routledge.

Storr, A. (1996). *Freud.* Oxford: Oxford University Press

041 友情：我們如何挑選人

原諒敵人要比原諒朋友容易。

——威廉．布萊克（William Blake），〈耶路撒冷〉（Jerusalem），一八〇〇

我們對朋友的感覺，反映出我們對自己的感覺。

——亞里斯多德，《尼各馬可倫理學》，三五〇

熟人，一個我們熟到可以向他借錢，卻沒熟到可以借他錢的對象。

——安布羅斯．比爾斯，《魔鬼辭典》，一九〇六

雖然要判定一個人是不是朋友相對容易，但友情並沒有一個舉世公認的定義。朋友有共通的興趣，相互欣賞、忠誠、奉獻。他們接受彼此，雙方關係的特徵是真誠與親密。他們經常見面，需要幫助或建議時也會先想到對方，他們彼此喜歡、相互信賴。

有些人建議我們可以將「朋友」分類成：認識但不太熟、泛泛之交、摯友與密友。建立情誼與信任需要時間，也考驗著彼此。

研究者記錄了預測友誼成形的各種因素，證明「接近度」是一個有力的指標。我們會喜歡上自己經常「碰到」的人，很多人會和鄰家女孩或男孩結婚。另一個明顯且廣為人知的因素，就是與接近度有關的「熟悉度」。

這類文獻中不乏相似度、相異度和互補度的假說之間的爭論。重點是，我們究竟會選擇並喜歡與自己完全相同的人，或是與自己完全相反的人，還是相近到某種程度的人？測試這一點的複雜度超乎預期，人格完全相反的人（如內向者與外向者）也可能相互吸引，不過，他們通常具有相近的價值觀（經濟、宗教與政治信仰）。數據顯示，異性相吸的證據相對較少，物以類聚的證據就多得很。

許多因素也和人格及價值觀牽扯在一起，包括社會智能及獎勵。看到一長串的因素清單，就能了解為什麼相同族裔及宗教的群體比較容易喜歡彼此：他們在許多重要的事情上觀念相近，而且在接近的地方生活、工作、祈禱。他們說同樣的語言，膜拜同一位上帝，吃同樣的食物，擁有許多相近的體驗。

當然，也有諸多解釋吸引力的「迷你」理論、以及解釋友情如何開始的平衡理論、增強理論，還有社會交換論及公平理論等等。有些是以人們與他人相處時會試圖降低付出的成本、極大化自我獎勵的經濟學模型為基礎而發展出來的。

如果朋友變成了情人，心理學文獻也會試圖區分「愛」、「喜歡」以及其他各種不同類型的愛，例如：

1. **身體之愛**（Eros / Erotic Love）：情欲與性狂熱及性欲望有關，情欲是一種狂熱的、情色性的、劇烈型的愛，能激發浪漫與性方面的情感，宛如一把迅速燒盡的烈焰。

2. **朋友之愛**（Philia / Affectionate Love）：這種柏拉圖式的愛，通常存在於地位相等者之間，是一種同甘共苦的友誼，其中包含忠誠、同袍情誼及自我犧牲等因素。

3. **親情之愛**（Storge / Familial Love）：主要存在於親人與熟人之間，是一種父母與兒女之間與生俱來的愛。

4. **遊戲之愛**（Ludu / Playful Love）：最好的例子就是年輕情侶之間充滿調情、挑逗、亢奮的愛。

5. **瘋狂之愛**（Mania / Obsessive Love）：發生在身體之愛與遊戲之愛失衡的時候，可能導致當事人產生占有欲與嫉妒心，而且常會造成關係成癮（co-dependency）等問題。

6. **永恆之愛**（Pragma / Enduring Love）：在雙方長期的耕耘下穩固成熟的愛，發生在學會妥協來讓關係穩定維持下去的人之間。

7. **自我之愛**（Philautia / Self-love）：不是指一味地追求個人名望、利益與財富的虛榮心或自戀，而是一種懂得善待自己、對自己的現況感到自在的愛。

8.靈魂之愛（Agape / Selfless Love）：希臘人認為最高層次、最激進的愛就是靈魂之愛或無私之愛。靈魂之愛是心靈性的、無條件的愛，沒有任何欲望與期待。

異性朋友及伴侶選擇

針對異性戀者擇偶條件的研究，特別關注兩個方面：「性別差異」及「需求相似性」。關於擇偶條件的性別差異的兩項主要研究，獲得了不可忽視的結果。就全球而言，女性比較在意未來伴侶的收入潛力，男性則對於美醜與健康等身體因素較為重視。雖然男女都很重視伴侶的美醜與獲取資源的能力，但兩者的比重有所不同。

有兩種假說試圖解釋這種現象：「演化論假說」及「性別角色社會化假說」。演化論以追求繁殖成功來解釋男性的策略。女性的擇偶條件應包括獲取所需資源的潛力，這一點則與野心等人格特質較有關係。對男性而言，成功繁殖的主要法門是獲得多產、有生育能力的女性，因而男性可能重視攸關女性生育能力的年輕、貌美與健康。女性對男性的外表則沒有如此重視，因為這與獲取資源的潛力沒有直接關聯。

反之，性別角色社會化假說則主張女性常被排除在權力核心之外，並被視為「可被交換的物品」。由於生涯發展的管道受限，她們所選擇的對象必須擁有權力的特質，例如賺錢能力、高等教育程度等。慕強擇偶（hypergamy）的本能為女性的向上流動搭建出主要的傳統管道，也就是女性傾向嫁給社經地位較高的對象。相對的，男性則較重視「可被交換的物品」的品質，因此較重視女性的外貌（以增加這個性對象的價值），因此年輕貌美成為判定可交換物品的相對價值中心基準。一般認為，傳統的性別角色社會化有助於維持並支撐這些結構性差異，並被用來灌輸男女該分別扮演何種角色的價值觀。

◆參考文獻

Argyle, M., & Henderson, M. (1985). *The Anatomy of Relationships*. London: Heinemann.

Furnham, A. (2009). Sex differences in mate selection preferences. *Personality and Individual Differences*, 47, 262–7.

Noel, H., & Nyhan, B. (2011). The 'unfriending' problem: The consequences of homophily in friendship retention for causal estimates of social influence. *Social Networks*, 33, 211–18.

042 團體迷思：負面團隊決策法

愛情、友誼和尊敬，都不如對某件事物的共同仇恨能把人們團結起來。

——契訶夫，《筆記本》（*Notebooks*），一八九二

多數人永遠無法自己掌握權力。

——易卜生（Henrik Ibsen），《國民公敵》（*An Enemy of the People*），一九〇〇

必須有個外團體才能形成內團體。

——愛德溫・波林（Edwin G. Boring），《自傳中的心理學史》（*A History of Psychology in Autobiography*），一九五二

當團體發展出高度團結、整齊一致的準則及規範時，有時會變得過度擔心打斷團體的決策，因為團體的士氣、快樂及滿足會變得比團體肩負的任務（正面決策）來得重要。高度團結的團體

要求成員做出大家一致接受的決定，但其產生的壓力卻限制了有效決策的出現，這就叫團體迷思（Group-think）。

團體迷思的概念最早被用來解釋美國政府官員所做出的無能決策，使其導致了入侵古巴的豬玀灣（Bay of Pigs）事件、日本成功突襲珍珠港及越戰等災難。對這些個案的分析顯示，總統的顧問群總是會妨礙好決策的出現。

在團結的團體裡，每個成員可能對整個團體所做的決定，比自己的不同意見更有信心。因此，他們寧願將自己的批判性思考放到一旁，附會團體的意見。當成員們對彼此極度忠誠，可能會刻意忽視任何與團體決策相左的資訊，所導致的結果就是團體的決定變得完全一致，即使再不合理、再不道德，大家也不在乎。

團體迷思的警訊

症　狀	說　明
無懈可擊的錯覺	無視明顯的危險信號，變得過度樂觀並冒極大風險。
集體合理化	抹黑或忽視與集團迷思背道而馳的警訊。
對群體道德深信不疑	堅信自己團體的立場最合乎倫理道德，其他意見都是邪惡的。

症狀	說明
過度的負面刻板印象	視意見相左者過於負面，無法做嚴肅的思考。
強大的從眾壓力	以不忠者將被逐出團體的言論，威脅成員不得表達反對意見。
對反對意見進行自我審查	成員有任何反對意見及相反論點，也不敢說出口。
一致性錯覺	所有成員對大家一致同意的決定，持相同的錯誤信念。
自我任命的思想警衛	為了保護團體而抵擋負面、有威脅性的資訊。

團體迷思可能造成以下某些結果：

- 需要解決問題時僅提出少數選項；寧願選擇容易被接受且可迅速執行的方案。
- 幾乎不用圈外的專家，外人即使再有能力也不獲信任。
- 不喜歡重新檢討曾被排除的選項，因為這會讓團體不開心。
- 不符合團體喜好的論據會遭到忽視或質疑。團體士氣比什麼都重要。
- 風險會遭到忽視或掩蓋，幾乎不會被評估。

你可以採取一些步驟來降低陷入團體迷思的可能性。不過，要降低這種可能性，會比事先預防困難得多，因為陷入這種迷思的團體對自己的困境極少有自覺。要預防或降低團體迷思的影響，領導者可以：

- 鼓勵團體內每位成員更嚴謹地評估自己及其他同儕的提議。
- 要求具影響力的成員站在圈外人的立場（甚至離開團體一段時間）審查提案（甚至帶批判性）。
- 與跟議題沒有利害關係的圈外人討論提案，蒐集反應。
- 邀請專家顧問重新設計決策程序。
- 指派一位或多位成員扮演唱反調的「魔鬼代言人」，對提案提出質疑。
- 根據圈外人可能有的反應，摸索替代方案。
- （選擇成員）組成小組來發展替代方案。
- 在實際執行前開會檢討決策。

由於團體迷思一直是個潛在危險，組織常會透過以下手段來避免陷入這種迷思的決策：

- **鼓勵開放式探究**：團體領導者應該鼓勵成員對所有方案持懷疑態度，並避免做出不成熟的決議。指派成員扮演唱反調的「魔鬼代言人」也會有幫助，他們要故意找提案的麻煩，以找出所有缺點。

- **分成小組**：將團體分成幾組，因為由整個團體做決策，很容易陷入團體迷思，所以由兩到三組成員對提案進行評估，是一個有效的檢測手段。若眾小組之間無法達成合意，可以舉行一場各自陳述的熱烈激辯，應該就能發現重要問題。
- **承認自己的短處**：要求他人陳述對團體決策的疑慮及猶豫，或許有助於避免團體迷思所造成的完美錯覺。團體必須學會懷疑，而不是肯定。
- **舉行「第二次機會」會議**：在將決策付諸實行前，最好能開一場第二次機會會議，要求成員提出對決策的任何質疑以及自己的新點子。第二次機會會議可以幫助大家看清楚在經過一天之後，是否還覺得這個決策跟表決當時一樣好。

並非所有團體都會受團體迷思的影響，但要成功地做出團體決策，最好可以：

- 清楚指出問題，點出它的重要性，以及團體在解決它時應該做什麼。
- 將一個複雜的問題劃分成幾個部分，根據每個部分做出相應的決策。
- 將討論聚焦於關鍵議題上，在檢討所有方法後，若有需要、時機也適合，便結束分析並舉行投票。
- 幫助成員正視其他同儕的提議，接著再要求他們證明自己的提議是正確的。
- 做最後決定之前，鼓勵成員思考這個提案可能會造成哪些不良反應。
- 對一致的決議，尤其是達成得太迅速者，抱持懷疑態度，並避免接受它們。確認被指派執行團體決策的成員徹底了解自己該做什麼。

- 避免團體成員之間有過大的階級差異，或幫助成員了解這些差異，或探討有哪些方法可以減少成員因對階級的尊重而產生的顧忌。
- 事先備妥因應緊急或危機決策的程序。
- 保護團體不受外來批判所侵害，同時讓團體學會面對批判或有建設性的觀察，利用它們來提升自己提案的品質。
- 鼓勵成員評估團體所擁有的技能，並找出方法改進它們。

從不同作家及顧問所提出的眾多警告可以明顯看出，大家都很清楚董事會、委員會及工作小組常有陷入團體迷思的危險。

◆參考文獻

Greenberg, J., & Baron, R. (2003). *Behaviour in Organizations*. New York: Prentice Hall.

Janis, I. (1972). *Victims of group-think.* Boston, Massachusetts: Houghton-Mifflin.

Stoner, J. (1961). *A comparison of individual and group decisions involving risk.* MSc thesis, Sloan School of Industrial Management, Massachusetts Institute of Technology.

043 快樂、心流與喜悅

只要一個人選擇活得快樂，他就會快樂。

——亞歷山大・索忍尼辛（Alexander Solzhenitsyn），《癌病房》（*Cancer Ward*），一九六八

快樂是一種想像的產物。

——湯瑪斯・薩斯（Thomas Szasz），《第二罪》（*The Second Sin*），一九七四

當我們快樂時，一定過得很好，但當我們過得很好時，不一定會快樂。

——奧斯卡・王爾德（Oscar Wilde），《格雷的畫像》（*The Picture of Dorian Gray*），一八九〇

「快樂」（happiness）這個字詞可以用來指涉幾件不同的事，例如喜悅或滿足。心理學家偏

好以「主觀幸福感」（subjective wellbeing）這個更廣義的名詞來解釋。

也有人認為主觀幸福感有三個主要成分：整體滿意度、積極情感的存在，以及憤怒、焦慮、罪惡感、悲傷、羞恥等負面情感的缺乏。它們可以被套用在全球規模，諸如職場、友誼、休閒等特定領域上。更重要的是，主觀幸福感涵蓋從狂喜到痛苦的廣大範圍，也就是從極度快樂到極度憂鬱。它指涉的是長期狀態，而不是一時的情緒。雖然不充分，但也算得上是一種評量心理及精神健康的必要標準。

這個領域早期的研究者都指出，心理學家長期忽視幸福，只偏好關注與它相反的焦慮、絕望、憂鬱等。大家通常認為沒有焦慮與憂鬱就被視為幸福，但沒有快樂也不一定等於不幸福。羅伯特．比斯瓦斯－迪納（Robert Biswas-Diener, 2000）將主觀幸福感定義為：人們在認知及情緒上對自己人生的評估。它既有評量上的「好－壞」，也有享樂上的「愉快－不愉快」面向。

賓州州立大學正向心理學中心（Positive Psychology Centre）有一個專門回答「正向心理學會不會根本就是普通常識」等常見問題的網站，他們提出以下的十三點做為範例：

- 不分國內外，財富與幸福感之間都只有微弱的關聯，尤其是在收入超過貧窮線的地區。
- 讓人獲得少量快樂的活動（如購物、美食及賺錢），無法帶來長期的滿足感，證明這些活動很快就會發生報酬遞減（diminishing return）。
- 會產生「心流」（flow）的體驗讓人開心，因此大家願意不計報酬地投入。心流會在一個人的能力足以從事具挑戰性活動時產生，追求的是明確的目標，當下自我覺察會消失，時間感也會被扭曲。

- 習於表達謝意的人擁有較佳的生理健康、樂觀度、目標達成率及幸福感，也較樂於助人。
- 試圖將快樂極大化，可能導致不快樂。
- 看到他人的善舉會產生一種「提升感」（elevation）的情緒，促使自己多行善舉。
- 樂觀心態可以保護人免於罹患精神及心理疾病。
- 樂觀或快樂的人在工作、學業及運動的表現較佳，較不容易沮喪，身體較健康，人際關係也較好。此外，樂觀度可以測量，也可以透過後天習得。
- 在青少年時期，情緒較為正向的人壽命較長，身體也較健康。
- 情緒較正向的醫師，在病情的診斷上也較精準。
- 人在逆境中可能成長得更健康，因為這有助於培養復原力（resilience）。
- 寫下創傷經驗的人，在生理上明顯比不這麼做的對照組更健康。寫下人生目標明顯比寫下創傷經驗更不痛苦，並且能提升幸福感。
- 一件事所帶來的快樂或痛苦能持續多久，是無法預測的。

雖然目標族群是成人，但大衛．邁爾斯（David Myers, 1992）的理論也可以套用在兒童身上。更重要的是，他的十大要點非常適用於養育及鼓勵兒童的成人。以下這些追求幸福人生的建議，也是一份傳遞給兒童的重要訊息清單：

1. 了解幸福與成功並沒有必然關係。
2. 學會掌握自己的時間。
3. 表現得快樂。
4. 找到可發揮技能的工作及休閒活動。
5. 加入「有運動性」的運動。
6. 讓身體獲得足夠的睡眠。
7. 將最重要的人際關係列為最優先。
8. 不要只懂得關注自我。
9. 記錄感恩日誌。
10. 培養你的精神自我。

◆參考文獻

Argyle, M. (2001). *The Psychology of Happiness*. London: Routledge.

Diener, E. (2000). Subjective wellbeing: The science of happiness and aproposal for a national index. *American Psychologist*, 55, 34–43.

Eysenck, M. (1990). *Happiness: Facts and Myths*. Hove: LEA.

Myers, D. (1992). *The Pursuit of Happiness*. New York: Avon Books.

044

霍桑效應與安慰劑效應：治療真的有效嗎？

笛聲可以治療癲癇及坐骨神經痛。

——泰奧弗拉斯托斯（Theophrastus），《物理學》（*Physics*），西元前二八〇年

時間是最好的醫生。

——班傑明・迪斯雷利，《亨利埃塔・坦普爾》（*Henrietta Temple*），一八八〇

高尚的行為及熱水澡，是治療憂鬱的良方。

——道迪・史密斯（Dodie Smith），《我的祕密城堡》（*I Capture the Castle*），一九八〇

心理學有兩種，一種源自職場，另一種則是健康心理學，兩者的起源截然不同，但意義頗為相近。兩者都佐證了干預或治療似乎有效，但並不是基於大家所以為的理由。重點是患者如何接受治療，而不是被投以什麼樣的藥物或使用什麼樣的醫療技術。

霍桑效應

這是指一個人由於被以不同的方式對待及觀察，進而改變自己的行為，並非為了更明顯的理由。

這個概念源自於一九二〇年代，一些試圖藉由改變職場體質來提升產能的研究。最早的研究目標是界定照明的明暗度，透過改進燈光來以最低成本達到最高產能。這些研究提出了一個簡單的問題：在需要靈巧手工的作業環境中，照明品質對生產速度及品質有什麼影響？但在第一場照明實驗中，產能在增強或減弱燈光時都可能提升。雖然實驗條件有系統性的改變，但對產能的影響似乎微乎其微。

其他研究檢證的是較長或較短的休息時間、免費點心等等，但實驗結果無法判讀。最後，大家發現造成產能差異的並不是照明、休息或點心，而是實驗者對待雇員的態度，這促成了後來主張以下幾點的人際關係活動：

- 個人的工作行為多半不只是單純的因果關係，而是由許多複雜的因素所決定。
- 非正式或初級工作團體／團隊會發展出自己的規範，而這種規範與團隊的士氣及產能息息相關。
- 這一類非正式團體的社會結構，必須透過與工作相關的地位及權力象徵來維持。
- 顧問必須設身處地傾聽員工的訴求，以了解每個員工的獨特需求。
- 關注員工情緒及員工參與度，可以減少員工對改變的抵抗。

所以，當你聽到有人說「這不過是霍桑效應」時，他只是在說，大家聲稱自己的行動是某種活動的結果，其實是自己被以不同方式對待所造成的結果。

安慰劑效應

安慰劑的原文“placebo”是「我將安慰」之意。在健康領域中，精神高於物質的概念，早在好幾個世紀以前就出現了。這方面的現代研究源頭，通常被認為是五十多年前《美國牙醫協會》（*American Dental Association*）期刊中的一篇報告。亨利・畢闕（Henry Beecher）在這篇撼動醫學界的報告中，主張有三〇%的病例僅因給予患者糖錠，甚至一場帶有同理心的身體檢查，病情就有所改善。

有些人相信，安慰劑效應對精神疾病比生理疾病更有效。一項近期的重要研究發現，將近六〇%的安慰劑對照組病患的病情，比等待名單對照組病患有更大幅度的改善，證明了安慰劑的效用。

不過，有實際效果但對原本要治療的症狀無效的活性安慰劑，與無效但會產生直接或間接副作用的安慰劑，是有所區別的。

傳統醫學脈絡中的安慰劑，經證實有助於改善範圍廣泛的病徵，包括過敏、心絞痛、氣喘、癌症、腦栓塞、憂鬱症、糖尿病、遺尿症、癲癇、失眠、梅尼爾氏症（Ménière's disease）、偏頭痛、多發性硬化症（multiple sclerosis）、精神官能症、眼科疾病、帕金森氏症、攝護腺肥大症、思覺失調症、皮膚病、潰瘍以及疣等。

許多研究也曾提及安慰劑的負面影響，包括成癮、病情惡化（反安慰劑效應，nocebo effect），以及許多可能出於主觀（頭痛、注意力渙散、噁心等），或出於客觀可見（皮膚癢、冒汗、嘔吐）的副作用。

對安慰劑有反應者及無反應者之間的差異，長年吸引研究者的注意。以社會人口學特徵（年齡、性別、族裔、教育程度）界定差異的嘗試，通常僅能導向脆弱或缺乏定論的結果。其他研究則試圖透過智能及人格的個體差異進行比對。然而，不僅限於容易受騙的少數人，安慰劑效應對任何病患都可能產生效果。

哪一類安慰劑最有效？膠囊及藥丸的顏色與大小，長年來都是實驗試圖驗證的主題，但實際影響卻微不足道，改變安慰劑的顏色與大小似乎不會造成太大的差異。一位研究者指出，若要將安慰劑的療效提升到最高層級，它必須非常大且是粽色或紫色，或是非常小且是紅色或黃色。

安慰劑效應在性質較嚴肅或侵入性投藥的情況下似乎更強烈。打針的效果明顯比服藥更強，就連假手術（患部被剖開後，便在沒做多少，甚至毫無實際手術的情況下縫合）都有極高的正向反應率。

對患者較關心、對自己的技術較有自信，且擁有較高地位的治療師，較傾向對自己的患者推薦安慰劑。

隨機、雙盲、對照實驗

安慰劑效應有好處也有壞處。好處是治療師不必再為自己安排的治療方式負責。壞處則是科學家必須試圖評估這些干預可能造成的實際情況。使用安慰劑、隨機、雙盲的研究，已經成為評估如何治療，並盡可能降低安慰劑效應之科學研究的黃金標準。

◆參考文獻

Mayo, E. (1949). *Hawthorne and the Western Electric Company, The Social Problems of an Industrial Civilization*, Routledge.

Del Mar C., & Hoff man, T. (2015) A guide to performing a peer review of randomized controlled trials. BMC Medicine.

045 誠實與誠信：多數人最希望老闆擁有的特質

若是聽到有人說世上沒有誠實的人，大概就能確定他自己就是個惡棍。

——喬治．柏克萊（Bishop George Berkeley），《愛國主義格言》（*Maxims Concerning Patriotism*），一七四〇

因受到讚揚而行善的人，比因受到威脅而不做惡的人要多。

——阿爾弗雷德．阿德勒，由博托姆（P. Bottome）引用，一九三九

許多研究顯示，誠實與誠信在職場極為重要。大家最希望自己的老闆擁有的特質就是誠實。它可以被定義成：正直、真誠、直率等正向道德象徵的品格，擁有這種品格的人不會說謊、詐欺或偷竊。

每一家企業都希望能雇用誠實、可靠、值得信賴的員工。在警察、銀行及軍隊等組織中，這種特質尤其重要，因此他們在徵才時，經常會導入許多評估誠實度與誠信度、揭穿欺瞞的技巧。

而這些技巧同樣可以用來「審查」組織中的員工，或教育他們在做錯事後產生罪惡感。

誠實測驗的選項包括：測謊器、人事查核或背景調查、藥物檢測、求職申請表（履歷）、誠信面試、性格測驗。

職場中的誠信測驗

誠信測驗或誠實測驗，是為了廣泛評估不誠實、不值得信賴、未經授權使用公司情報、偽造等與工作相關的行為，而設計的紙上問卷。

- **酗酒／吸毒**：在職場中販賣、吸食或飲用，在宿醉或藥物影響下執勤。
- **欺瞞或刻意扭曲**：逃漏稅、詐欺、行賄、黑函、工作不穩定／經常曠職、高流動率／摸魚、遲到、裝病請假。
- **暴力行為**：在職場中對他人做身體攻擊。
- **盜取現金、商品或財物**：濫用折扣優惠、侵吞公款、工作緩慢或不認真、無法執行公司政策。
- **態度疏離**：不投入也不參與、不遵守工安守則、造成原可避免的意外、拒絕改變工作方法、破壞公司財物、刻意毀損及浪費、蓄意破壞公物、時間管理不佳、未經授權恣意休息、怠工、性騷擾。

從以上清單可以看出兩點：第一，上述行為與誠信南轅北轍，第二，其中包含多元且不相關的問題。但這些行為與誠信、誠實都有關係，在某種意義上，它們都是不誠實的體現。

有些測驗試圖遮掩或隱瞞它們的目的，其他測驗則認定誠信與追求刺激、不順從及低盡責性有關。有些測驗長年被用來篩選出不適合的求職者、調查員工的犯罪紀錄、審查考慮加薪或升遷的員工，或是評估組織內員工的道德信仰。最常使用誠信測驗的是監督級人員，尤其是零售業或金融業者。

「誠實」篩選

一個有興趣舉辦「誠實」篩選的雇主，可以考慮以下幾種選擇：

1. **測謊器**：早期的機型檢測的是血壓、脈搏、汗腺活動與呼吸，較新的機型檢測的是腦部放電或聲紋。如今，測謊器的有效性被高度質疑，許多人認為要誘導出準確的供述，仰賴的是測驗者的技術，而不是受測者的性格。
2. **審核**：又稱為人事查核或背景調查。主要是檢查申請者所說或寫的自我供述或工作經歷、教育背景、得獎紀錄等等。
3. **藥物檢測**：採集尿液及血液樣本既有效又合法，但有些公司因擔心被控告侵犯隱私而選擇不這麼做。此外，這些檢測也經常無法篩出未來可能染上毒癮的人。

4.求職申請表／傳記式資料研究：這種方法透過回顧過往，比對誠實與不誠實的員工之間的差異，以找出未來可能出現問題的跡象。

5.誠信面試：通常只是結構較嚴謹的面試，目的是觀察提高音調、口誤、頻繁眨眼、嚥口水、急促呼吸，以及皮笑肉不笑等，口語、嗓音與非語言性的說謊跡象。這需要相當程度的專業能力，面試官在這種面試中沒有多少效用。

6.性格測驗與評估：這個方法可能採多種形式，例如幾乎無法證明有效的圖形分析，以及要求受測者針對圖片說出想像的故事，並投射出其性格動機的投射測驗（projective tests）等，但許多人還是認為它非常可靠，尤其是用來評估道德觀與盡責性。

近年對誠信測驗的看法是？

第一，大多數人同意這些測驗當然有效，在許多分野都有助於避免各種問題發生。

第二，光靠測驗並不足以避免偷竊、不誠實或怠工，因為（除了不誠實的人之外）還有許多因素會導致這些事情發生。這些測驗不過是解決方法的一部分。

第三，誠信測驗可以被用來檢測長期保持穩定的性格特質，但無法確定是哪些特質。也就是說，誠信被視為一種特徵。

第四，由於某些測驗規範及標準，測驗者會向受測者鉅細靡遺地說明測驗目的，但這些說明被不誠實或有意隱瞞的人聽到並不妥當。

第五，測驗得分被使用及標記的方式，可能產生法律問題。這些分數將人分類成及格／不及格、中度危險或高度危險。這些評等被使用或記錄的方式，可能導致昂貴的法律訴訟，尤其在已開發國家。

第六，誠信測驗被用來「剔除」而不是「選人」。它們的設計目的是幫助過濾掉高風險的求職者，而不是找出天使。

◆參考文獻

Bennett, R., & Robinson, S. (2000). Development of a measure of workplace deviance. *Journal of Applied Psychology,* 85, 349–60.

Griffin, R., & Lopez, Y. (2005). 'Bad Behaviour' in Organizations. *Journal of Management,* 31, 988–1005.

Ones, D., & Viswesvaran, C. (1998). Integrity testing in organizations. In R. Griffin, A. O'Leary-Kelly and J. Collins (Eds). *Dysfunctional behaviour in organizations.* Vol 23B. Greenwich, CT: JA Press.

Robinson, S., & Bennett, R. (1997). A typology of deviant workplace behaviours. *Academy of Management Journal,* 38, 555–72.

046 幽默、笑話與笑聲：歡笑一籮筐

雙關語的奇妙之處，是它可能只指一件事。

——羅尼・巴克（Ronnie Barker），《趣味醬料》（*Sauce*），一九七七

開玩笑是一種自白。

——義大利俗諺

對笑話的品味不同，在感情上來說是個巨大的壓力。

——喬治・艾略特（George Eliot），《丹尼爾・戴蘭達》（*Daniel Deronda*），一八五〇

一個人的幽默感能讓我們了解他多少？為什麼有些笑話好笑，有些則否？幽默對社會有什麼功用？幽默會擴散嗎？為什麼有些笑話在某些國家被認為好笑，在其他國家則否？是不是得感覺自己高對方一等才能嘲笑對方？視覺幽默和語言幽默是不是有所差異？

有些人靠幽默賺錢。據說許多成功的喜劇演員患有躁鬱症，唯有在發作時表現得最好，是真的嗎？這些都是重要但尚待研究的問題。

打從佛洛伊德起，心理學家對大家覺得哪些事好笑、為什麼好笑，一直很感興趣。一如許多日常活動，研究幽默似乎也能對一窺人類心理提供強而有力的洞見。

對心理學家而言，最重要的問題是「哪些事會讓哪些人覺得好笑？為什麼？」。他們研究了與他人一起笑，以及嘲笑他人的差異。有些人對後者尤其敏感，而這會造成他們極大的痛苦。

先來談談歷史：humor（幽默）這個詞源自拉丁語“umor”，原意是「液體」，也就是體液、血液、黏液、黃膽汁和黑膽汁。如今，我們把機智幽默視為天賦，讓他人發笑也是一種才能。

佛洛伊德對幽默及它所揭露的潛意識非常感興趣。他好奇：為什麼我們特別喜歡與性和暴力有關的幽默？從對笑話的偏好可以學到多少人格動力學（personality dynamics，編註：研究個體行為的內在動機）？如何解釋不同類型的幽默，例如：言語笑話、肢體喜劇、哲學觀點？為什麼笑能讓人感到如此愉快？

他的結論是，許多種笑話可以釋放受壓抑的情緒及驅力。他界定出兩種關鍵型式：與性驅力及攻擊驅力有關的詼諧有關的黃色笑話。他堅稱，這些驅力通常受我們的超我或良心（審查）所控制。因此，一個笑話必須能釋放心理能量才會成功。驅力的釋放也能造成那些遭壓抑的能量釋放，而這種釋放以笑表現出來。

大多數笑話技巧本身就很令人愉快，允許幼稚、非理性的邏輯。它們可能是不為人所接受的性衝動或攻擊衝動，以社會所能接受的方式表達的成果。它們是掙脫壓抑的表現。因此，一直有人注意到笑話展現「人類心中反抗道德的聲音」。

研究這個領域的心理學家提出許多可檢驗的假說：

- 覺得攻擊性笑話好笑的，可能是平時攻擊性受到壓抑的人。
- 覺得黃色笑話好笑的人，就是平時性壓抑的人。
- 心理病態人格者不為笑話所動，因為他們沒有以這種方式擺脫壓抑的需求。
- 由於大多數的笑話都帶有敵意，代表笑話可能具有強大的潛意識攻擊性。
- 缺乏笑話會導致做夢及／或衝動行為的增加。

幽默可能有許多社交功能。它可能有助於製造某種激發創意的嬉戲感，可以提振士氣並凝聚團隊，對於沉悶的會議等社交性活動有所助益。它可以化解衝突，在可容許大家不失顏面的情況下打開對話窗口，並鼓勵大家說出難以啟齒的微妙細節。它可以幫助大家迅速串連並建立友好關係，在客戶服務的情況下尤其重要。

幽默的類型

那些對幽默分類感興趣的心理學家，發現了無論是視覺幽默或語言幽默，都有不同類型的笑話和故事被認為很有趣，以下是四種不同的類別。

- **無厘頭幽默**：不論是笑話、無厘頭的故事，還是漫畫，都得靠雙關語，或不協調又不合理的情境才能產生效果。
- **諷刺性幽默**：因試圖揶揄或嘲笑某些特定人物、團體、組織或機構，而引人發噱的笑話或故事。
- **攻擊性幽默**：僅對某種類型的人有效，其中可能包含（尤其在漫畫裡）暴力、折磨、虐待的畫面或言語侮辱。
- **黃色幽默**：當然是巧妙或露骨的黃色笑話，有些很粗鄙，有些很低俗，視你的品味而定。

社會影響

許多證據證明笑聲與幽默具有社交性的感染力，當我們聽到其他人，尤其是朋友大笑或發笑，自己很可能也會跟著笑。認為朋友也在看著同樣好笑的事物時，我們也會笑。這足以印證「笑聲是社會中介」的概念是正確的。沒錯，愈來愈多證據顯示，男人是最能引人發噱的開心果，男性會受到被自己逗笑的女性吸引，女性也會受到能逗她們笑的男性吸引。

這種有力的證據成為使用「罐頭笑聲」的基礎，也就是利用笑聲的社會性質引誘觀眾哄堂大笑。罐頭笑聲是一種非現場音效，通常錄自真正觀眾的笑聲，被用來穿插在喜劇表演及電視情境喜劇的片段之間。大家之所以會在罐頭笑聲的誘導下大笑，是因為其他觀眾的笑聲會在某種程度上變成暗示這段內容真的很幽默的「社會證據」，藉此誘發出一種不經思考就附和的從眾心理。

幽默能賺錢嗎？

幽默是廣告常利用的手段，大約十五％到四〇％的電視廣告含有某種程度的幽默內容。一直有人主張幽默的廣告能加強諸如廣告吸引力／歡樂等情感反應，以及對廣告本身及所推銷之品牌的好感。

幽默的廣告被認為較具說服力，因為它們能分散觀眾的注意力。許多研究發現，幽默的廣告與觀眾的記憶及好感度，有著明顯的正向關係。有情緒、內容幽默的廣告，比較容易被記住，也比較能讓觀眾產生正向聯想。雖然這仍得視廣告所推銷的產品或服務性質、幽默類型與風格，以及觀眾的屬性而定，但既然有這麼多引人發噱的廣告，代表行銷人員有足夠的證據證明幽默是有效的。

◆參考文獻

Furnham, A., Gunter, B., & Walsh, D. (1998). Effects of programme context on memory of humorous television commercials. *Applied Cognitive Psychology,* 12 (6), 555–67.

Raskin, V., & Ruch, W. (2008). *The Primer of Humour Research.* New York: Mouton de Gruyter.

Wanzer, M.B., Booth-Butterfield, M., & Booth-Butterfield, S. (1996). Are funny people more popular? An examination of humor orientation, loneliness, and social attraction. *Communication Quarterly,* 44, 42–52.

047 印象管理與自我呈現：裝乖的心理學

只有膚淺的人才不會以貌取人。

——奧斯卡．王爾德，《格雷的畫像》，一八八〇

外表不可信。

——薛禮登（Richard Sheridan），《造謠學校》（*The School for Scandal*），一八〇〇

表象不是追蹤真理的線索，然而我們似乎毫無選擇。

——康普頓－柏內特夫人（Ivy Compton-Burnett），《男僕與女僕》（*Manservant and Maidservant*），一九四七

有些人主張心理測驗完全是浪費時間，因為每個人都會「裝乖」，在面試中可能也是如此。這通常被稱為「印象管理」，主要是指將自己包裝成氣質非常正向（而且並非總是真的），其實

這形同撤謊或隱瞞事實。

測驗設計者以各種方法挑出偽裝者與說謊者，其中一種就是單純地告訴大家要誠實作答，第二種就是在問題中置入測謊表，例如，「飯前是否一定會洗手？」或「與人約定有遲到過嗎？」一旦受測者的分數超過某個門檻，就會被視為說謊並被排除。第三種方法就是先要求一些人說謊、裝乖，藉此獲得一個說謊者的樣板。如果受測者的得分也符合這個樣板，就可以用來驗證進一步的調查。第四種是使用自比性（ipsative）測驗，受測者必須在兩個同樣正面的陳述（例如，我經常把工作帶回家做；我總是準時）或負面的陳述（例如，我偷了辦公室的文具；我的索賠表並非都是準確的）之間做出選擇。

有些人習於自我欺騙及撤謊，因為他們缺乏自覺。

研究選擇的專家麥克斯．埃格特（Max Eggert）主張謊言可以被分為許多類型，這些類型可以被當作篩選面試者的清單。

- **善意的謊言**（White Lies）：這類謊言常出現在某些履歷的「吹噓」文句中。例如：「我擁有絕佳的團隊精神。」「我擁有高度社交技巧與識人能力。」「我非常可靠且極度忠誠。」
- **利他性謊言**（Altruistic Lies）：這是一種為了幫助他人而掩飾真相的謊言。例如：不直接說出自己離開上一份工作是因為經理是惡霸或公司公然耍詐，而是謊稱自己想接受新的挑戰。

- **避重就輕的謊言**（Lies of Omission）：有些人可能會略過高中或大學成績的某些細節，因為他們在這方面的成績不佳，或是不敢將人生某些階段交代清楚。
- **防衛性謊言**（Defensive Lies）：透過概化或詭辯來隱瞞事實的謊言。例如，向某人詢問上一份工作中前上司的管理風格、離職理由或健康紀錄時，經常會得到一連串含糊其辭的回答，例如「和公司裡的其他人一樣」、「和我的同事差不多」、「當時的情況不一樣」。
- **假冒性謊言**（Impersonation Lies）：或稱轉移性謊言（transfer lie），通常出現在搶他人之功時。
- **嵌入性謊言**（Embedded Lies）：這是一種用來混淆面試官的狡猾託辭，通常是提及一些大幅度背離現實的經驗、資格或成就。「和BBC／CNN合作非常愉快」可能代表「我曾經當過他們節目的現場觀眾」，也可能代表「他們曾經到我們學校拍攝節目」。
- **分類誤差或事實錯誤**（Errors of commission or fact）：露骨但可驗證的虛假陳述。例如，宣稱自己擁有某種沒拿到的證照、曾創辦或任職於某家從未存在的公司、擁有某些其實沒有的技能。這是最明目張膽的謊言類型。
- **定義性謊言**（Definition Lies）：利用看似明確其實模糊的定義，謊稱不論是為了什麼意圖和目的，自己說的都是事實。
- **代理人謊言**（Proxy Lies）：利用他人為自己說謊。通常是利用仲裁人，但也可能是前任老師。他們可能巧妙地利用前雇主的模糊記憶、虛榮心或其他賄賂手段，說服對方替自己打迷糊仗。

在面試中說謊通常是份苦差事。說謊是困難且費力的，因為你必須同時做許多事：

1. 必須把故事說對，必須巧舌如簧，而且不得與所有眾所周知的事實（不論是否有提及）有任何牴觸。
2. 必須把故事記得一清二楚，一再反覆陳述（而且很可能會被記錄下來）時才不會出現任何不一致。
3. 必須仔細觀察面試官，確保他們吞下誘餌。
4. 必須熟背劇本把戲演好，展現的情緒必須與情節相符。
5. 除了把劇本背熟，還得壓抑對真相的記憶。

所以，必須具備記性、演技、情緒智商及積極態度，才可能將一個複雜的謊言重複述說也不會穿幫。

專家建議可以利用以下方法篩檢出謊言：

1. **要求面試者把故事倒過來說**：這種敘述方式有點難度，但假如故事不是捏造的就會容易得多。說謊者不會永遠把時序整理得很完整，在這種情況下很快就會露出馬腳。
2. **在陳述過程中與面試者保持目光接觸**：說謊者必須專注思考。在有目光接觸的情況下，回想自己羅織的謊言將會非常困難。

3. **提出讓對方意料之外的問題：**說謊者很怕說出「我想不起來／不記得／不知道」，因為這會讓自己顯得很可疑，所以他們學會在難以回答時以似是而非的話做回覆。多次提出意料之外的問題，從回答中找出這類跡象。
4. **魔鬼代言人：**許多謊言與意見或信仰有關。精明的說謊者隨時都能說出清楚的意識形態立場，因此可以要求他們當魔鬼代言人，針對某個議題誠實地提出意見。說謊者在這種時候會比誠實的人更迅速反應，並提出更豐富、更複雜的回答。
5. **策略性提問：**大多數說謊者需要迴避及否定。他們需要動用許多策略以避免承認或敘述真相，其中也需要用到否定策略。誠實者比較多話，擔心面試官不知道自己的所有過往；內疚者則因害怕被揭穿定罪而比較寡言。因此，聰明的面試官會先提出開放性問題，再提出封閉性的問題。在這種情況下，清白者比較容易臨場說出實話，而不是謊言。

◆**參考文獻**

Eggert, M. (2007). *The Perfect Interview.* London: Random House.

Ekman, P. (1985). *Telling Lies.* New York: W. W. Norton

048

衝動性與延遲滿足：我現在就要！

拖延就是浪費時間。

——愛德華．楊（Edward Young），《夜思》（*Night Thoughts*），一七四二

要是花時間推敲如何開始做一件事，那麼真正開始時可能已經太遲了。

——金泰蘭（Quintellan），《演講學院》（*Institutotio Oratorio*），西元三五至一〇〇年

快樂是一種罪，有時，罪也是一種快樂。

——拜倫勳爵，《唐璜》，一八一〇

想想以下十則是否和你自己相符：

- 我常常不經思考就開始做事。

- 我不是很嚴謹的人
- 我通常很快就做出決定。
- 我通常會尋找新的體驗，追求感官的刺激。
- 我是個非常幸運的人。
- 我能很快地把內心所想的用言語表達出來。
- 我承認經常開始做一件事沒多久就失去興趣。
- 我對等待很沒有耐性。
- 我既不喜歡也不擅長做商務規畫。
- 我不是個習慣慢慢考慮才做決定的人。

如果你符合七則以上，大概就屬於衝動性人格，代表你做事速度快，但有失精準。衝動性的人通常比較穩定且擅長社交，但不會一絲不苟。他們偏好「爆發型」而不是「耐力型」的運動，較容易發生車禍及違規。

衝動性（impulsivity）是一種任性行事的傾向，做事前極少甚至完全不做規畫、省思，更重要的是幾乎不考慮後果。衝動性的行動是缺乏情緒管理的徵象，通常可分成兩個部分：第一，行事前不做任何深思熟慮，第二，只著眼於短期利益而非長期利益。

衝動性是人格的一種面向，通常與心理病態傾向（psychoticism）或低盡責性有關，也與注意力不足過動症、物質使用障礙、躁鬱症、反社會人格違常、邊緣性人格違常等精神疾患有關。

神經心理學主張，與衝動性行為有關的腦內區域及遺傳可能也很重要。

更有趣的是，衝動性的人對獎勵性的提示極為敏感，但令人好奇的是對懲罰性的提示卻很遲頓。這其實代表他們較會受到快速、性感、刺激的獎勵所控制，而不是凶暴的懲罰。衝動性可能受到咖啡因影響，而且在夜間比晝間明顯。

功能性及失能性衝動

若衝動的情況屬於功能性，會有一些好處。功能性（也就是好的）衝動的人懂得迅速掌握突如其來的機會，能立刻將心裡的想法以言語表達出來。他們擅長臨機應變，思維也較為敏捷。開朗型的功能性衝動是一種優點，灰暗型的則略遜一籌。

但它們也可能是致命的。這種人需要有人幫忙疏導過度的熱情，考量後果，事前計畫，並在面對失敗或挫折時，鼓勵他們堅持下去。衝動性的人需要控制機制來調節一頭熱與對獎勵的熱愛，這些機制可能潛藏在他們人格的某些部分。因此，衝動性的人個性愈開朗愈好，因為他們就愈能妥善地預想結果、估計情勢；而且愈容易焦慮（當然只能在合理範圍內）愈好，因為這有助於調節衝動性的人常有的冒險及魯莽性格。

失能性衝動的人遲早會闖禍。這些人一想到什麼，不多思考就脫口而出。他們會在未檢查能否赴約的情況下與人相約，買東西前也不會考慮自己是否負擔得起。他們在投入某件事之前，從不檢討可行性、意義及優缺點，也不喜歡謹慎的推敲。

由此可見，衝動性有好有壞。開朗型的衝動性在產品瞬息萬變的產業裡是一個優點。一如人類的各種性格，衝動性通常呈現鐘形曲線分布。多數人都具有中度的衝動性，因此絕不是某些人有、其他人無。位居衝動性光譜的高點有優點，也有缺點。勇於冒險、積極、熱情的衝動性，能為所有團體帶來動能。但混亂、拒絕分析、不做計畫的衝動性，則可能導致任何精心策畫的計畫付諸流水。

◆參考文獻

Mischel, W. (2014). *The Marshmallow test: Mastering self-control.* New York, NY, US: Little, Brown and Co.

Steel, P. (2007). The nature of procrastination. *Psychological Bulletin, 133,* 65–94.

Tobin, R.M., & Graziano, W.G. (2010). Delay of gratification: A review of fifty years of regulation research. In R.H. Hoyle (Ed.), *Handbook of personality and self-regulation* (pp. 47–63). Hoboken: Wiley-Blackwell.

049 墨跡測驗與投射技法：漂亮圖片的心理學

如果受測者看到任何測驗中的墨跡都形容這只是個墨跡，就應該被視為防衛性反應。

——克萊恩（P. Kline），一九九三

簡言之，受測者的反應並沒有單一、統一的意涵；一切都是相對性的，而且要解讀就需要相當程度的訓練與經驗。

——斐瑞斯（E.J. Phares），一九八四

一直有人質疑以面試或問卷獲得他人相關資料的方法，**不能**而非**不會**告訴你某些問題的答案。什麼能真正激勵你？你有多具攻擊性或多利他？你有多渴望權力？童年對你造成什麼影響？並不是他人不會回答這些問題，而是沒有誠實回答這些問題的洞見或語言。

投射測驗有以下幾種類型：

1.墨跡或抽象圖形

將墨水滴到一張紙的中央，再將紙對摺，要求受測者觀察圖案作答。一位瑞士心理學家曾設計出多種有名的版本，最廣為人知的就是十張印有一半彩色、一半黑白對稱墨跡的卡片。測驗者一次發給受測者一張卡，要求他們陳述從墨跡中看到了什麼，並一再重複這個過程。測驗者記錄下受測者的陳述內容、檢視每張卡所花的時間、持卡時哪一頭向上哪一頭向下等等。不同的專家體系有不同的計分法，但目標都是對受測者進行診斷，或勾勒出其人格的輪廓。

2.語句完成測驗

完成以下類型的句子：「真希望我從來沒有……」「我最大的恐懼是……」「我對……感到驕傲」，或許這類測驗中最有名的就是「我……」，你可以回答「我今年二十二歲」、「我是穆斯林」、「我覺得生活很無聊」、「我有雄心壯志」，而這類測驗的目的就是分析回答中的意涵。

3.自由畫圖

要求受測者，尤其是較少受成人抑制的兒童，畫出他們所熟悉的人或物，並從畫中的大小、態度及表現方式，判斷他們對這些人物的真正看法。其中一項是提供許多不同形狀的塑膠片，要求受測者拼貼，並對作品中的顏色（藍與黑代表憂鬱）或形狀加以解讀。

4.物體

要求受測者玩弄或操控對自己有特別意義的物體。

主題統覺測驗（thematic apperception test）

這可能是最廣為人知也最廣泛被使用的投射測驗，也稱為「圖形解讀技法」，作法是要求受測者針對二十張左右具啟發性但意義模糊的圖片說故事。這些圖片如今看來已經非常過時，其中有些頗為知名。

受測者被要求每看到一張圖片，就針對它做出盡可能戲劇性的解讀，包括回答以下問題：是什麼導致了圖中事件的發生？現在發生的是什麼事？圖中人物有什麼感覺和想法？故事的結局是什麼？

答案會被記錄並編碼，以分析受測者的親密需求、權力需求、成就需求等等。

第一張圖是一個小男孩看著一把小提琴。這會讓你想到什麼樣的故事？一個不開心的小男孩被暴君似的媽媽逼著去上小提琴課，但他寧願玩康克戲（conkers，編註：兩位遊戲者使用堅果互相敲擊，敲破對方的堅果就獲得勝利。）？一個傷心的聽障男孩想到他永遠無法聽到小提琴的優美樂聲？一個志得意滿的小男孩比同儕更快學會了一首曲子？

回答完一題，接著回答下一題。所有圖片的背景都明顯不是現代，有些還相當悅目。沒有一張圖是刺激性的，但其中以第十三張最為有趣。一個女人（可能裸身）躺在一張罩有透明布簾的床／沙發上，一個盛裝的男人望向窗外。你會對這個畫面說出什麼樣的故事？你的解讀內容將被專家謹慎分析。

對於在科學領域使用這些測驗，有許多論述周延的反對意見：

第一，它們並不可靠，因為不同的專家或評分者會對數據做出南轅北轍的解讀。有些人認為，如果不同的專家接受過羅夏克墨漬測驗（Rorschach Inkblots）或麥克理蘭主題統覺測驗（McClelland TAT）的完整訓練，每一位提出的答案就會大同小異。如果測驗者對意涵的解讀無法一致，就無法證實測驗的可靠性。

第二，它們是無效的，因為這些分數無法預測任何事。這可能是所有批判中最具毀滅性的一種，雖然也有反對這種批評的聲浪。不過，我們必須承認，並沒有多少優質研究將投射測驗中的數據，連結到現實世界中的重要行為，例如工作上的成功、健康等。簡言之，這批評的主張就是這類測驗並沒有測量它們聲稱在測量的事。

第三，所有差異均為環境背景所造成。受測者的情緒、測驗者的特質，以及測驗的背景，都會對結果產生影響，代表這種測驗只計較一些芝麻蒜皮的小事，而不是注意關鍵性的潛在因素。換句話說，同一個人在不同情況下接受同樣的測驗，可能得到差異極大的結果，代表這類測驗只是在測量情緒狀態，而不是其他深入的東西。

第四，測驗者對這類測驗測量的是什麼並沒有共識，可能是態度、能力、防禦、動機或深層欲望。什麼都做，也等於什麼都沒做。

那麼，為何這些（已經名譽掃地的）測驗還會被沿用至今？會不會只剩下懶惰的記者、偽心理學家或天真的經理人，還在使用這些測驗？為何即使有效性如此受限，許多人還是會使用它？

1. 它們常能導出獨特且耐人尋味的數據，而且比其他方法都便宜、迅速、簡單。
2. 受過訓練且技巧精湛的測驗者，有時似乎能獲得比使用其他測驗或訪談更良好、更可靠，且更深入的發現。
3. 這些數據的豐富性讓其他測驗顯得粗糙無味且枯燥。
4. 它們可以補充並佐證其他發現或想法。

所以在近百年後，依然有心理學家利用墨跡測驗進行人格剖析。

◆參考文獻

Hertz, M. R. (1986). 'Rorschach bound: A 50-Year Memoir'. *Journal of Personality Assessment.* 50 (3): 396–416.

Imuta, K. (2013). 'Drawing a Close to the Use of Human Figure Drawings as a Projective Measure of Intelligence'. *PLoS One.* 8 (3): E58991.

Verma, S. K. (2000). 'Some Popular Misconceptions about Inkblot Techniques'. *Journal of Projective Psychology & Mental Health.* 7, 71–3.

050

智力與智商：你有多聰明？

智力是全宇宙最重要的作者與改變者。

——奧古斯丁（St Augustine），《懺悔錄》（*Confessions*）

智力就是迅速理解的特殊能力，也是聰明地對已經理解的事採取行動的能力。

——懷海德（A.N. Whitehead），《對話錄》（*Dialogues*），一九三〇

判斷、理解、解釋，就是智力的主要活動。

——阿爾弗雷德・比奈（Alfred Binet）、西奧多・西蒙（Théodore Simon），《弱智者的智慧》（*The Intelligence of the Feeble Minded*），一九一六

智力其實是一種品味，即對思想的品味。

——桑塔格（Susan Sontag），《反詮釋》（*Against Interpretation*），一九六六

智力測驗在心理學領域有著毀譽參半的歷史，但一個世紀以來，在許多國家的各項領域中，有不少學者都證實了從健康、快樂、財富到幸福，智力在各行各樣都有著無孔不入的影響。它是差異心理學家的基本建構元件。簡言之，它在心理學中被視為測量個人差異時，是最簡單、最可信、最可靠、最有效的變數。

近十年至二十年，許多研究嘗試將智力的概念加以擴展，以設計出更有效且更可接受的測驗、謹慎觀察群體（性別、族裔）差異，並為測驗的預測效度找出無可辯駁的證據。一再為人所提及的智力相關基本心理量測問題包括：

- **智力測驗真的可靠嗎？**
  可靠。只有高度焦慮或情境因素導致的動機不足，才會導致再測信度係數（test-retest correlation）低於 r =.90。（編註：r 值愈接近 1，信度愈高。）
- **智商是否終生不變？**
  是的。童年後期做的測驗所驗證的智商，可以合理且精準地預測出五十年後的智商。
- **智力測驗有足夠的有效性嗎？**
  是的。它們能預測學業成就（約 r =.50）、一個人的求學生涯會持續多久（r =.70），以及許多教育、組織及社會變數。

● 智力測驗能預測工作表現及學業成就嗎？
是的。這個問題中的各種注意事項，就是本章的重點。

● 可是多元智能（multiple intelligences）並不存在？
不存在。這並不是指大多數人對某些認知作業非常在行，對其他的卻不行。我們發現，各種（好的）智力測驗的積分，彼此之間有著正面且顯著的關聯，證明大家在各種作業中的表現水平大致上相似。

● 所有智力測驗都一樣好嗎？
不是。開發、改良並完成一個可以全方位測量一個人認知能力的測驗，是相當費力的。

其他問題還包括：環境和遺傳，哪個對形塑智力的影響較大？如何提升智力？

一本備受爭議的智力相關著作——理察・赫恩斯坦（Richard J. Herrnstein）與查爾斯・默里（Charles Murray）在一九九四年出版的《鐘形曲線》（*The Bell Curve*），開啟了一場全球超過五十位智力專家激烈但不見得知識淵博的爭論。這些論點的摘要，就是心理學家對智力看法的清晰聲明。以下是前六個重點：

1. 智力是人人都有的心理能力之一，其中包含解釋、計畫、解決問題、抽象思考、理解複雜思想、快速學習，以及從經驗中學習的能力。不僅限於從書本學習、擅長考試等狹義的學術技能。

2. 根據定義，智力是可測量的，而且智力測驗就是客觀的測量方法。它們是所有心理測驗及評估手段中最準確（就技術性而言）的方法之一。智力測驗無法用於測量創意、個性人格等其他重要的個人差異，因為這並不是它們的目的。

3. 智力測驗有許多種，但所測量的全都是同一種智力。有些使用了需要具備某些文化知識（例如字彙）的文字或數字，有些則使用僅需要簡單的普世共通概念（多／少、開／關、上／下）的形狀或圖形等。

4. 所有人的智力由低到高在光譜上的分布呈鐘形曲線（統計學術語為「常態曲線」）。大多數人聚集在平均處（IQ100），少數不是非常聰明就是非常遲鈍：約有三%的美國人高於IQ130（通常被視為「天賦異稟」的門檻），也有比例大致相同的人低於IQ70（IQ 70–75通常被視為智能障礙的門檻）。

5. 非裔或其他土生土長、說英語的美國人，在智力測驗中的表現並不處於文化劣勢。測驗得分也精準證明，這類美國人不論屬於哪個族裔或社會階層，智商皆符合平均值。英文理解能力較不足的受測者，接受的則是非言語測驗，或其母語版本的測驗。

6. 學界認為，大腦歷程對智力的影響為何，目前依然知之甚少。目前的研究所觀察的，可能就是神經傳遞、葡萄糖（能量）攝取，以及腦電活動的速度等。

弗林效應——我們正變得愈來愈聰明？

由在紐西蘭工作的美國政治學家詹姆斯．弗林（James Flyn）所命名。他在解讀不同年齡層、性別及族裔在智力測驗中的平均得分時，發現了每隔幾年同一群體的得分就會有增加的跡象。簡言之，所有人的得分都是一次比一次高，不知道是因為測驗變簡單了，還是所有人類都變聰明了……甚至可能兩者都有。一九九〇年的高分可能在一九七〇年屬於天才智商，到了二〇一五年就不過是平均智商。

是不是有許多國家和測驗都出現這種現象？是的。許多證據證明，全人類的智商都有「大幅成長」。但最大的問題是，什麼是促成這個成長的原因？弗林不曾質疑過智力測驗的可靠性、有效性及實用性。

對弗林效應的解釋

- **教育**：在大多數國家，每個世代都比上一個世代花更多時間在設施更好的學校裡，強制性的義務教育讓來自不同背景的學童都習慣上課和考試，而智力又與學習有關。因此，隨著教育水平與普及度愈來愈高，智力測驗的分數也會愈來愈高。
- **營養**：如今大家所攝取的營養較為充足，尤其在孩提時期，人口中發生「退化」的機率也因此降低。由於更少人在成長期間營養不足，因此原本智力分布的底層消失，平均智商隨之提升。

- **社會趨勢**：如今大家都更習慣限時測驗及分秒必爭的作業。由於對考試及考題更為適應，整體分數因此較佳。
- **父母介入**：父母為孩子提供了比從前的世代富足的家庭環境，也更關心孩子的教育。他們對孩子的期待變高，在養育方面也介入更深。在家庭小型化的趨勢下，父母投注更多資源在孩子身上，可能也是一個重要因素。
- **社會環境**：世界變得更複雜、更刺激，現代化及新科技讓大家有更多抽象思考的需要，而這正好就是智力測驗所要測量的。

◆參考文獻

Deary, I. (2001). *Intelligence: A very short introduction*. Oxford: Oxford University Press.

Eysenck, H. (1998). *Intelligence: A new look*. London: Transaction Publishers.

Flynn, J. (1987). Massive IQ gains in 14 nations. *Psychological Bulletin*, 101, 171–91.

051 正義：什麼是合理與公正？

正義就是強者的利益。

——柏拉圖（Plato），《理想國》（*The Republic*），西元前四〇〇年

為了維持寬容，我們必須堅守拒絕不寬容的權利。

——卡爾．波普（Karl Popper），《開放社會》（*The Open Society*），一九四五

正義，以及它如何在一個組織中被實踐，幾乎永遠是該組織的企業文化及任務的關鍵。通常心理學文獻較為陳述性（聚焦於知覺及反應），道德心理學報導則較具規範性（明確指示該做哪些事）。不論在哪個領域，正義及公正的相關問題總是在需要討論資源分配時發生。在職場上，公正性的相關討論多半聚焦於薪資，但也可能與拔擢、升遷或授與特權等有關。

四十年來，組織正義（organizational justice）的研究者，針對大家所感知的不公不義對經濟及社會情緒造成的影響，進行了研究。過程中，他們歸納出正義的幾種類型。

1.分配正義	根據公平及權益等隱晦或明確的規範論功行賞。
2.程序正義	職場上所有決策流程中的一致性、準確性、公正性、可修正性及代表性。
3.人際正義	人在正義程序運作下受到的對待方式（例如受尊重、客氣、有尊嚴）。
4.訊息正義	所有正義程序及分配的準確性、時間性及解釋的全面性。
5.報復性正義	試圖針對那些被認為做出不公行為的個人、團體或組織，進行復仇或報復。
6.修復式正義	試圖為受害者及其網絡爭取正義。

還有許多組織正義理論，由於實在太多，萊斯．格林伯格（Leslie S.Greenberg, 1987）曾試圖進行分類。他區隔兩個構面：「預應—反應」（proactive–reactive），以及「內容—過程」（process–content），並依此建構出四種理論：「反應—內容」（員工對不公平的薪資產生什麼樣的反應）、「預應—內容」（員工如何嘗試爭取薪資平等）、「反應—過程」（員工對不公平的政策或法律程序產生什麼樣的反應），以及「預應—過程」（員工如何嘗試建立公正的政策或程序）。

1.分配正義：分配正義關心的是正義決策的公正性。有人主張獎賞與付出必須合乎比例，而淨回報與投資也必須合乎比例。問題是，自己該和**誰**比較？要依據工作上的哪些**標準**？而且應該比較**多久**？大多數員工似乎都能分辨不理想的報酬（不如預期）與不公平的報酬。而大家對不公平的反應，顯然比不理想的來得強烈。

2. **程序正義**：程序正義關心的是社會正義決策的過程，而不是結果。重視的是決策過程是否公正，以及每個組織做出這些決策的程序及過程是否妥當。程序正義的評估，依靠的是互動發生時的環境脈絡，以及肇事者及受害者所受到的待遇。

3. **人際正義**：每一位員工都關心人際正義，也就是自己在決策者手中所受到的人際對待的品質，其中有兩個重要特徵：**社會敏感度**，或大家感覺自己被尊重的程度，以及**訊息正義**，或大家覺得自己擁有足夠訊息，可以理解對自己有所影響的決策。

不過，**特權型**員工（the entitled）相信自己有權享有其他人完全、持續且無條件的支援。他們喜歡利用，也喜歡操弄他人。他們利用個人魅力、發脾氣、恐嚇或吸引大家注意，來達到自己的目的。他們似乎隨時擔心自己得不到更多。**仁者型**員工（the benevolent）希望能產出更多、做得更好，這一點在受薪工作中尤其顯著。不論報酬的公正性是高或低，他們總是貫徹始終、鮮少曠職、流動率也低。特權型員工剛好相反，如果無法保證獲得高報酬，曠職率與流動率就會偏高。也有證據證明，仁者型員工與特權型員工對工作報酬的定義南轅北轍，因此被指派從事「有挑戰性的工作」，對仁者型員工而言可能是個特權，對特權型員工卻是個壓力來源。

職場上的修復式正義與報復性正義

「修復式正義」已經成為一個廣為人知的概念，原本是用來教育受刑人學會面對自己犯行的受害者，如今常用來比較處理犯罪、青少年犯罪及行為偏差所使用的兩種截然不同的方法，在學校或職場環境中皆有效。這兩種方法就是「修復式正義」與「報復性正義」。

修復式正義視「違規行為」為犯法，是以慣例為基礎的規則；報復性正義則是從另一個方向影響其他人。修復式正義聚焦於受害者及觸法者的需求，而不是只關心法律原則、計算他人或某些犯行該如何量刑，遵循的是一套截然不同的程序。

報復性正義則聚焦於譴責或罪惡感，通常是透過某些對抗性的程序。大家相信，控辯雙方所提出的證據可以還原出誰在何時做了什麼，或許還能還原為什麼要這麼做。這種模式的正義可能對正當程序相當在意：它會審慎且公開地觀察程序，以確保正義得以伸張。這種模式著重大腦而不在乎心，對於敘述及解釋的爭論或衝突，被視為抽象、缺乏人味、邏輯性。

修復式正義牽涉到更多人，通常是受犯罪行為影響的人，也就是「受害者」，以及其朋友、親人，甚至是目擊者。它的目的是雙向的：表達同情，更重要的是嘗試解決問題以避免悲劇重演。主要目標是對受害者提供完善的協助、幫助違法者重返社會，讓他們學會為自己的犯行負責，並打造一個健康的社區，以避免耗費更多傳統司法正義的成本。

報復性正義的目標是以某種懲罰，例如對加害者加諸痛苦、排除、開除等方式來尋求公正。修復性模式的目的，則是透過和解來補償財產及傷痛，後者通常與感情生活、尊嚴及感覺有關，著重的並非該以多少痛苦懲罰加害者，而是受害者感受到多少痛苦。它關心的不是加害者該為自己的犯行承受多少痛苦，而是如何彌補加害者對他人所造成的破壞、傷害或損傷。

◆參考文獻

Adams, J. (1965) Inequity in social exchange. In L. Berkowitz (Ed.) *Advances in Experimental Social Psychology*, (vol 2 pp. 267–99). New York: Academic Press.

Furnham, A. (2003). Belief in a just world. *Personality and Individual Differences, 34*, 795–817.

Greenberg, J. (2001) Setting the justice agenda: Seven unanswered questions about 'what, why and how'. *Journal of Vocational Behaviour, 58,* 210–19.

052

領導力：為什麼有這麼多人失敗？

……成功的領導者能敏銳地感覺到潛在觀眾的願望。

——霍華德・嘉納（Howard Gardner），《領導智慧》（*Leading Minds*），一九九六

領導者擁有讓從眾寄望於他的能力。

——金白爾・楊（Kimball Young），《社會心理學》（*Social Psychology*），一九四五

領導的藝術是說不，不是說好。好是非常容易說的。

——東尼・布萊爾（Tony Blair），《週日郵報》（*Mail on Sunday*），一九九四

有超過七萬本英文書籍的書名上有「領導」這個字詞，其中有許多介紹如何成為成功領導者的各種「祕訣」，但是大部分根本無效。如今，許多人對黑暗領導學，以及為何有這麼多領導者以失敗或脫軌告終感興趣，關於這方面的文獻日益重要且與日俱增，有三個令許多人驚訝、違反直覺的理由。

1. 以失敗或脫軌告終的領導者相當多。數十項研究所搜集的數據顯示，失敗率可能高達五〇%。證明各種形式的失敗就和成功同樣尋常。
2. 他們的失敗與脫軌令許多人感到震驚，因為這些領導者通常都被視為抱負遠大、才幹過人的人生勝利組。最常脫軌的，往往都是因某方面的才幹脫穎而出、備受讚賞的人（Furnham, 2014）。為什麼高度成功、在精挑細選中出頭的領導者，會失敗或脫軌呢？
3. 他們失敗的原因不僅限於人格缺陷或精神疾病，可能還有兩種因素：第一是組織文化及程序放任失敗發生，甚至為失敗播下種子。第二是員工或追隨者隨時準備追隨並聽命於脫軌領導者。因此，切勿將一切歸咎於人格缺陷與精神疾病兩種解釋，而忽略了另外兩種因素。生火需要熱能、氧氣及燃料，領導脫軌則需要人格缺陷與精神疾病，以及忠誠的追隨者與管理不良的企業文化。

亞臨床或陰暗面的解釋

為了解釋領導脫軌及失敗，領導學研究者將焦點從「人格特質」轉移到「人格違常」。人格違常在缺乏彈性、適應不良、固執，以及造成明顯功能障礙或主觀苦惱時，是可以診斷出來的。區別「個人風格」與「人格違常」最重要的方法之一，就是彈性。缺乏彈性、具重複性，以及壓力因應的反應不良，就是人格違常的徵象。

人格違常也會影響自我感覺（sense of self），這是指人對自己，以及其他人如何看待自己的想法與看法。這類違常常會影響到職場上的人際關係。

具有臨床或亞臨床人格違常的人，比較難表達及理解情緒。在表達上的強度及多變性，就是讓他們顯得奇怪的原因。更重要的是，他們在自我控制方面經常嚴重失調。

霍根（Hogan）創立了知名的霍根人格發展調查（Hogan Development Survey, HDS），在陰暗面研究的文獻中占有主導地位。霍根人格發展調查是一種脈絡化的測量方式，目的是定義會影響工作表現的失能行為。

《精神疾病診斷準則手冊》第四版與霍根人格發展調查

《精神疾病診斷準則手冊》分類	概要	特徵問題	等級	霍根人格發展調查症狀概要
邊緣性人格違常（Borderline）	易怒；人際關係隨理想化與貶抑，時而親暱，時而不穩定。	人際關係不穩定	易怒	喜怒無常且難以伺候；對他人、工作、任何事物的興趣強烈，但難以持久。
妄想性人格違常（Paranoid）	不信任且懷疑他人；認為他人做任何事都不懷好意。	好辯	懷疑論者	憤世嫉俗，不信任且懷疑他人別有動機。
迴避性人格違常（Avoidant）	社交抑制；感覺自己不如人，對批評或拒絕極度敏感。	害怕失敗	小心謹慎	害怕被拒絕或得到負面評價而不願冒險。
類分裂性人格違常（Schizoid）	情緒冷漠，對人際關係沒有興趣，對讚美及批評無感。	對人際關係不敏感	內向拘謹	冷漠、疏離、寡言少語；對其他人的感覺毫無興趣或毫不敏感。

被動攻擊型人格違常（Passive-Aggressive）	消極抵抗社交或職業活動；被要求做他／她不想做的事時，會惱羞成怒。	具被動攻擊性	從容	孤立獨行；對其他人的要求無視，若對方持續堅持就會惱羞成怒、激烈爭辯。
自戀型人格違常（Narcissistic）	行為或態度自大傲慢；認為自己極度重要、應享有特權。	自大	大膽	通常自視甚高；自認偉大且享有特權；對自己的能力過度自信。
反社會人格違常（Antisocial）	漠視現實；容易衝動且無法做事前規畫；不願服從社會規範。	不可靠	淘氣調皮	享受冒險、挑戰極限；追求刺激；個性狡詐，習於操弄、欺騙、利用他人。
做作型人格違常（Histrionic）	過度情緒化並尋求他人關注；裝腔作勢、戲劇化且誇張的情緒展現。	尋求他人關注	多采多姿	表達性強、誇張且戲劇化；渴望博取關注且成為眾人注意的焦點。
分裂病性人格違常（Schizotypal）	怪異的信念或神奇的想法；怪異、古怪或奇特的行為或言語。	缺乏常識	想像力豐富	富創意但有些怪異或不正常的行為或思想。

《精神疾病診斷準則手冊》分類	概要	特徵問題	等級	霍根人格發展調查症狀概要
強迫性人格違常（Obsessive-Compulsive）	對秩序、規則、完美及控制極度堅持；過度一絲不苟且缺乏彈性。	完美主義	用功勤奮	細膩、精準、追求完美；對規則及程序缺乏彈性，對他人的表現不滿意。
依賴性人格違常（Dependent）	少了大量的建議及保證就連日常小事都無法決定；因害怕失去支持或肯定而不敢提出異議。	依賴性	盡忠職守	亟欲討好並依附他人以獲得支持或指導；不願獨立行動或反對主流意見。

不難想見，與脫軌最有關的兩種黑暗人格就是心理病態與自戀。

他們為何被選中？

第一，選擇有「編入」及「排除」兩種：既選擇需要的，也會選擇不需要的。選擇時沒做好「排除」，就會把可能脫軌的人也選了進去。被「排除」的條件通常是「不符合被編入的條件」，而不是基於其他理由。

第二，在選擇特定能力或特質（團隊精神、創新性）時，通常是愈多愈好（線性度），而不採謹慎的曲線性判斷。這會造成評分偏高。就某方面來說，在健康能力上得到極高評分，也可能是脫軌的潛在徵兆。一個人被評定為團隊精神極佳，也可能代表他習慣躲在團隊的保護傘下，依賴性高而獨立性低。

第三，分析顯示，對象屬於失敗且脫軌的領導者時，會在他們早期的傳記中發現許多預測未來終將失敗的跡象。事後回顧，就會在他們的人格特質中發現注定領導脫軌的指標。

第四，參考資料似乎不可靠時，以結構精細的面試詢問熟識對象的人，便能迅速獲得與對象相關的中肯情報，例如以下三大關鍵指標。

三大關鍵指標

以心理學及精神科理論為基礎的現代文獻顯示，有三種基本指標可預測出所有的領導脫軌（以及所有人格違常）。這些指標在不使用問卷的面試中，可以視為簡單有效的清單。

- **人際關係：**此人是否能與所有類型的他人建立並維持健康、快樂、長期性的人際關係？
- **自我覺察：**此人對自己是否有足夠的自覺？
- **適應能力**、**學習與轉變：**在職業生涯的各種時期，大家都需要學會放棄陳舊、奇怪、無效的臆測及信仰，並學習新的技術與思想。

◆參考文獻

Babiak, P., & Hare, R. (2006). *Snakes in Suits.* New York, NY: Regan Books.

Dotlich, D. & Cairo, P. (2003). *Why CEOs fail.* New York: Jossey Bass.

Furnham, A. (2014). *Bullies and Bastards.* London: Bloomsbury.

Hogan, R. (2007). *Personality and the fate of organizations*. Mahwah, NJ: Lawrence Erlbaum.

Judge, T.A., Piccolo, R.F., & Kosalka, T. (2009). The bright and dark sides of leader traits: A review and theoretical extension of the leader trait paradigm. *The Leadership Quarterly, 20,* 855–75.

053 說謊與欺騙

真相惡意講，尤過千般謊。

——威廉・布萊克，《天真的預言》（*Auguries of Innocence*），一八〇〇

噢，我們起初為了欺騙所羅織的謊言之網，是多麼地糾結。

——華特・史考特（Walter Scott），《馬米昂》（*Marmion*），一八一〇

有時一點迷糊勝過大量解釋。

——薩基／赫克托・休・芒羅，《方蛋》（*The Square Egg*），一八九五

騙子經常會露餡，雖然他們多半會努力掩飾自己的動機，但要同時控制措辭、嗓音、表情與肢體動作是有難度的，而嗓音和表情常會暴露出說謊的跡象。

英國樸茨茅斯大學（Portsmouth University）教授阿爾德特・弗瑞（Aldert Vrij）定義出以下

十七種與說謊有直接關聯的非語言行為：

1. **說話猶豫**：話裡摻雜「啊」、「嗯」、「呃」等。
2. **話語錯誤**：重複說同樣的詞或句、以不同的話說同樣的事、話說一半、口誤等。
3. **聲調**：突然升高或降低。
4. **說話速度**：一段時間內說出的字數出現變化。
5. **說話間隔時間**：問與答之間有一段時間的沉默。
6. **停頓頻率**：言談中頻頻陷入沉默。
7. **停頓時間長短**：言談中沉默時間的長短。
8. **目光**：迴避看向交談對象的臉。
9. **微笑**：在不恰當的場合過度微笑或大笑。
10. **眨眼**：兩眼眨動。
11. **擺弄自己**：搔頭或手腕等等。
12. **附加動作**：以手掌及手臂動作，為言談做修飾或補充。
13. **手掌與手指動作**：手臂不動，但手掌或手指做著無意義的動作。
14. **腿部與腳掌動作**：腳掌與腿部的動作。
15. **頭部動作**：點頭與搖頭。
16. **軀幹動作**：軀幹的動作（通常伴隨頭部動作）。

17. 改變姿勢：變換坐姿（通常伴隨軀幹動作與腿部／腳掌動作）。

他也提出一些非常具體的言語指標，可用來辨識一個人是否在說謊。

- **消極發言**：言談中透露對某一人事物的反感，例如說出否定、輕蔑或展現消極情緒的話。
- **似是而非的回答**：乍聽似乎有道理、可靠、合理，實則不然的回答。
- **無關信息**：牛頭不對馬嘴，且無人詢問就主動回答的信息。
- **過於絕對的言談**：使用「總是」、「絕不」、「沒有人能」、「每個人都」等措辭。
- **自指**：使用「我」、「我的」等指稱自己的措辭。
- **直接的回答**：說切中要點且直截了當的話（例如「我喜歡約翰」就比「我喜歡約翰陪我」直接）。
- **反應時間**：反應時間的長短或所說字句的多寡。

相關領域專家保羅．艾克曼（Paul Ekman）強調，表情可能暴露說謊，也可能幫助圓謊，但同時能為真相提供多樣且微妙的暗示。

艾克曼主張，表情可能隱藏著許多暗示說謊的跡象，包括細微且被壓抑的表情、臉部肌肉所洩漏的蛛絲馬跡、眨眼、瞳孔擴張、流淚、臉紅及發燙、左右不對稱、與時機不符、弄錯地點以及假笑。

從許多地方可以清楚看出對方說謊：

1. **可以看出自主神經系統所釋放的壓力訊號**：淺且不規律的呼吸、鼻子癢喉嚨癢、臉部漲紅且發燙。
2. **大家對自己的腳掌和腿較缺乏自覺**：離臉部愈遠的，愈能讓人接近真相。
3. **姿勢比手勢更容易洩底**：說謊時，姿勢更不自然、更僵硬。
4. **手勢大幅減少**：由於害怕露餡，人說謊時很容易在坐著時把手壓在腿下、交叉雙臂或兩手相扣。
5. **眼神閃爍**：孩童說謊時會望著地面或把視線移開。他們顯得內疚，也不會直視對方的雙眼。

牛津大學心理學家彼得・柯里特（Peter Collett）以「跡象」（tell）的概念，定義了可能洩漏出連當事人自己都不知道的真正想法的信號或行動：

● **偵測跡象**：多數人都相信自己能夠偵測謊言，但事實卻相反。人們因為五個原因而沒能充分掌握這個極為重要的技能。第一，人們喜歡幸福的無知，不願意承認他人說謊。第二，人們將偵測門檻設得很高，但習於懷疑的人可能把此門檻設得極低。第三，習於仰賴直覺與「第六感」的人，在偵測上的表現並沒有優於尋找欺騙跡象的人。第四，人們會忘記所有行為都有多個原因，因此要辨識一個人是否說謊，並沒有單一指標。最後，人們會在不對的地方尋找不對的跡象，例如，會懷疑對方的坐立不安，卻不會懷疑對方的微笑。

- **眼神跡象**：人們都知道各種眼神的意涵，也能控制，但持續地迅速眨眼或動機不尋常的凝視，可能就是說謊的跡象。
- **身體跡象**：和多數人以為的相反，手部動作與坐立不安其實是能以意識控制的，用來當作判斷說謊的基準並不可靠。不過，腿部與腳掌動作及撫摸自己等，其他經常被忽略的動作，則是較佳的指標。
- **鼻子跡象**：摸鼻子的真正意圖是掩住嘴巴。這種「小木偶症狀」可能只是出於焦慮，而且至今仍不清楚人在說謊時是會發生血管收縮（血液停止流向臉部／鼻子），還是血管舒張（血液流向臉部／鼻子）。
- **面具跡象**：人經常會戴上面具（通常是微笑）以遮掩說謊所造成的負面感覺。故作天真或輕鬆的面具似乎最有效。
- **微笑跡象**：經驗豐富的說謊者經常面帶微笑，因為在給其他人正面觀感的同時，也比較不會被懷疑他們在說謊。但許多微笑中其實摻雜著悲傷及虛假。
- **細微跡象**：指一些非常快速、稍縱即逝的細微表情，難以當場察覺，但可從事後觀看停格影像時看出來。
- **說話跡象**：雖然大多數人相信非語言跡象比語言跡象更適合判斷一個人是否說謊，但事實似乎相反。這些跡象包括迂迴話術（以冗長的題外話拐彎抹角），以及概述（粗枝大葉、缺乏細節的敘述）。說謊者被問起時，極少做進一步闡述，但說真話的人會。

重要的是：有些人比其他人更擅長拆穿謊言，受過相關訓練的人可以透過細心觀察許多微妙且具體的行為，偵測到對方在說謊。不過，有時就連專家也會誤將無辜者定罪，反之亦然。

◆參考文獻

Collett, P. (2003). *The Book of Tells*. London: Doubleday.

Ekman, P. (2001). *Telling Lies: Clues to Deceit in the Marketplace, Politics, and Marriage*. 3rd ed. New York: W.W. Norton.

Vrij, A. (2000). *Detecting lies and deceit*. Chichester: John Wiley and Sons.

054 精神健康素養：你會是好的精神科醫師嗎？

瘋狂是一種天真。

——格雷安．葛林，《沉靜的美國人》（*The Quiet American*），一九五五

偏執狂就是完全掌握實情的人。

——威廉．布洛斯（William Burroughs），《週日獨立報》（*Independent on Sunday*），一九九七

你看得出一位同事正飽受憂鬱症折磨，或他罹患的是思覺失調症或心理病態嗎？你能否看出精神疾病的徵兆與症狀？當你相信一位朋友或同事有精神方面的問題時，會建議他怎麼做？簡言之，你對精神疾病是否有足夠的知識及素養？

「精神健康素養」（mental health literacy, MHL）這個名詞誕生於二十年前。它涵蓋辨識特定精神疾患的能力，以及關於病因、風險與醫療手段的知識等。精神健康素養之所以重要，是因為

它能確保早期發現病徵，並鼓勵適當的求助行為。

社會精神病學家在這個領域，相當積極地研究哪些疾病及失調最容易辨識、哪些是最明顯的線索。

考考你自己

閱讀以下五則故事與解答，再回答下列問題：你認為當事者最主要的心理問題是什麼？你認為當事者的症狀有多痛苦？你對於經歷當事者這種心理問題的人，有多少同理心？整體而言，你認為當事者有多快樂、在工作上有多成功、在人際關係上有多滿足？

1. 二十四歲的凱莉最近睡醒時常常難以起床，幾天前在晚餐時突然痛哭，只得離席。對此她並不是太在乎，反正當時也不是很餓。她認為自己的前途一片黯淡，不相信自己進得了任何一間研究所，而且再也找不到一個相愛的對象。

2. 五十歲的泰瑞獨居。多年來除了說「哈囉」或「你好」，和其他人完全沒有言語上的接觸。他讀起報紙一字不漏，而且對許多領域都擁有豐富知識，但就是對周遭的人毫無興趣。他喜歡獨處，覺得與人交談是浪費時間，建立關係也備感尷尬。他是一名保全人員，同事都稱呼他「獨行俠」或「怪咖」。過了一陣子，大家甚至不再注意他或取笑他，反正他對大家的嘲弄毫不在意。他認為自己與他人不同，不懂為何大家會有這麼多情緒。父母過世時他也完全無感，並且不認為與其他家人毫無往來有什麼不對。

3. 十七歲的蘿絲與家人同住。她非常害羞，也不太與職場同事往來。原因之一是她從不參加派對，也不上夜店，因為擔心這些地方不乾淨。她外出時只會到熟悉的地方，即使如此，也會盡可能避免碰觸任何東西。她隨身攜帶殺菌皂，而且經常使用。她也會極力避免握手及碰觸門把與銅板，因為這些東西已經被太多人碰過。蘿絲最大的恐懼是這個問題可能傷害到某些脆弱的人，尤其是兒童和老人，她也發現這讓自己難以造訪姊姊和剛出生的外甥。這種恐懼讓蘿絲非常焦慮，因此試著戒除並檢查這類行為好讓自己放鬆。

4. 瑞秋原本生活過得不錯，但一年前她開始感覺旁人對她有負面看法，並在背後講她壞話。瑞秋認為大家都在監視她，也能聽出她在想什麼。她失去參與平常工作與家庭活動的動力，選擇躲在家裡，最後，她每天都窩在房間裡。即使身邊沒有人，她都會聽到有人在說話。這些聲音會叫她做什麼、想什麼。這種情況已經持續六個月了。

答案：1.憂鬱症，2.社交恐懼症，3.強迫性人格違常，4.思覺失調症

關於精神健康素養的研究發現，多數人難以從類似以上的短文敘述中辨識出精神疾患，許多人會以常見的誤解解讀，例如罹患思覺失調症的患者一定有「分裂人格」。研究也顯示，針對特

定精神疾患，例如憂鬱症及思覺失調症，辨識率分別為七〇%及四〇%。

許多研究顯示，較年輕、教育程度較高的人，對精神疾患的看法正確度較高，而且女性也高於男性。精神健康素養來自廣泛閱讀、學術教育或與精神疾患患者的頻繁接觸。接觸較多精神疾病與症狀、教育程度較高，尤其是常研讀精神健康領域資訊的人，這方面的知識也會較豐富。不過，這類研究也顯示，大家在病因與治療方式方面的知識卻貧乏得驚人。

◆參考文獻

Furnham, A., & Swami, V. (2018). Mental health literacy: A review of what it is and why it matters. *International Perspectives in Psychology: Research, Practice, Consultation, 7*, 240–57.

Jorm, A.F. (2012). Mental health literacy: empowering the community to take action for better mental health. *American Psychologist, 67,* 231–43.

Jorm, A.F. (2015). Why do we need the concept of 'Mental Health Literacy'? *Health Communication, 30,*1166–1168.

055

精神健康分類

眾神把你變瘋了。

——荷馬（Homer），《奧德賽》（*Odyssey*），西元前八世紀

我們出生時是瘋子。有些人現在仍是瘋子。

——山繆・貝克特（Samuel Beckett），《等待果陀》（*Waiting for Godot*），一九六〇

精神疾患的分類可說是精神病學的聖杯。直到近五十年來，才開始有人嘗試建立一套簡單、有效、放諸四海皆準的分類系統。在去機構化運動（de-institutionalization movement）的影響下，出現了世界衛生組織（World Health Organization, WHO）的「國際疾病分類」（International Classification of Diseases, ICD），以及美國精神醫學學會（American Psychiatric Association, APA）的《精神疾病診斷準則手冊》，這兩套最初的說明系統皆列出了不同類型的疾患，也在最近的版本中彼此統合，讓兩者有了廣泛的可類比性，雖然明顯的差異依然存在。

「國際疾病分類」是各種疾病診斷分類的國際標準，其中聚焦於「精神與行為疾患」的一章，將這些疾患分為十種（包括一個補充）主要類型：

1. 器質性（organic）的，也包括症候性（symptomatic）的精神疾患。
2. 使用精神藥物所導致的精神及行為疾患。
3. 思覺失調症、分裂病性與妄想疾患。
4. 情緒性（情感性）疾患。
5. 神經質的、壓力相關、身體型疾患。
6. 與生理失調及生理因素相關的行為症候群。
7. 成人的人格與行為疾患。
8. 智能不足。
9. 心理發展疾患。
10. 好發於童年及青春期的行為及情感疾患。
11. 其他未指名的精神疾患。

二〇〇〇年推出的《精神疾病診斷準則手冊》第四版，其內容由可幫助診斷疾患的五個軸向（方面）所組成，分別是：

第一軸：臨床疾患（除了人格違常與智能不足的所有精神疾患）。
第二軸：人格違常與智能不足。
第三軸：一般醫學狀況（必須與精神疾患有關）。
第四軸：心理社會及環境問題（例如社會支持網絡不足）。
第五軸：整體功能評估（依分數判定心理性、社會性及工作相關功能，是屬於從精神健康到嚴重精神疾患兩極之間的哪些等級）。

當美國精神醫學學會在二〇一三年五月的年會中發表《精神疾病診斷準則手冊》第五版（DSM-V）時，宣告了精神疾患診斷與分類標準十幾年來的修訂工作就此劃下句點。《精神疾病診斷準則手冊》第五版是診斷精神疾患的普世權威，大多數診斷與治療皆以手冊中的標準及指南為依歸。因此，這本經過大幅修改的修訂版的出版，有著重要的實質意義。

手冊內容主要被分為三大部分：

1. 《精神疾病診斷準則手冊》的內容概述及清楚的使用指示。
2. 提供資訊及類別診斷法。
3. 提供自我評量工具，以及需要更多研究的分類。

《精神疾病診斷準則手冊》第五版收錄的症狀數量，與第四版約略相同，但針對某些特定疾患的內容做了明顯修改，變動處摘要如下：

- **自閉症**：將四種原本被分別視之的障礙症，歸納成自閉症類群障礙症，對自閉症、亞斯伯格症、兒童期崩解症（childhood disintegrative disorder）與廣泛性發展障礙（pervasive developmental disorder）不再另行說明。
- **情緒失調**：為了因應兒童躁鬱症的過度診斷及過度治療，失調症兒童躁鬱症（Dysregulation Disorder Childhood bipolar disorder）如今被正名為「情緒失調」。這種病症好發於持續易怒且行為控制不良（也就是行為失控）頻繁發作的十八歲以下兒童。
- **注意力不足過動症**：由於這種疾患可能持續到成年，注意力不足過動症的相關內容也有所修改。最大的改變就是，如果你的症狀只比兒童時期時減少一個，即使你已經成年，還是可能被診斷出注意力不足過動症。
- **喪親之痛排除條款**：在第四版中，如果你為失去至親哀慟不已，技術上在前兩個月無法被診斷為重度憂鬱症。但第五版刪除了這個排除條款，基於幾個理由：哀慟通常維持兩個月的判定；哀慟被視為一種嚴重的社會心理壓力源，可能造成突發性的重度憂鬱症發作；哀慟所造成的重度憂鬱症，最常出現在個人及家庭史上曾發作過重度憂鬱症的人身上；哀慟所造成的憂鬱症，對心理社會及藥物治療會產生與非哀慟所造成的憂鬱症同樣的反應。

- **創傷後壓力症候群候群**：第五版對隨創傷後壓力症候群所產生的行為症狀，賦予更多關注。如今加入了四種主要的症狀群：再經歷（re-experiencing）、覺醒性（arousal）、迴避（avoidance），與持續性的認知和情緒的負面改變。這症狀如今發展得較為敏感，因為必須為兒童及青少年降低診斷門檻。
- **重度與輕度認知類障礙症**：重度認知類障礙症如今被歸納在失智症及失憶性疾患（amnestic disorder），但又加入輕度認知類障礙症這種新的病症。
- **其他新發現及應注意的疾患**：暴食症及經前不悅症（Premenstrual dysphoric disorder, PMDD）如今也被收錄在第五版內（雖然它們常被臨床醫師診斷出來，但原本並未被收錄在手冊內）。「堅信需要儲存且無法面對失去某些物品所造成的苦惱，而難以丟棄或放棄它們」的囤積症（hoarding disorder），如今也從強迫性人格違常中獨立出來，正式視為一種疾患。囤積症可能有獨特的神經生物學病源，與某種重要的損傷有關，對臨床干預也可能產生反應。

還有一些早就存在，而且對第五版來說並不意外的批評：診斷的可靠性是否有進步？也就是說，心理醫師和心理學家對診斷是否達成共識？這些藥物治療是否符合大藥廠的利益？

同時還有文化偏見的嚴肅問題。國家與文化對體驗、表現及症狀的產生與管理，是否有影響？不同文化的人以不同的語彙和語言陳述他們的心理困擾及痛苦，也會以不同的方式表達羞愧感。許多文化對精神疾病做超自然的解釋，有些則努力醫治患者。在這個文化多元的世界裡，一本舉世共通的診斷手冊能為多少人所接受？是否真有助於提升大眾的精神健康素養？

◆參考文獻

《精神疾病診斷準則手冊》第三版，一九八七年。華盛頓：美國精神醫學學會。

《精神疾病診斷準則手冊》第五版，二〇一三年。華盛頓：美國精神醫學學會。

056 心態：你能改變什麼？不能改變什麼？

輕信是成人的弱點，兒童的優點。

——查爾斯．蘭姆（Charles Lamb），《以籟雅隨筆》（*Essays on Elia*），一八〇〇

心靈如同降落傘，唯有打開時才會發揮功效。

——詹姆斯．杜瓦（James Dewar），一九〇〇

你能不能變得更聰明？能或不能？如果「能」，你如何辦到？讀更多書、攻讀一個大學學位、每天做完幾則速讀及填字遊戲？你是否認識任何聰明的成人？為什麼市面上沒有「學會變得更聰明」的課程？

哪些是或不是你能學習、改變的？你對於改變及發展是否過度樂觀、天真？亨利．福特（Henry Ford）有一句名言：「無論你認為自己能，或認為自己不能，你都是對的。」換句話說，如果你認為自己能改變，你就能改變。反之亦然。

那些相信智力不會改變，也無法改變的人，都是不熟悉科學文獻的悲觀主義者嗎？同樣的，那些認為我們都能變得更聰明的人，就是天真而盲信的樂觀主義者嗎？

心理學家所謂的「可塑性降低」（reduced plasticity），意指大多數人到了三十歲左右就會停止大幅度的改變。但如今，哪些可以改變、哪些不能改變已成為熱門議題，關於能力及個性的延展性與不可變性，成了許多心理學爭議的重心，這些爭議包括「天賦迷思」（talent myth）與主張只要下足工夫，任何人都能把自己訓練成專家／高手的「一萬個小時法則」。

每個人認為智力是與生俱來、無法改變或固定因素（定型〔fixed〕心態）的程度有異，但學習、努力、訓練與練習（成長心態）等各種因素，是否會產生任何影響？

心態問答

閱讀以下十則問題，並為你對每一則的同意程度評分：

強烈同意、同意、不同意、強烈不同意

1.你的智力是你的基礎之一，無法改變太多。
2.不論你的智力有多高，你都能改變它不少。
3.只有少數人擁有真正的體育天分，這份能力是與生俱來的。

4.在某件事上愈努力，你就能做得愈好。
5.有人批評我的表現時，我通常會很生氣。
6.當他人、父母、教練或老師評論我的表現時，我會很感激。
7.真正聰明的人不必太努力。
8.你隨時都能改變自己的智力。
9.你就是這樣一個人，做任何事都不會有多少改變。
10.我之所以做功課的重要原因之一，是因為我享受學習新東西。

積分表

分數：

偶數問題：強烈同意（3分），同意（2分），不同意（1分），強烈不同意（0分）

奇數問題：強烈同意（0分），同意（1分），不同意（2分），強烈不同意（3分）

20～30分＝強烈成長心態；17～21分＝相信可成長，但部分相信定型；11～16分＝相信定型，但部分相信成長；0～10分＝強烈相信定型。

這是由卡蘿·杜維克（Carol Dweck）所研究並提出的概念。要看一個人是傾向定型心態或成長心態相對容易，但這項研究之所以有趣，是因為她主張這些心態會造成相當重要的結果。

成長或增進論者相信智力可以增加，也可以透過一生的努力耕耘及持續學習加以培養。定型心態的信仰者則不會在自己的教育及工作環境中投注更多努力，因為他們不相信自己的表現能有所改善，斷言會的就會、不會的就不會。相反的，成長心態的信仰者則認知到努力的重要性，並相信只要下定決心全力以赴，必能化不可能為可能。

卡蘿・杜維克認為，對於智力抱持何種心態，會對結果和意義有重大的影響，尤其是在練習與學習的積極性上。

她原本稱定型心態為「本質」（entity）論者，成長心態為「增進」（incremental）論者。

有趣的是，心態並非僅與智力有關。定型心態信仰者相信，人格、智力、價值觀等都是一成不變的，可能是遺傳性的、很早定型，而且堅若磐石。

成長心態信仰者則相信，努力訓練可以改變許多品格及特質：每個人都是「自己這艘船的船長」、「命運的主宰」。

當你檢視教育或工作環境中的人時，會發現心態的有趣之處。定型心態信仰者傾向只對他們的成功所獲得的回饋感興趣，不會用它來學習，也不相信他們的成功與付出的努力有關。負面回饋會讓他們不悅，可能還會迴避或否認，因為失敗讓他們難以容忍。

成長心態信仰者則認為成功最重要的就是學習、投注心力、努力練習與精通技巧。各種回饋（不論是正面還是負面）都是有用的，不論評價好或壞都能幫助他們變得更好。

心態的研究者對父母及老師與孩子的溝通方式尤其感興趣。如果父母或老師告訴孩子，成功的能力是與生俱來的，孩子就會發展出定型心態；如果孩子成功時被誇讚是因為他們天生就聰明，那麼這孩子不論成敗都比較不會努力。

如果父母或老師說，成功或失敗攸關努力及練習的多寡，孩子就比較可能發展出成長心態：「你表現好是因為你努力且勤奮。你往後也應該這麼做，愈努力會帶來愈多好處。」

心態的不同在職場上也會產生影響。一個有定型心態的老闆可能寧願投資在篩選能力強的員工，而不是職能開發及持續訓練。定型心態的信仰者對績效管理及定期回饋晤談，也可能比較不在乎。

◆參考文獻

Dweck, C. S. (2000). *Self theories: Their role in motivation, personality, and development.* New York, NY: Taylor & Francis Group.

Dweck, C. S. (2012). *Mindset: The New Psychology of Success.* Constable & Robinson Limited.

057

金錢：這是萬惡的淵藪？

我賣故我在。你買故我吃。

——克雷格・多馬寧（Craig Dormanen）

有什麼比靠它賺錢更能證明你懂一個道理？

——哈洛德・羅森伯格（Harold Rosenberg）

整個經濟體系就建立在大家願意為金錢酬勞做不愉快的事。

——史考特・亞當斯（Scott Adams）

銀行家、經濟學家、金融業界人士相信，人們對金錢都是理性而珍惜的，包括他們自己。他們的模式及市場策略以經濟人（homo-economicus），也就是理性者為基礎，但這一點實在錯得離譜。人在金錢相關的所有方面都是無知而非理性的。對於如何用錢、如何賺錢、如何增值與儲蓄，以及金錢帶來幸福的看法，通常都是錯誤的。

研究顯示，雖然父母極少與孩子談論金錢，孩子卻從父母身上承襲了許多金錢相關的習慣。揮霍無度的父母會養出揮霍無度的孩子；守財奴的孩子不是有樣學樣，就是為反對而反對地把錢花光。研究證實，超過九〇%的成人希望子女對生活中的財務現實能夠懂得比自己多，但他們並沒有足夠自信能幫助子女培養金融相關的素養、敏感度及成熟度。

許多人都想致富。各國文化都有與財富有關的童話故事、民間故事及知名軼事。有人說財富能帶來安全感，也有人說財富能帶來自由。金錢可以用來炫耀一個人的成功，也可以向過去鄙視、排擠、羞辱自己的人報復。許多文獻中頻繁出現的主題之一，是財富能讓弱者變強大，讓邊緣人獲得關愛，是一種能拯救所有人的轉化介質。因此，財富就是普世的欲望標的，人們有時候會為了追求財富做出極端行為。

與金錢有關的童話有兩種不同類型。一種是金錢只不過是美好人生的小點心，人們應該享受它，為了福祉使用它。另一種則是為了金錢不惜迫害他人，甚至犧牲愛情與幸福，最後獲得財富時，發現它根本沒有用。因此，一個人該做的，是用累積財富的狂熱來花掉它。

金錢與情緒有強烈關聯。至於哪些情緒與金錢最有關，研究結果列出以下的排序：焦慮、憂鬱、憤怒、無助、幸福、興奮、羨慕、怨恨。

與金錢有關的四種感覺

- **金錢能買到安全感：**財務上的安全感能帶來情緒上的安全感，而兩者的關係被認為是線性的，也就是錢愈多，安全感就愈高。金錢是情緒的救生衣、安樂毯，一種抵擋焦慮的方法。對財務損失的恐懼變得最重要，因為安全感與金錢所帶來的自我滿足息息相關。金錢能提升安全感與自尊心，因此必須囤積。
- **金錢能買到力量：**由於金錢可以購買物品、服務與忠誠，因此可以用來換取重要性、管轄及控制。你可以用錢激起他人的虛榮與貪婪。只要擁有足夠的錢，就能賄賂、控制他人，讓自己變得強大。金錢可以買通對手或與其和解，好為自己開路。
- **金錢能帶來愛情：**對有些人來說，金錢是情緒及愛情的替代品。花錢買春、做慈善炫富或以金錢寵溺子女，都形同用金錢購買愛情。有些人則願意販賣自己的感情、奉獻、愛意及忠誠度，來換取財務安全感。金錢可以購買忠誠及自我價值。此外，由於贈禮中蘊含互惠原則，許多人認為回禮就是以金錢換取愛情及關懷。
- **金錢能帶來自由：**這是金錢較為人所接受及承認的功用。它可以購買追求喜好與興趣的時間，將一個人從領薪工作的例行公事及規矩限制中解放出來。金錢可以幫助人擺脫命令、指令等妨礙自主性的限制。

由於金錢會造成複雜的情緒與聯想，許多病理學也和它有關。最有名的是以下五項：

1. **囤積金錢的守財奴**：他們不太會承認自己吝嗇，極度害怕金錢虧損，也比較不信任人，卻不知道如何享受自己的財富。
2. **無法控制花錢衝動的敗家子**：尤其在他們感到憂鬱，覺得自己毫無價值並遭到排斥時更會如此。花錢是一種快速但短暫的滿足，經常會帶來罪惡感（及債務）。
3. **只知道賺錢的大亨**：他們認為這是獲得權力、地位及認可的最佳方法。這種人認為自己賺的錢愈多，對自己周遭的世界就能有更大的控制權，也能活得更幸福。
4. **愛殺價的人**：即使不是出於真正需要，他們也無法克制殺價的衝動，因為殺價成功能讓他們產生優越感。當他們必須以原價購買或無法砍低夠多價格時，會感到憤怒及難過。
5. **冒險時感到興奮及樂觀的賭徒**：他們過度追求贏錢時的快感，即使在輸錢時也無法收手。

那麼，金融界人士需要懂得哪些與金錢相關的心理學？

第一，許多教育程度高、見多識廣的成人，對金錢依然缺乏理解、羞於討論。他們可能連最簡單的概念也不了解，你必須在推銷前對其進行教育。推銷者需要注意，在教育及保護專業人士之間有一條界線。

第二，觀察大家怎麼看、怎麼花自己的錢。這可以幫助你理解他們的情緒、看法及「敏感點」（hot buttons）。對金錢抱持不同看法的人，你需要利用不同的推銷策略，可能也需要推銷不同的產品。

第三，深入鑽研與金錢有關的神話、符號及圖像，以幫助宣傳。以樹象徵成長，就心理學觀點來看還不夠深入，行銷產品需要更多對情緒方面的理解。

第四，記得你面對的是一個敏感議題。你可能踏進一個人們經常會感到不適的領域，或許需要具備一點諮商技巧。

第五，列舉實例，並給對方足夠時間思考。和客戶交朋友，他們可能成為你一輩子的客戶，因為他們會把你視為一個聰明的知己，如同和一位精神科或婦產科醫師建立親近的關係。你可能覺得這些道理枯燥無味，但他們並不這麼認為。

◆參考文獻

Forman, N. (1987). *Mind Over Money.* Toronto: Doubleday.

Furnham, A. (2014). *The New Psychology of Money.* London: Routledge.

Lea, S.E.G., & Webley, P. (2006). Money as tool, money as drug: the psychology of a strong incentive. *Behavioural and Brain Sciences,* 29, 161–209.

058

道德與倫理

道德的事讓你事後感到快樂，不道德的事讓你事後感到愧疚。

——海明威（Ernest Hemingway），《死在午後》（*Death in the Afternoon*），一九五〇

當我發現倫理學在哈佛商學院只是一個選修科目，真是嚇壞了。

——哈維．瓊斯（Harvey Jones），《新菁英》（*The New Elite*），一九八七

道德心理學所關注的焦點，是以道德品行解釋個人差異，其重要的原因有三個。第一，道德，也就是人們認為善惡的行為與信念，有助於維繫社會生活，譴責自我放縱，宣揚社會正義。第二，道德品行與幸福、職業的成功及領導能力有正向關聯。簡言之，基於多種原因，品行好表現就會好。第三，道德缺陷會干擾到人際與職場關係，造成每年耗損數十億的職場行為（例如霸凌、偷竊及曠職等）。

無庸置疑，有些人比其他人更注重道德，嚴謹遵循道德規範。我們知道，心理病態人格者缺乏良知，因此在傷害他人時不會感到愧疚，既冷酷又無情。

醫學、哲學與神學倫理是學術界研讀的對象。醫學界對資源分配相關倫理尤其感興趣。傳統上會以功利主義與平等主義兩種哲學性原則為基礎，討論各種資源分配方式背後的倫理性。

功利主義是一種結果論（consequentialism），因為它關注的是行動結果，而不是行動本身。根據功利主義的認知，最佳或最理想的行動，就是能帶來最大的幸福，最糟的行動則會造成最大的不幸。而幸福的定義是「快樂、無痛苦」，不幸福的定義則是「痛苦、快樂被剝奪」。就資源分配這一點而言，功利主義主張將資源分配給獲得健康與幸福後最能造福社會的人，隨之而來的，就是社會價值（social worth）變成了衡量一個人的標準。

第二種哲學觀點是**平等主義**，也就是一種道義法則。相對於結果論，道義論關注的是行動本身，而不是由一套廣為人知並為大眾所接受的規則所判斷的行動結果與道德（Broad, 1930）。因此，平等主義認為，所有人都擁有相同的社會價值。但在資源缺乏的情況下，通常還是得做出某種選擇。

在選擇治療對象時，醫界人士經常要做出困難的倫理抉擇，因為太多人需要治療，而醫療資源是相對有限的。對此，倫理學家提出不同的系統、策略及法則。一項近期的研究提出了以下八種分配稀少醫療資源的關鍵法則：

- **抽籤**：透過隨機選擇患者分配醫療資源。
- **先到先醫**：根據求助順序或求助內容分配醫療資源。
- **重症者優先**：以若不治療情況可能最不樂觀者為優先。
- **年輕人優先**：以年齡最輕，因此治癒後餘命可能最長的患者為優先。
- **盡量救最多人**：以盡可能救最多患者為目標，向所有人提供治療。
- **預後或餘命**：以拯救最長的餘命為目標，因此以餘命較長者為優先，排除餘命較短者。
- **工具性價值**：以擁有特定技能或用途者為優先，例如疫苗開發者，或同意在接受治療後改善自己健康以減少醫療資源消耗者（例如戒菸、減重等）。
- **互惠**：以過去曾助人者為優先，例如器官捐贈者。

倫理委員會

許多類型的公共機關都有組織倫理委員會。倫理委員會的功能通常是決定一個行動方案，例如展開一項研究計畫是否符合相關條件。理論上，由一群（明智的）人針對一個被提出的行動方針進行無私的評估，可以將對每個人的傷害降到最低，並使所有人獲益最多。

阿德里安・弗爾納姆認為，若要讓倫理委員會發揮功能，最好能符合以下要求。第一，選出一位精通倫理學的主席。第二，決定即將採行的系統及法則。第三，謹慎選擇並審核委員會成員，而且人數不可過多。第四，編入一位律師。第五，確保過程及機能的順暢運作。第六，確保委員會對自己的功能及責任有準確的認知。第七，建立申訴程序。第八，確保所有成員的有限任期，不可自動延長。第九，對委員會已做出的決定進行檢討。第十，可考慮將倫理委員會更名為「訴訟委員會」、「避害委員會」、「研究進展委員會」等。

◆參考文獻

Furnham, A., McClelland, A., & Drummond-Baxter, E. (2010). The allocation of a scarce correctional resource: Deciding who is eligible for an electronic monitoring program. *Journal of Applied Social Psychology, 40,* 1605–1617.

Furnham, A., Petrides, K. V., & Callahan, I. (2011). Prioritizing patients for surgery: Factors affecting allocation of medical resources for kidney transplantation, IVF, and rhinoplasty. *Journal of Applied Social Psychology, 41,* 588–608.

059

音樂：偏好、用途及分散注意力

廉價音樂威力非凡。

——諾爾．寇威爾（Noel Coward），《私人生活》（*Private Lives*），一九四五

音樂有安撫凶暴心靈的魅力。

——威廉．康格里夫（William Congreve），《哀悼的新娘》（*The Mourning Bride*），一七〇〇

一個世紀以來，音樂一直是心理學家感興趣的議題。他們會研究擁有音樂天賦的人，以及音樂的最佳教學方式，也會研究音樂品味及音樂所造成的反應。他們試著以心理學而不是音樂產業的角度，為各種音樂做分類，同時也對職場及商業環境中播放的音樂感興趣。

音樂的用途

人們會為了各種目的「使用」音樂。有些人對它的興趣是基於認知過程的觀點，著眼的是作曲及演出的技術性。許多人也對人們如何利用音樂控制情緒感興趣，例如，以音樂製造氣氛、振奮精神、讓人隨之起舞或製造神祕感及敬畏感等。同樣重要的是，人們也會以音樂分散他人的注意力，讓他人開車時保持清醒或願意從事乏味的工作。

音樂的分類

音樂可以用許多方式分類，例如：有想法及有深度、激烈且叛逆的、活潑且傳統的、有活力與節奏感的。一種較近期的分類法是：

1. **成熟的**：古典、歌劇或爵士。
2. **現代感**：流行音樂、饒舌、電音、出神（trance，編註：一種電音類型）等，使用現代技巧及設備的音樂。
3. **激烈**：搖滾、龐克及重金屬等，喧鬧、強勁、充滿活力、具叛逆性的音樂。
4. **柔和**：舒適且令人放輕鬆的音樂風格，以及藍調、抒情搖滾、R & B與靈魂樂等。
5. **率性**：不矯飾且具傳統的音樂，例如鄉村、民謠或創作歌手類的音樂、世界音樂等。

音樂對工作的影響

音樂對工作有幫助嗎？背景音樂能不能提升員工的產能？這需要看以下幾點：

- **音樂性質**：節奏快還是慢？有人演唱還是純演奏？風格通俗還是新穎？由什麼人負責選曲？
  結果顯示，最可能造成注意力分散的是喧鬧、節奏快、有人演唱且風格通俗的音樂。這類音樂會讓人非常難以保持專注。
- **工作性質**：單純還是複雜？個人還是團體？需要動腦還是手工作業？需不需要記憶？
  最容易因音樂分心的是複雜、語言性質的工作，例如校對、文字分析或背誦資料。
- **人**：哪一種人格？有哪些能力？有哪些價值？
  有音樂時，內向者比外向者容易分散注意力，年輕人比年邁者容易分散注意力，而音樂家在演奏自己的樂器時，最容易分散注意力。

在職場播放音樂總會讓人分心。自從一九二〇年代起，大家都認為某種注意力分散元素（例如音樂）可能有助於提升某種工作的產能（例如裝配線上的工作）。也有人觀察到學童常會選擇在開著電視、收音機、光碟／唱片或有其他注意力分散元素的環境下做功課。

許多人主張音樂對職場有幫助，但嚴肅的研究證明，音樂刺激下的欣快感（euphoria）屬於生理性反應，這一點可以從某些人聽音樂時，血壓所產生的變化得到證實。大多數員工偏好在工作期間聆聽演奏曲，而不是演唱曲。年齡與對職場音樂的接受度之間有著負相關，年輕、缺乏經驗的員工在從事重複而單調的工作時，受到音樂刺激，產能會有所提升。

音樂、氣氛與購物

商業界很早就注意到在店鋪、餐廳、銀行等場所播放音樂，對營收能產生正面影響。

一項研究要求一家超市每隔一週在固定的某一天於葡萄酒區播放傳統法國或德國音樂，並統計這段時間內所賣出的葡萄酒數量與種類。他們發現，播放法國音樂時，會賣出較多法國葡萄酒，播放德國音樂時，則會賣出較多德國葡萄酒。有趣的是，被詢問購買動機時，會發現顧客並沒有意識到所聽到的音樂，也沒注意到音樂對他們的購買選擇可能產生的潛在影響。或許不能完全算是，但這與潛意識銷售也相差不遠了。

另一項研究中，在一家英國餐廳以將近三週的時間播放古典音樂、流行音樂或完全不放音樂，並統計每一種情況的時數與營收，還將飲料與食物的營收分開統計。結果發現，播放古典樂時，顧客停留的時間最長，消費金額（開胃菜與咖啡的營收，但不將豪飲納入統計）也最高。

還有一項研究，在一家銀行與一家酒吧裡播放古典音樂、輕音樂或不放音樂，並要求顧客為兩處的整體氣氛評分。他們愈喜歡所播放的音樂，對整體氣氛所打的分數也愈高，而且更願意點酒吧推出的特價商品。但其他元素也會產生影響，包括播放音量及播放時間等。不過，顧客在聽到自己喜歡的音樂時，對氣氛所打的分數明顯最高。

另一項研究中，要求受訪者在電話裡聆聽一系列披頭四樂團（The Beatles）的歌曲，有些是原唱版、有些是排笛演奏版、有些則是每隔十秒播放一句「目前忙線中，請稍候……」的語音訊息。他們統計受訪者願意等候多久，並以此歸納出多數人喜歡哪一類音樂，結果由排笛版勝出。播放音樂與重複語音訊息的比較結果證明，聽到自己喜歡的音樂時，大家會願意多等一分多鐘。可見得，等候訊息中所播放的音樂的確能讓人更有耐心！

◆參考文獻

Furnham, A. & Strbac, L. (2002). Music is as distracting as noise. *Ergonomics*, 45, 203–17.

North, A. (2014). *The Social Psychology of Music*. London: Routledge.

Oldham, G., Cummings, A., Mischel, L., Schmidtke, J., & Zhan, J. (1995). Listen while you work? Quasi-experimental relations between personal-stereo headset use and employee work responses. *Journal of Applied Psychology*, 80, 547–64.

Rentfrow, P. J., Goldberg, L. R., & Levitin, D. J. (2011). The structure of musical preference: A five-factor model. *Journal of Personality and Social Psychology*, 100, 1139.

060 心理學相關迷思

科學因迷思而起，進行的是對迷思的批判。

——卡爾・波普，《世紀中期英國哲學》（*British Philosophy in the mid-century*），一九五七

人一開始想像，迷思就隨之出現。

——卡米爾・帕格里亞（Camille Paglia），《性人物》（*Sexual Personae*），一九九〇

「誤解」可以被定義成「與已知證據相違背的信念」。與人類行為相關的迷思與誤解，可能會造成極不愉快的後果，例如，關於精神健康的迷思、性侵受害者或職場上的兩性差異，都可能造成社會羞恥（social stigma）、孤立、不合理的批評及歧視。

對心理學的正確理解，能直接影響我們對他人及自己的思考、感受與行為模式，因此，對「心理學迷思」的盛行所進行的調查，是增進心理學知識的關鍵一步。

長久以來，學術界對學生進入心理學系開始接受心理學教育時，所懷抱的誤解（例如目擊者證詞的正確性、投射技法的有效性、思覺失調症患者的危險性等）一直很感興趣。

斯科特．利林費爾德（Scott O. Lilienfeld）在與其他同儕合著的《流行心理學的五十大迷思》（*50 Great Myths of Popular psychology*, 2010）中使用了聲望探究法（reputational method）。全書分為十一章，每一章都探討了心理學各領域常見的迷思，分別為：大腦與感知、發展與老化、記憶、智力與學習、意識、情緒與動機、人際行為、人格、精神疾病、心理學與法律、心理治療。除了這五十大迷思，利林費爾德等人也以說故事的形式，列舉出其他兩百五十則值得探討的「小迷思」，並針對每一則提出根據實驗及研究所驗證的「事實」。不可避免的，某些證明這些誤解為迷思的解釋，會受到外界的挑戰，而這剛好證明了迷思位於真理對立面的事實。儘管如此，他們在這個階段提出了一份絕佳的「都市傳說」清單，列舉出有哪些「誤解」與「尚未證明的推論」需要驗證。

該書的作者群主張，流行心理學的五十大迷思是由於以下四個因素而產生：

- 許多情報都是透過「口耳相傳」來傳播，都市傳說之所以變得廣為人知，靠的就是這種傳播方式。所以，對「人云亦云」的情報應該抱持懷疑態度。
- 媒體報導經常會造成誤導。記者對報導奇聞軼事的偏好，可能導致我們誤判轟動事件發生的頻率。
- 經驗法則（heuristics，又稱啟發法）可能讓我們做出錯誤結論。雖然可得性經驗法則與象徵性經驗法則（根據既有情報判斷或然率），均為快速做出決定的有效捷徑，但也不可過度依賴。

- 發現兩件事彼此有關，不一定代表兩者之間就有因果關係。

50大迷思

以下均為錯誤迷思。

大腦與感知相關迷思

1. 大多數人只用到一〇%的腦力。
2. 有些人用左腦思考，有些人用右腦思考。
3. 超感官知覺（extrasensory Perception, ESP）是經過科學驗證的現象。
4. 視知覺（visual perception）會造成眼部的細微排氣。
5. 潛意識訊息（subliminal message）可以誘使人們購買產品。

發展與老化相關迷思

6. 讓嬰兒聽莫扎特的音樂可以提升他們的智力。
7. 每個人在青春期都會經歷心理動盪。

8. 多數人在四十幾歲或五十歲出頭都會經歷中年危機。
9. 愈高齡，不滿與衰老的情況往往愈嚴重。
10. 臨死前，所有人都會經歷一連串普世共通的心理階段。

記憶相關迷思

11. 人類記憶的運作方式類似錄音機或攝影機，會精準地記錄下我們所經歷的事。
12. 催眠有助於回溯被遺忘的記憶。
13. 人類常會壓抑創傷體驗的記憶。
14. 患有失憶症的人會忘記過去人生的所有細節。

智力與學習相關迷思

15. 智力測驗對某些族群較為不利。
16. 測驗中若是對答案沒信心，最好相信最初的直覺。
17. 閱讀障礙的特徵是看到的文字是顛倒的。
18. 授課風格與學習風格相近時，學生的學習效果最佳。

意識相關迷思

19. 催眠是一種獨特的「恍神」狀態，與清醒截然不同。

20. 研究證實夢有象徵性的意涵。
21. 人可以在睡眠中學習新資訊，例如新的語言。
22. 靈魂出竅時，意識會從身體脫離。

情緒與動機相關迷思

23. 測謊是偵測不誠實的精準手段。
24. 快樂與否絕大部分由外在環境決定。
25. 潰瘍主要或完全是由壓力所導致。
26. 正向心態可以延緩癌細胞擴散。

人際行為相關迷思

27. 異性相吸：我們最容易被與自己截然不同的戀愛對象吸引。
28. 人多就是安全：遇到緊急狀況，在場的人愈多，就愈可能有人伸出援手。
29. 男人和女人以截然不同的邏輯進行溝通。
30. 向他人展現怒氣比憋在心裡好。

人格相關迷思

31. 以同樣的方式養大的小孩，成年以後的人格也會很類似。

32. 人的特質是與生俱來的，代表我們無法改變它。
33. 自卑是心理疾病的主要成因之一。
34. 童年曾遭受性侵的人，絕大多數在成年後會發展出嚴重的人格違常。
35. 從墨跡測驗的回答中，可以了解許多受測者的人格特質。
36. 我們的筆跡透露出許多人格特質。

精神疾病相關迷思

37. 精神疾病的標籤會使患者被污名化。
38. 只有重度憂鬱的人會自殺。
39. 思覺失調症患者擁有多重人格。
40. 自幼雙親嗜酒的成人會表現出獨特的症狀。
41. 近年幼兒自閉症極為流行。
42. 滿月時，精神病院的掛號人數及犯罪案件都會增加。

心理學與法律相關迷思

43. 精神疾病患者大多都有暴力傾向。
44. 犯罪側寫（criminal profiling）對破案有幫助。
45. 很大比例的罪犯以「精神錯亂辯護」（insanity defence）成功逃避刑責。

46. 所有認罪者都是真的有罪。

心理治療相關迷思

47. 專家判斷與直覺是臨床診斷的最佳良方。
48. 戒酒是治療酒精中毒最實際的目標。
49. 所有有效的心理治療都強迫患者面對「根源」，因為病症都源自童年所遭遇的問題。
50. 電痙攣療法（electroconvulsive therapy）是一種傷身的野蠻療法。

◆參考文獻

Furnham, A., & Hughes, D. (2014). Myths and Misconceptions in Popular Psychology: Comparing Psychology Students and the General Public. *Teaching of Psychology, 41*, 256–61.

Lilienfeld, S., Lynn, S., Ruscio, J. & Beterstein, B. (2010). *50 Great Myths of Popular Psychology.* Oxford: Wiley-Blackwell.

061

自戀與自愛：自尊的陰暗面

美德帶來榮譽，榮譽帶來虛榮。

——湯瑪斯．富勒（Thomas Fuller），《Gnomologists》，一七〇〇

我們的虛榮心希望著，我們最擅長的事情應該被視為對我們來說最困難的事情。

——尼采（F. Nietzsche），《善惡的彼岸》（*Beyond Good and Evil*），一八八〇

關於自戀的迷思有幾個版本，而其迷思的根源是對自愛（self-love）誤解而產生的戒心，也就是認為「不正確的自我知覺可能導致悲劇性及自毀性的結果」。

自尊可以依程度分為從健康的高、極高，到病態性的高之不同等級。雖然「有自信」是健康的心態，但自戀卻是自私自利，關注、關心的對象只有自己。

研究者對自戀型人格違常（Narcissistic Personality Disorder, NPD）所歸納的精神科臨床診斷準則是：隨時隨地表現得自大（在幻想中或行為上）、缺乏同理心、對他人的評價過度敏感、症

狀從青少年時期開始，並出現下列情況的至少五項：

1. 被人批評時會產生憤怒、羞恥或屈辱的情緒（即使不一定顯露）。
2. 習慣利用他人，會占他人便宜以達成自己的目標。
3. 認為自己是重要人物，例如誇大自己的成就及天賦，即使沒有多大成就也會期待大家認為他「很特別」。
4. 相信自己的問題太獨特，唯有特別的人才能了解。
5. 幻想自己能擁有無窮的成功、權力、光采、美貌或理想的愛情。
6. 喜歡特權：毫無理由地要求特別待遇，例如認為自己沒有必要跟著大家排隊。
7. 時時渴望受人注意、景仰，例如到處向人討讚美。
8. 缺乏同理心；無法看出或體會他人的感覺，例如為一位朋友因重病而取消見面，感到惱怒及驚訝。
9. 「滿懷嫉妒心」（奧德姆與莫里斯，一九九一，pp.93–4）。

自戀是一種自尊心的疾患。自戀型人格違常患者會因為自我膨脹而蒙蔽了他們在社交及商務上的判斷，導致自毀前程。他們對任何批評都會做出極端反應，包括羞恥、憤怒及暴怒，而且會努力詆毀這類批評，即使對方的出發點是善意、有幫助的。他們不會設身處地為別人著想，因此情緒智商很低。他們對他人滿懷嫉妒與藐視，因此容易陷入憂鬱，也容易做出利用他人、待人苛刻、自我中心的行為；就連治療師對他們都感到頭痛。

自戀者習於自吹自擂、自命不凡、狂妄自大，在高估自己的能力與成就的同時，也愛貶低他人。他們喜歡將自己與享有名望及特權的人相提並論，相信自己早該被視為其中一員。他們相信自己天賦異稟、獨一無二的信念堅定得驚人，而且深信自己擁有常人無法理解的特殊需求。

矛盾的是，他們的自尊心相當脆弱，因此時時需要以他人的注意與景仰來提振自信。他們認為自己的要求都該享有特殊待遇，也常為此利用他人，因為他們的人際關係本來就是專門為了強化自尊所打造的。他們缺乏同理心、自私自利。他們也很容易羨慕他人，並為他人的成功嫉妒不已。態度傲慢、目中無人、自認為高人一等，都是他們廣為人知的特徵。

自戀型人格違常的兩個面向，通常稱為「浮誇型自戀」與「脆弱型自戀」。浮誇型自戀展現的是攻擊性與控制欲，脆弱型自戀則是以戒心、出於不安的虛張聲勢，來掩飾不適感、無力感及憂鬱。這兩種面向的主要共通點，就是對他人展現敵意。脆弱型自戀者雖然也會產生浮誇的幻想，但比較膽怯、缺乏安全感，因此表面上看不出有自戀傾向。浮誇型自戀者則有較高的幸福度與生活滿意度，而且比脆弱型自戀者更愛出風頭。

自戀者不喜歡支持他人，卻很愛要求大家支持他們，於公於私都不願體恤或認同他人的感覺及需求。他們的情緒智商極低，卻對這一點毫無意識，往往以為自己的情緒智商比任何人高。令人好奇的是，他們常羨慕他人，卻又以為是他人在羨慕自己，還對此深信不疑。他們在職場（和家裡）隨時都會顯露出自大、傲慢的行為或態度。

自戀者有極高的自信，常會展現出高度自負的態度。他們眼中只有「自己」，總是自以為是、自視甚高、自吹自擂、自私自利、顧影自憐，最終難逃自我毀滅。他們似乎認為有理由如此自負：他們確定自己天生好命。在職場上，他們活潑外向、活力四射、競爭力強，而且很愛「搞政治」，這當然視他們平時的（五大）特質側寫而定。因此，外向、勤勉的自戀者，可能與神經質且不加隱藏的自戀者有很大的差異。只要不被批評或被要求與他人共享榮耀，他們可能是理想的短期領導者人選。他們貪得無厭地渴望被景仰、被愛、被需要，在外人眼中可能到了可笑或可悲的地步。他們自認為是滿懷壯志、企圖心強、自律、成功的領導者或經理人，不容質疑地堅信這個世界就是他們的舞台。

◆參考文獻

Dotlich, D. & Cairo, P. (2003). *Why CEOs Fail.* New York: Jossey Bass.

Furnham, A. (2015). *Backstabbers and Bullies.* London: Bloomsbury.

Kets de Vries, M. (2006). *The Leader on the Couch.* Basingstoke: Palgrave MacMillan.

Oldham, J., & Morris, L. (1991). *Personality self-portrait.* New York: Bantam.

062

職場中的人際網絡與人際交流

一對好友中，一定有一個是另一人的奴僕。

——米哈伊爾·萊蒙托夫（Mikhail Lermontov），《當代英雄》（*A Hero of our Time*），一八二〇

我們怎麼看待朋友，就會怎麼看待自己。

——亞里斯多德，《尼各馬科倫理學》

哪些人是你的組織裡最有權力的人？哪些人是大家的目光焦點？哪些人又是被排擠的邊緣人？遭逢危機時，大家最會求助哪些人？最受信賴及最不受信賴的又是哪些人？

我們都知道，組織結構圖其實沒有多大的用處。這是一張精巧呈現出管理架構及責任歸屬的人力資源圖表，但顯然與組織實際上的運作方式沒有多大關係。非正式的友誼與權力網絡，是包括人格、相近性、動機，以及在組織中度過的歲月等許多元素作用下的結果。

聰明的人會試著掌握組織實際的運作方式，摸清楚哪些人真正擁有權力與影響力。如今，組織的成功取決於組織網絡，而不是位階排序。不成功的經理人往往看不出這些人脈如何運作，導致其發現、評估與調整組織策略的能力因此受限。理解人際網絡對成功至關重要，不論是透過結交朋友、影響他人、與正確的人交流，還是徵求意見或尋求支援。

在正式的組織架構之外，員工也會在私下建立自己的人脈，以獲得專業指導、徵詢意見，並獲得同儕支援。許多工作通常是靠這類非正式的互動關係才得以完成。

社會計量學（sociometry）的研究已有超過八十年歷史，這是一種測量社交關係的定量方法，被公認為社會網絡分析（social network analysis）的先驅。創立這個方法的完形心理學家雅各布．莫雷諾（Jacob Moreno）將它定義為「團體組織的科學」，這方法不是從團體的外在結構（表層）解決問題，而是直搗其內在結構。作法是藉由揭開凝聚團體的隱藏結構，找出團體裡的小圈圈（cabals）、行為偏差者（deviants）、非信徒（non-believers）與狙擊手（snipers）。社會計量學宛如為組織照X光，得到的結果總是引人入勝。

但時代還是在進步，如今我們能以漂亮的數據和細膩的問卷，一窺組織的真正面目。組織會利用組織網絡分析（organizational network analysis, ONA）找出這些非正式的互動網絡，以診斷出潛藏於組織結構內的誤差。藉由披露哪些地方具有或缺乏某些關係，組織網絡分析可以幫助緩解這類功能障礙，以降低團隊工作流程效率過低所增加的工作成本。

此外，也可以透過「圖表視覺化」深入了解員工之間各種類型的關係。圖表是很迷人的東西，可以從中看出部門內和跨部門溝通及信念的模式，呈現出某些人竟然是不同部門之間實質上的媒介、哪些管理者極不受信任，更驚人的是，某些低位階的人其實是重要網絡的中心人物。

在個人層次上，也可以看出並描繪出哪些人在網絡中扮演重要角色，例如中心聯繫者、情報中介者、明日之星。了解他們的個人特徵（例如人格、態度、價值觀等），以及在網絡中的位階，有助於更有效地分配資源、改善流程。

- **中心聯繫者**：擁有最多直接人脈的重要人物。他們通常是性情沉穩的外向者，擅長自我監督，也就是在人際關係中的敏銳度及適應性相當高。他們當然善於溝通，但也可能因此忙碌過頭。此外，如果一個團隊過度依賴中心聯繫者，他或她可能就會成為導致團隊情報流通及決策過程變慢的瓶頸。
- **情報中介者**：能聯繫功能性、階層性或地理性屏障兩端者的高槓桿人物。這些人可以驅動改變，有效地擴散情報，並擔任多元觀點與意見的橋梁。許多是某領域的專家，被視為擁有豐富知識及卓越判斷能力的人才。若將他們移除，情報交換的速度與效率就會降低。
- **明日之星**：從正式位階的結構中看不出來，但在情報網絡中占有關鍵位置。「組織高層」通常沒看出這些人在權力遊戲中的重要性，而且這些被「高層」視為明日之星的人，幾乎都是社交孤立者。

有見地的人都知道，了解組織裡「真正」權力結構的重要性。他們試著透過網絡看清楚誰知道什麼、做些什麼、控制什麼。這可能需要花很長的時間，而且常常猜錯。

但如今有了組織網絡分析，只需要幾個小時就能辦到。

網絡中的性別差異

為什麼爬到最頂端的男性比女性多？一個解釋認為，女性比男性缺乏進入職涯提升網絡的管道使然。學術研究證明了建立強大的網絡有許多好處，包括提升動機、社會支持、工作表現及個人的職涯前景。

各種研究證明，男性與女性的個人網絡有結構上的差異。男性通常擁有較多工具性人脈，也就是可提供工作相關資源的人際關係；女性則擁有較多表達性人脈，也就是提供情緒支持及社會支持的人際關係。女性的網絡通常較小而親近，男性則將網絡視為在競爭中超前的手段，比較關心人際關係能帶來哪些幫助。女性喜歡與他人和睦相處，男性則喜歡超越他人。

男性似乎偏好為表達性與工具性的目的建立網絡，女性與其他女性通常只建立表達性的關係，但偏好與男性建立工具性的關係。

網絡上的性別差異產生兩種重要結果。第一，男性比女性更常建立「多重關係」，也就是同時交換私人與工作資源的關係，這被證明是成為高階主管的關鍵要素。第二，男性與女性都會與男性建立工具性的關係，導致女性鮮少扮演非正式／自然的影響角色，這對女性建立明確的領導者身分也有負面影響。

在大權幾乎握在男性手中的環境下，女性的網絡中可利用的高階人物（不分男女）通常較少。這個差異源自女性對工具性活動較不感興趣，然而這是建立強大網絡所必備的條件。

◆參考文獻

Ibarra, H. (1993). Network centrality, power, and innovation involvement: Determinants of technical and administrative roles. *Academy of Management journal, 36* (3), 471–501.

Watson, J. (2012). Networking: Gender differences and the association with firm performance. *International Small Business Journal, 30* (5), 536–58.

063 正常與瘋狂

瘋狂在他最需要它的時候離開了他。

——羅傑・麥高（Roger McGough），《Tramp, Tramp, Tramp》，一九八六

研究異常行為的臨床心理學家，會檢視失調錯亂的習慣、思想或衝動的形成原因、外顯症狀與治療方式。無可避免的，這些異常行為都會造成壓力，可能肇因於環境、認知、遺傳或神經性因素。

對於臨床心理學而言，重點不在行為本身是否異常，而是它是否屬於造成苦惱與社交障礙的適應不良。如果一個人的行為看似悖離理性，或可能對自己與他人造成傷害，就會被視為異常。心理學界稱之為「精神病理學」，圈外人則稱之為「瘋狂」或「精神失常」。

雖然要找到身陷苦惱或行為怪異的人相對容易，但要定義「異常」卻困難得多。

正常／異常：看待這個問題的五種方法

- **主觀性**：以自己的行為及價值觀做為評斷正常的標準。和自己一樣的就是正常，和自己不一樣的就是異常。這種判斷法也傾向僅以簡單的分類做思考：正常／異常／極度異常，忽略不同類型之間有重疊的可能性。
- **規範性**：相信有一套理想、合意的規範，大家的思考與行為都應該以它為準，一個人愈是偏離這套規範，就愈異常。這個方法在乎的是「大家應該如何」，而不是「哪些是合理的」。
- **文化性**：從服飾穿著到舉止態度，所有潮流均為文化所主宰。某些事是禁忌，某些則屬違法。一個人與文化規範的距離愈遠、差異愈大，就愈可能被判定為異常。不過，對於正常的定義，也會隨著文化信仰及實踐的改變而產生變化。
- **統計性**：所有統計學家都熟知鐘形曲線或常態分配的概念。它有特殊屬性，也最為情報領域所熟悉。這種模型有一個缺點，就是一種行為經常出現，並不代表它就是健康或可取的。此外，雖然它可能適用於容易計量的能力，但用在人格或精神疾病等較微妙或多層面的對象，就沒那麼適合。
- **臨床性**：社會科學與臨床醫學試圖評估人在有效性、組織性及適應性方面的功能。有一大部分視評估的是哪些層面而定。雖然他們試圖做出最可靠的診斷，但醫師也同意正常／異常的分界線是模糊且主觀的。異常通常與適應不良、痛苦或怪異行為有關。

普遍同意的標準

心理學對異常的定義有幾種「普遍同意」的標準。這些標準被稱為4D，分別是：苦惱（distress）、偏差（deviance）、失能（dysfunction）、危險（danger）。異常會造成痛苦與折磨。急性痛苦與慢性痛苦是一種標準；另一種標準則是適應不良／無法過日常的生活，例如從事一份工作、維持幸福的人際關係，以及針對未來做規畫。

一個常見的標準是「非理性」，指一個人對社會、物質世界，也包括精神世界，有著怪異、不合邏輯的看法，外人往往無法理解他們的行為。異常者是難以預測的，性情可能非常不穩定，會從一個極端走向另一個極端，而且無法控制自己。他們的行為經常顯得很不得體。

他們的異常是非傳統、罕見、令人厭惡的行為。此外，異常在道德層面是違規、違反道德標準、藐視社會常規。違法、不道德、令人厭惡的行為就是異常。

異常另一個有趣的標準，就是讓周遭的人產生不悅。不論是朋友、家人，還是旁觀者，明顯的異常都會讓旁人感到不舒服。

異常的定義也有一些明顯的問題。

第一，一個健康的人在不健康的社會裡常會被貼上異常的標籤。歷史上不乏病態社會對於不服從、不贊同他們對思想及行為的狹隘（不健康、令人難以適應的）標準的個體，極度無法容忍的例子。

第二，當然，專業的觀察者並不會同意正常／異常的分類。即使異常的分類標準再多元，對判定一個人為異常的標準，還是會有根本上的意見分歧。

第三，演員和觀眾一定會有差異：一個人異常與否該由誰來論斷？「演員」鮮少會認為自己異常，絕大多數人對自己的看法相對正面，而且還握有他人無從得知的資訊。但自我診斷有一些廣為人知的陷阱和風險。以觀眾的身分為他人貼上異常標籤是比較容易的，尤其是對與眾不同或令人備感威脅的人。

五十年前，瑪麗・傑哈塔（Marie Jahoda）以一份簡單但有效的檢查清單，定義了理想的心理健康，有以下六點：

1. **對自我持正向態度**：培養正向而務實的自尊心。我們需要對自己有（適度的）自信，以及強烈的自我認同感。
2. **自我實現**：也就是滿足自己，達成自己的目標、探索自己的才能，並培養出自我調節的能力。
3. **自主**：養成獨立自主、自力更生的能力。凡事靠自己，不依賴他人，順利融入群體之中。
4. **對抗壓力**：不會時常感覺自己受壓力折磨，或找不到應付壓力的策略。追求自我成長。
5. **掌握環境**：感覺自己可以輕鬆適應新的情境或人生境遇，成功地適應任何情況。
6. **正確理解現實**：建立和其他人相近的世界觀，拋開扭曲的觀點。

◆參考文獻

Furnham, A. (2015). *Psychology: 50 ideas you really need to know.* London: Quercus.

Jahoda, M. (1958). *Current concepts of positive mental health.* London: Penguin.

064

服從與從眾

到頭來，美國的理念就是每個人盡可能愈相似愈好。

——詹姆斯・鮑德溫（James Baldwin），《土生子札記》（*Notes of a Native Son*），一九五五

大多數人都是其他人。他們的想法就是其他人的意見，他們模仿別人的生活，他們引用別人的情緒。

——奧斯卡・王爾德，《來自深淵的吶喊》（*De Profundis*），一八八一

為什麼人會遵從、順從、服從他人的命令？「服從」與「順從」有以下四個相異點：

- **位階**：順從控制的是地位相等者的行為，服從則是兩種不同地位的連結。
- **模仿**：順從是模仿，服從則不是。

- **明確性**：在服從中，行動的處方（也就是命令）是明確的；在順從中，明確的是與團體行動一致的要求。
- **自願性**：由於順從是對暗示性壓力所做出的反應，順從者會認為自己的行為是出於自願的。

然而，大眾將服從的情境定義為被剝奪自願性，因此服從的行為可以完全以這種定義解釋。

心理學界曾進行過兩項非常有名的順從實驗。第一項叫做自動移位研究（auto-kinetic study）。受測者坐在一個完全黑暗、但可以看到一個固定光源的房間內，並被要求在看到光源移動時加以描述。在其中臥底的實驗助理們會喊「有，稍微移向右邊了。」接下來另一人又說：「我也看到了，光在移動沒錯。」但光源從頭到尾都沒有移動。這個實驗研究的重點是：有幾個人聽到實驗助理所說的話之後，也堅稱自己看到光源有所移動？

另一項更有名的研究要求受測者加入一小群看似跟他們一樣，但其實是實驗助理的人。他們被要求判斷一把線，找出哪些線比其他的長或短，但沒多久，這群人就給出明顯錯誤的答案。這個實驗的研究重點是：受測者有沒有、在什麼時候、基於什麼原因選擇順從？接下來，實驗會改變一些變數，並發現一些影響順從度的因素。

1. **工作難度與模糊性**：受測者對模糊刺激的順從度愈低，就愈會將他人視為情報來源，尤其是與社會現實相關的意見和能力。

2. **刺激的性質**：它適用於不同的判斷，例如節拍器的點擊、態度項目、算術等彼此間差異甚大的問題。
3. **來源確信度**：對來源的能力愈確信，人就愈順從。
4. **群體規模**：一些證據證明，群體內有多少人（兩人、四人，還是六人）無關緊要，其他證據則證明曲線的關鍵「門檻」為四人。在現實生活中，較大的群體可能構成較大的威脅。
5. **群體判斷的不確定性**：只要有一個反對者打破一致通過的協議，對群體判斷就會產生相當程度的影響。但如果一個極端反對者的反應比群體更間接，則這種情況的程度就會較小。
6. **團體組成和吸引力**：同質性很重要。男性對全由男性組成的群體，比對男女混合的群體順從。如果群體要求的是一致同意，則受群體所吸引的人會比較順從；但如果群體要求的是正確答案，他們就不會這麼順從。
7. **被群體接受**：被接受、較有安全感的成員，就比較不順從。

二十世紀最戲劇性的心理學實驗，就是其著作造成轟動的史丹利・米爾格蘭（Stanley Milgram, 1974）的實驗。這項實驗證明，只要四美元的酬勞，就能讓善良、正常的美國中產階級，將一個完全清白，只是不擅長記住搭配詞組的人電擊致死。

米爾格蘭告訴受測者，這是一場研究人類學習行為的實驗。他們需要做的是，當實驗中的學習者（一個不討人厭的中年男人）沒學會一對詞組彼此之間的關聯時，就要電擊他。

實驗一開始很平和，學習者答對幾個詞組，但很快就開始答錯，並遭到十五伏特的輕微電擊。當電擊來到七十五伏特時，學習者開始抱怨痛苦。到了一百五十伏特時，學習者開始尖叫：

「放我出去！我不想再參與這項實驗了！」

學習者持續發出痛苦的哀號。哀號愈來愈強烈，到了兩百七十伏特時，開始升級成痛苦的尖叫。實驗者或「老師」，正在做的儼然是刑求！

到了三百伏特時，學習者的尖叫聲變得絕望，而且不再回答問題。實驗者這個冷血、鐵石心腸的權威人物，指示受測者務必堅守原則，不作答就視同答錯，應依規則施以電擊。

四十位男性受測者中，有二十六位撐到了最後；而且走完整個實驗過程的受測者男女人數相當。完全服從於實驗者的受測者，在四百五十伏特時停止向學習者施以電擊，不過這是因為實驗者叫他們住手。

影響服從度的因素

與受害者的距離	與受苦的受害者關係愈近，受測者就愈服從。
與權威人物的距離	與發號施令的權威人物距離愈遠，受測者就愈不服從。
體制環境	米爾格蘭的服從實驗在耶魯大學外一座廢棄的辦公大樓中進行，僅些微降低服從度。
順從壓力	服從的同儕會增加受測者的服從度；不服從的同儕則會大幅降低受測者的服從度。

發號施令者的角色	人在他人被視為有合法權力時，會對他人最服從。
指令	在米爾格蘭的研究中，受測者大致服從實驗規則，但對其他受測者並不服從。
人格特質	米爾格蘭的研究評估證明，人格特質與服從的關係不大。
性別	米爾格蘭發現，男性和女性在服從的程度上沒有任何差別。
文化差異	跨文化研究證明舉世的文化都有一些差異，但在米爾格蘭的實驗中，不分文化，受測者的服從度都是偏高的。
態度因素	宗教信仰虔誠的人較可能在米爾格蘭這類實驗中表現服從。
意識形態因素	對個人責任及服從的態度，會影響對一個人是否該為在服從的情況下所犯的罪行負責的看法。

◆參考文獻

Asch, S.E. (1952b). *Social psychology.* Englewood Cliff s, NJ: Prentice Hall.

Blass, T. (1991). 'Understanding behavior in the Milgram obedience experiment: The role of personality, situations and their interactions'. *Journal of Personality and Social Psychology. 60* (3): 398–413.

Milgram, S. (1974). *Obedience to Authority.* New York: Harper & Row.

065 職場政治：憤世嫉俗者和精明者

寫備忘錄不是為了向讀者解釋，而是為了保護作者。

——迪安・艾奇遜（Dean Acheson）

一個人為了政治生涯而拋棄朋友，人間的愛沒有比這個更偉大的了。

——傑瑞米・索普（Jeremy Thorpe），一九六二

「職場政治」是個糟糕透頂的東西。問大家這四個字代表什麼，他們會回答：暗箭傷人、阿諛奉承、拍馬屁、表面工夫、利用他人、暗藏玄機、裙帶關係、暗盤交易、爭權奪利、罣固酮過高。要大家以一到十為自己的公司評分，一定沒幾個人會說十一分。

那麼，為什麼有些公司會比其他公司更常發生這種事？以下是幾個可能的解釋：高層競爭過於激烈；個人及部門目標不清；組織結構複雜；對績效缺乏明確定義；變化幅度過高（或過低）；懲罰文化盛行；資源有限；工作隨時可能不保。

這個概念有哪些主要特徵？第一，可能是保密需求、祕密議程，以及不為人知的一切行為。成員被分成圈內人和圈外人兩種，政治是排他性的，職場政治就是不該被審查的過程、程序及決策，政治原本就是不透明的。第二，有一種管理叫做「印象管理」，說穿了就是虛偽作假。第三，職場政治就是追求自利，在乎的是權力、金錢及名望。一小撮特權人物結黨營私，透過對活動、過程及程序的操控，壟斷他們（而且僅限於他們）的利益。一些人因共同的氏族、意識形態或貪念組成小圈子，相互合作為自己攫取更多公司的資源。就這一點而言，至少對股東來說，職場政治與公司的長期利益是相違背的。

負面看法很清楚。政治會導致不信任、爭執及產能下滑。人們並不會公開分享，而是會保持戒心。大家會把太多時間和心力耗費在討好自己所屬的小圈圈，以及服膺體制。

精明者

但職場政治還有正向的面向，它能建構、強化網絡與聯盟，可以讓大家做好準備，面對最困難的任務——改變。它也可以執行必要但沒人想做的策略，還能找出最有活力及遠見的人，也就是擅長指揮各類支持者的人。

這個領域的研究者主張可以將員工分為兩種人：一種人相信公司是理性、講理、公正，另一種人將公司視為有許多缺陷的人為體系（DeLuca, 1999）。前者是習於迴避政治的人；有些是出於憤世嫉俗，其他則是堅信努力工作就能成功。後者，也就是積極在職場政治圈中打滾的人，又可分為馬基維利主義者及精明者兩種。兩者都對政治相對敏感，但精明者講求廉政，馬基維利主義者則否。

精明者在職場上可以看出有些人比其他人更有勢力，不論在位階還是其他類型的影響力。對大多數人而言，升遷很重要，但這可能造成同事之間的競爭，或與整個團隊或個別成員的目標不符。大多數人在乎工作上的決策，而這也促成他們做出政治性的行為。工作相關目標及個人因素，都會對工作上的決策產生影響，而兩者之間會產生衝突。同一家公司的員工及團隊通常得為有限的資源競爭，衝突也就隨之而起。每個團隊都要滿足自己的需求及目標，即使這有時與公司整體的利益相違背。

政治嗅覺敏銳的精明者通常會：

1. **與上司交好**：除非你擁有特殊且不可取代的知識或技能（或是與執行長有交情），否則上司的權力一定大於你。政治嗅覺敏銳的精明者懂得如何利用這一點讓自己「往上爬」。
2. **培養團隊精神**：經營各種網絡人脈，可以讓你獲得更多情報。政治嗅覺敏銳的精明者懂得朝各個方向培養正向人脈。
3. **了解權力結構**：公司是由不同權力位階者所組成的，權力時常發生轉移。要爬上顛峰，就必須懂得該在哪些槓桿上施力，知道哪些人有影響力（正式／非正式），哪些人則無，以及自己的斤兩又有多少。
4. **低調自我推銷**：若是其他人不知道你做了哪些事，沒有人會看出你的才幹。因此，你需要以不突兀的方式提及自己的成就和職責，例如將進度報告傳給上司，或在午餐時間聊聊自己正在經手的業務。

5. **與掌權者打好關係**：你的職涯重大決策將由比你的主管更高層的人決定（或背書），因此你必須讓他們認識你。即使管道可能有限，還是應該把握與他們互動的機會，事先準備好屆時要問的問題，或是與他們分享的資訊。

6. **全心投入工作**：漠然、冷淡的態度絕不會讓任何人產生好感。如果希望決策高層能對你有好印象，你必須對工作有興趣、有熱忱，因為不難猜到他們就是如此。政治嗅覺敏銳的人，會選擇自己感興趣、有熱忱的職業。

精明者擁有的政治技能是：有效率地了解其他同事，並善用這些知識影響他人，讓大家幫助他達成個人或公司的目標。這項技能包括以下四種因素：

1. **社交敏銳度**：具備敏感度、洞察力，能適應日常人際互動的所有變幻莫測和細微差別。必須對心理有意識，也對自己及他人保有覺察，像是你給其他人什麼印象，他們其實是怎麼想的。

2. **人際影響**：在各種情境下都具備說服力。這同時也代表具備適應力及彈性，是一個高明的談判專家。

3. 網絡經營能力：了解人際網絡的可用性，更重要的，能建立一系列結盟、合作和友誼網絡。這需要高度的交易、衝突管理及談判技巧。

4. 表現真誠：在所有場合都表現得真誠、可信，不論你真正的想法或感覺是什麼。

職場政治是無法避免的。每個人都可以學會變得精明、具備政治手腕與嗅覺，最重要的，秉持誠信行事。

◆**參考文獻**

Deluca J. (1999). *Political Savvy.* Berwyn, Pennsylvania: Evergreen.

Ferris, et al. (2005). Development and validation of the political skill inventory. *Journal of Management,* 31, 126–152.

066 教養方式與依賴

為人父母的藝術在於，趁寶寶沒看到的時候睡覺。

——俗諺

孩子們無可避免地將父母視為生活專家。

——亞當・菲立普（Adam Phillips），《恐懼與專家》（*Terrors and Experts*），一九九五

教養是一個非常重要的職業，但對它的任何檢驗，從來都不是以孩子的利益為出發點。

——蕭伯納，《每個人政治上的真知灼見》（*Everybody's Political What's What?*），一九三〇

任誰都能清楚看出，不同父母教養孩子的方式有許多系統性及一致性的差異。這些差異是由許多因素的影響所造成，包括父母的年齡及社會階層，他們的社會、宗教及文化價值觀，以及人格與認知能力。

有人斷言，父母教養兒女的方式，會跟自己兒時被教養的方法相近，對於絕大多數人而言，父母就是自己唯一的榜樣。但很清楚的是，不同的教養方式會促成許多關鍵性的後果。

從研究教養方式的各種方法中，可以看出父母的教養方式始終被區分成兩個層面：

1. 區分為對孩子控制與要求較多的父母，以及要求較少的父母。
2. 區分為以孩子為中心、較接納孩子且較熱情的父母，以及以父母為中心、較不接納孩子且較冷淡的父母。

三十多年來，發展心理學家一直試圖提出一種簡潔、敏感，可以準確描述不同風格的分類方案，這是此領域研究不可或缺的先決條件。因此，有不同的模型與方案被提出，隨之而來的是不同的測量方法。不過，這些模型與方案之間的共通點比分歧點還多。

黛安娜・鮑姆萊德（Diana Baumrind, 1982）針對不同的教養模式，進行了一項大規模的研究。她定義出三種教養模式（開明權威、威權專制、寬鬆放任），從經驗值也可以看出不同模式會對孩子產生不同的結果。

1. **開明威權的父母**，被認為是最有助於孩子發展的類型，他們結合了控制與接受，在教養上採取以孩子為中心的立場。他們很嚴厲，而且期待孩子能養成合宜的紀律與行為，但又願意解釋規矩與懲罰背後的理由，同時也會尊重孩子的看法。這類父母會被子女視為溫暖且有益的。在他們教養下的孩子，通常也會養成獨立、自信、體恤大人、善待同儕、有知性、熱愛人生、上進心強烈的個性。
2. **威權專制的父母**，教養孩子時往往比較獨裁，會強迫孩子遵從他們不可動搖的標準，被認為是不溫暖、缺乏感情的。這種教養方式通常會讓孩子養成不擅長自力更生、不負責任、缺乏上進心的個性。
3. **寬鬆放任的父母**，其特徵是接受、熱情、以孩子為中心、不懲罰，對孩子沒有太多要求，孩子的所有活動都放任他自己主導。在這種教養方式下成長的孩子，通常個性比威權專制教養下的孩子正向、有活力。但由於缺乏抑制衝動、培養責任感與自力更生方面的訓練，在行為上可能比較不成熟。

了解這些教養模式的特徵後，會發現大多數父母都會使用這三種方式，適時適所地採取最適合的模式。

寬鬆放任的父母對孩子要求較少，盡可能讓孩子管理自己的活動。因此，寬鬆放任的父母通常比較不會控制，也最不會懲罰孩子。

威權專制的父母對孩子通常會嚴格管控，而且期待孩子無條件地服從他們的權威。黛安娜·鮑姆萊德主張，威權專制的父母會限制孩子與他們做口頭溝通，偏好以懲罰手段控制孩子的行為。鮑姆萊德將寬鬆放任父母與威權專制父母視為光譜上的兩個極端，開明威權父母則處於兩極之間，他們在給予孩子清楚明確指導的同時，也兼具溫情、講道理及口頭溝通。

研究者發現，每一種教養方式與孩子從兒童、青少年到成人的行為之間，都有清楚的關聯。這些行為包括吸毒、非法行為、教育程度及經濟行為。萊斯·卡爾森（Les Carlson）與桑福德·格羅斯巴特（Sanford Grossbart）在一九九八年界定出五種教養方式：威權專制、寬鬆放任、嚴格控制、開明威權、忽視，並研究這些方式與消費者社會化（consumer socialization）之間的關係。

威權專制型父母認為孩子由自我中心與衝動的力量所主導，因此需要嚴厲控制。這些父母以宗教或其他由權威人物所背書的標準，來判斷孩子的操行，期待孩子無條件服從，以規矩嚴格約束，譴責並懲罰輕率的行為。威權專制型父母相信自己無所不能，迫使孩子扮演從屬角色，壓制自主表現且不鼓勵孩子與自己做口頭溝通。他們相信孩子沒有多少權利，但必須肩負和大人同樣的責任。

嚴格控制型父母與威權專制型父母很相似，唯一差異是在教育孩子社會化上，他們冷靜疏離的態度限制了情感的投入。

忽視型父母跟嚴格控制型和威權專制型一樣，會與孩子保持距離。他們不對孩子施加多少控制，或許是因為他們以自己為中心，拒絕並逃避教導孩子的義務使然。他們對孩子既不約束，也相對缺乏溫情及對孩子發展的關懷，認為孩子沒有多少權利或責任，因此也不需要父母關注，反正孩子會照顧自己，不需要多少溝通。因此，忽視型的父母不太監控孩子，或鼓勵孩子培養自力更生的能力。

就溫情這一點而言，忽視型父母的分數最低，寬鬆放任型和開明威權型的父母則是最高。開明威權型父母在某些議題相當嚴厲，寬鬆放任型父母在這方面的分數則最低。各種教養方式在不同議題上可能看法分歧，從親子對話的品質及頻率，到父母如何控制、限制及協調看電視的時間等等。

◆參考文獻

Baumrind, D. (1982). Are androgynous individuals more effective persons and parents? *Child Development*, 53, 44–75.

Carlson, L., & Grossbart, S. (1998). Parental style and consumer socialization of children. *Journal of Consumer Research*, 15, 77–94.

067

被動攻擊型人格：刻板印象中的婆婆

攻擊性是人類與生俱來、獨立、本能的特質。

——西格蒙德・佛洛伊德，《文明與缺憾》（*Civilisation and its Discontents*），一九〇二

憤怒的最佳解藥就是延宕。

——塞內卡，《論憤怒》（*De Ira*）

回答溫柔使憤怒消退。

——《聖經・箴言》

最具爭議性的人格違常，就是被動攻擊型人格違常（Passive-Aggressive Personality Disorder, PAPD）。這個概念在二次大戰後不久的美軍中被提出，原本用來形容難相處、孩子氣、形同社會

異議分子的士兵，指涉的是軍人藉「自願失能」怠職的行為，後來被心理學家借用在民間生活。

一九五二年出版的《精神疾病診斷準則手冊》第一版中，只列出十幾種人格違常，被動攻擊型人格違常就是其中之一。原本在這框架中界定出了三種相關類型：黏人、無助、優柔寡斷的被動依賴型；效率低下、浮躁、固執、容易拖延又非常礙事的被動攻擊型；以及具破壞性、易怒、滿懷怨恨的攻擊型。十六年後，後兩者被合併成被動攻擊型人格違常。

有人主張被動攻擊型人格違常患者會「狙擊而不對抗」，並會遮掩自己對權威的反對及抵抗，特徵是推卸責任並破壞他人。其症狀隨著《精神疾病診斷準則手冊》的內容更新持續增加，加入了明顯的健忘、偷懶與蓄意的降低效率等特徵。但第三版手冊卻將被動攻擊型人格違常刪除，因為它被認為不屬於症候群或疾患，而是對特定（職場）情境所展現的特定行為反應；意即它是因情境而異的，並不是一種特質，而是一種可能起源於童年社會化過程的反應模式。

到了《精神疾病診斷準則手冊》第四版，被動攻擊型人格違常被正名為「消極型」（negativistic），並且從主文被挪到附錄中。許多行為描述維持不變，例如對例行公事抱持抵抗態度、持續抱怨自己被誤解、慍怒好爭辯、藐視所有當權者、對相對幸運者充滿嫉妒及怨恨、持續抱怨自己的不幸。

常見的表現

這種人格類型非常堅持「做自己的事」，堅守「做自己的權利」，並堅信有權以自己的方式做自己的事，任何人都不能剝奪他們的權利，於公於私都無權支配他們。他們喜歡有人陪伴，但強烈保護自己不受剝削，對公平極度敏感。

被動攻擊型人格並不是隨時都很緊張。他們被要求做自認為不公平的事情時，會生悶氣、拖延和遺忘。之所以稱為被動攻擊型人格，是因為他們通常不會公開挑釁，但又常處於憤怒狀態。他們傾向潛伏狙擊，而不是公然對抗，總是滿腔怒火，而且雖然他們需要這種情緒，但對它又滿懷怨恨。他們本質上是對立派而不是果決派，在職業上通常是向下流動（downward job：工作愈換愈差，薪水愈來愈少）。

《精神疾病診斷準則手冊》第三版對被動攻擊型人格的定義是：

從成年早期開始出現在各種環境背景中，對社交和工作表現的適當要求，普遍持被動抗拒的態度，至少表現在以下幾個方面：

1. 拖延（Procrastinates），遲遲不把該做的事做好，往往無法在時限前把事情做完。
2. 被要求做不想做的事時，會變得悶悶不樂、易怒或好辯。
3. 被指派不想做的工作時，會刻意放慢速度，或做得不好。
4. 無正當理由就抗議他人對自己提出不合理的要求。
5. 藉由聲稱「忘記」逃避義務。

6. 相信自己的工作表現比其他人認為的好。
7. 他人對自己提出如何提高工作效率的建議時，會表示不滿。
8. 未能完成自己的工作時，會妨礙他人努力。
9. 毫無道理地批評或蔑視處於權威地位的人。（pp. 212–13）

有些人認為這種人格過得很從容。他們只依自己的節奏行事，對自己的技能及能力很有自信，憤世嫉俗地貶抑他人（尤其是優於自己的人）的天賦與動機，而且堅持以自己的步調做事。被要求動作快一點時，他們容易生氣或刻意做得更慢。他們常感覺自己受到不公平對待、不受賞識或被利用，而且當發現自己被占便宜時會進行報復，但通常只限於極度不配合。他們掩飾煩惱並假裝配合的技巧高超得令人訝異，隱藏的怒氣與蓄意拖拖拉拉也很難被察覺。

被動攻擊型人格對壓力及工作重擔的因應方式是放慢步調，無視提高產能的要求，並找出方法逃避工作。他們會裝得極為配合且和藹可親，因此需要很長的時間才會發現他們其實有多沒效率、多不聽話。

必須留意的是，他們並不像外表看起來那麼合群，不過是佯裝同意關於工作和績效的要求。同時，也需要在證人眼前公開讓他們遵守績效目標，讓整個群體一同監督。社會壓力無法改變他們對世界的看法，但能使他們的績效缺陷更不容易被忽略。

約翰・奧德姆與路易斯・莫里斯（1991）主張，以下五種特質與行為可以解釋所謂的從容人格（leisurely style）。一個人格輪廓中具有強烈從容傾向的人，會比其他人更密集展現這些行為。

1. **不可剝奪的權利**：他們相信應該憑自己的意志來利用時間、享受生活。
2. **夠了就好**：依規矩做到該做的程度，他們就不會再做更多。
3. **有權抵抗**：容易拒絕他們認為不合理或超過職責的要求。
4. **以後再說**：他們不守時，不把緊迫時限當一回事。令人驚訝的是，他們總是樂觀且隨遇而安地相信事情該做完的時候就能做完。
5. **我很好**：他們從不尊重權威，只接受自己的生活方式。

◆參考文獻

Furnham, A. (2014). *Bullies and Backstabbers.* London: Bloomsbury.

Furnham, A., & Crump, J. (2017). Personality Correlates of Passive-Aggressiveness: A NEO-PI-R domain and facet analysis of the HDS Leisurely Scale. *Journal of Mental Health, 57*, 117–22.

Oldham, J., & Morris, L. (1991). *Personality self-portrait.* New York: Bantam References.

068

人格違常：陰暗特質

讀研究所時，我學到這個簡單的辨識法：把自己逼瘋的人有精神官能症（neuroses）或精神錯亂（psychoses）。把別人逼瘋的人則是有人格違常。

——阿爾伯特．伯恩斯坦（Albert J. Bernstein），《情感吸血鬼：如何對付吸乾你能量的人》（*Emotional Vampires: Dealing with People Who Drain You Dry*）

許多人格違常會隨著時間痊癒。心理或醫學治療通常有效，但有時需要的就只是精神上的支持。

——英國國民保健署（NHS）

心理學家對人格特質很感興趣；精神科醫師關心的則是「人格違常」，感興趣的是「人格運作」。他們研究的人格違常通常發生在人生早期（童年或青少年時期）、有廣泛性的影響（在生活的所有層面上），但預後相對欠佳（難以治癒）。

多年來，精神科醫師定義出各種疾患：進食障礙症、性變態、性別認同障礙、焦慮症及情感疾患。他們在釐清與確立診斷標準方面取得了長足的進步，成果見諸於《精神疾病診斷準則手冊》。

精神科醫師及心理學家對一些關於人格的簡單假設持共通見解，兩者都重視人格的穩定性。《精神疾病診斷準則手冊》的標準提及「持續模式」、「缺乏彈性且普遍」、「穩定且長期」。行為模式並不是藥物作用或其他身體病況，因此人格模式更不是另一種精神疾患的跡象或後果。將兩者明顯區分的就是：失能。

兩者都認為人格因素與個人功能的認知、情感和社會方面有關。換言之，人格違常或特質會影響人的思考、感受及行動。人格違常的表現是一個人的行為在此時「明顯偏離」其所屬文化的期待。該手冊清楚載明了，「怪異行為」並不屬於某特定文化圈的人所展現的習慣、習俗、宗教或政治價值。

《精神疾病診斷準則手冊》提及所有人格違常都有悠久歷史，而且發病時間都在青少年時期或之前。此外，其中也有些性別差異，反社會人格違常好發於男性，邊緣性、做作型及依賴性人格違常則好發於女性。

該手冊以極大篇幅指出某些人格違常看起來像其他疾患，例如焦慮症、情感疾患、精神病、藥物相關等，但具有獨特的特徵。該主張的重點是「必須將人格違常與未達到人格違常門檻的人格特質區分開來。只有當人格特質固定不變、適應不良、長期持續，並導致顯著的功能障礙或主觀痛苦時，才能被診斷為人格違常。」

《精神疾病診斷準則手冊》第四版所提供的清晰概括：

人格違常的一般診斷標準

A. 長期持續、明顯偏離個人所屬文化期待的內在體驗及行為模式。這種模式體現在以下兩個（或更多）方面：

1. 認知功能（也就是感知及解釋自我、他人與事件的方式）
2. 情感功能（也就是情緒反應的範圍、強度、責任與妥當性）
3. 人際關係運作
4. 衝動控制

B. 長期持續在個人及社交情境中的各方面表現不靈活。

C. 長期持續導致臨床上顯著的痛苦，或在社交、工作或其他重要功能領域受損。

D. 該模式穩定且長期持續，其發病時間至少可以追溯到青春期或幼兒期。

E. 長期持續且無法解釋成另一種精神疾患的表現或後果。

F. 長期持續且不是由物質（例如濫用藥物、醫藥）或一般醫療狀況（也就是頭部外傷）所導致的直接生理效應。

手冊中列出了超過十種被定義且可區分的人格違常。

- **妄想性人格違常**（Paranoid Personality Disorder）：不信任且懷疑他人到認為他人的動機均出於惡意。
- **類分裂性人格違常**（Schizoid Personality Disorder）：遠離人群，且情緒表達極為有限。
- **分裂病性人格違常**（Schizotypal Personality Disorder）：無法忍受親近的人際關係，認知或知覺扭曲，行為怪異。
- **反社會人格違常**（Antisocial Personality Disorder）：藐視並侵犯他人的權利。
- **邊緣性人格違常**（Borderline Personality Disorder）：無法維持穩定的人際關係，自我認識不清，並且明顯衝動易怒。
- **做作型人格違常**（Histrionic Personality Disorder）：情緒反應強烈，並喜歡引人注目。
- **自戀型人格違常**（Narcissistic Personality Disorder）：自認偉大超群，渴望受人景仰，且缺乏同理心。
- **迴避性人格違常**（Avoidant Personality Disorder）：無法建立人際關係，覺得自己不如人，對負面批評極度敏感。
- **依賴性人格違常**（Dependent Personality Disorder）：出於需要受人照顧的強烈需求而順從且依賴。
- **強迫性人格違常**（Obsessive-Compulsive Personality Disorder）：對秩序過度執著，完

美主義且控制欲強。

不過，還有另一種廣為人知的人格違常分類法。《精神疾病診斷準則手冊》也指出所有人格違常可以被分為三大群。

A群人格違常（怪異、離奇、古怪的）：妄想性人格違常、類分裂性人格違常、分裂病性人格違常。

B群人格違常（戲劇性的、不穩定的）：反社會人格違常、做作型人格違常、自戀型人格違常。

C群人格違常（焦慮、畏懼）：迴避性人格違常、依賴性人格違常、強迫性人格違常。

區分「個性」與「人格違常」最重要的方法之一就是「靈活性」。在職場上會遇到許多不易相處的人，但是那種因為生活持續過得不順遂而行為上變得僵化、不適應的人其實並不多。他們缺乏靈活性，出現無法面對壓力的反應，就是人格違常的跡象。

人格違常會影響人對自我的意識，也就是對自己，以及他人對自己的看法和感覺，通常也會強烈影響職場上的人際關係。人格違常體現在人如何「完成任務、接受和／或下達命令、做出決策、訂立計畫、處理外在及內在需求、接受或提出批評、遵守規則、承擔及下放責任，以及與他人合作」（奧德姆與莫里斯，一九九一，p. 24）。在職場上，反社會、強迫性及依賴性人格違常，尤其容易造成問題。

人格違常者難以表達並理解情緒。在表達上的強度及可變性，讓他們顯得怪異，更重要的是，他們在自我控制方面通常有嚴重的問題。

◆參考文獻

Furnham, A. (2016). *Bullies and Backstabbers*. London: Bloomsbury. Oldham, J. & Morris, L. (1991). *Personality Self-portrait.* New York: Bantam.

069 人格理論與測驗

一個人的人格反映了他人對他的看法及認知。

——金博爾．楊（Kimball Young），《社會心理學》（*Social Psychology*），一九四五

我把世人分成兩種階級：會把世人分成兩種階級的人，和不這麼分的。

——匿名

易怒的人愛喝，憂鬱的人愛吃，冷淡的人愛睡。

——諺語

全球已出版了超過十萬種人格測驗。一項研究針對超過三百名利用許多測驗進行選才與培訓的人力資源專家，詢問了關於各種最知名的人格測驗問題，結果如下一頁的表格。

你對性向測驗的態度

測驗	你有沒有聽過這份測驗？有%	你有沒有做過這份測驗？有%	你的公司有沒有使用這份測驗？有%	你對這份測驗的評價如何？1～10	這份測驗對選才有多少幫助？1～10	這份測驗對培訓有多少幫助？1～10
16種人格因素問卷（16 Personality Factor Questionnaire, 16PF）	85.5	63.9	28.6	6.94	6.16	6.59
巴昂情緒智商量表（Bar-On Emotional Quotient Inventory, EQ-i）	40.3	13.7	9.1	4.89	4.12	5.51
貝爾賓團隊角色表（Belbin Team Role Inventory）	71.8	59.3	39.8	5.49	3.55	6.24
五大人格測驗（Big Five, NEO-PI-R）	62.5	41.5	22.9	7.20	6.37	6.49
加州人格量表（California Personality Inventory, CPI）	46.3	23.0	7.5	6.87	5.42	5.71

企業文化問卷（Corporate Culture Questionnaire）	28.2	9.3	4.6	5.29	3.81	4.90
艾森克人格測驗（Eysenck Personality Tests, EPI, EPQ, EPP）	62.8	27.1	7.1	6.44	5.25	5.42
人際關係基本定向行為測驗（Fundamental Interpersonal Relations Orientation Behaviour, FIRO-B）	61.3	39.9	31.3	6.35	4.55	6.71
霍根人格問卷（Hogan Personality Questionnaires, HPI, HDS）	46.4	24.6	15.9	6.37	5.85	6.19
柯龍優異人格測驗（Kirton Adaptor Innovator Test, KAI）	26.3	8.5	3.3	5.12	4.20	5.23
員工潛力動機評鑑（Motivational Appraisal of Personnel Potential, MAPP）	25.1	5.7	3.3	5.31	4.98	5.23

測驗	你有沒有聽過這份測驗？有％	你有沒有做過這份測驗？有％	你的公司有沒有使用這份測驗？有％	你對這份測驗的評價如何？1～10	這份測驗對選才有多少幫助？1～10	這份測驗對培訓有多少幫助？1～10
動機問卷（Motivational Questionnaire）	40.5	19.4	11.7	6.00	5.05	6.03
邁爾斯－布里格斯性格分類指標（Myers-Briggs Type Indicator, MBTI）	84.2	72.2	55.6	6.92	3.82	7.25
職業人格問卷（Occupational Personality Questionnaire, OPQ）	79.8	52.6	34.7	6.98	6.12	6.03
職業壓力量表（Occupational Stress Inventory, OSI）	51.4	12.1	6.3	5.59	4.44	5.33
奧菲斯人格測驗（Orpheus Personality Test）	18.2	2.4	1.7	5.12	4.94	4.69

PASAT推銷員人格測驗（PASAT Sales Personality Test）	19.2	5.3	1.3	5.24	5.15	4.87
感知與偏好量表（Perception and Preference Inventory, PAPI）	31.3	12.1	2.9	5.08	4.71	5.03
個人特徵分析（Personal Profile Analysis, PPA）	28.3	10.9	6.3	4.87	5.66	4.70
PRISM團隊偏好問卷（PRISM Team Preference Questionnaire）	13.4	7.3	1.6	4.54	4.35	4.58
自我探索量表（Self-Directed Search）	38.6	30.6	29.4	4.85	4.31	4.89

需要選擇人格測驗時，有多種標準可供參考：

- **需要測量單一或多項特質時**：可以考慮採用單一特質（僅測量一個維度）或選擇不同的特質體系。大多數人格理論學家試圖發現基本的特質（例如基本表上的基本要素），再將它們悉數測量。

- **需要測量認知或生物學相關特質時：**例如，某些「特質」或人格維度明顯是從認知角度構思的。這些認知特質是指人們感知世界的方式，或認為自己或他人的行為是出於哪些原因。另一方面，某些特質，例如外向性或追求感官刺激，是從生物學的角度構思的，因此認為一個人的行為是生理、遺傳或生物差異所造成的。
- **「正常」及「異常」特質可以測量時：**例如，某些特質明顯是從異常行為的角度構思的，例如憂鬱症、心理病態或疑病症（hypochondriasis）。這些對「異常」行為的各方面衡量，雖然是有效的，有時確實與工作相關的行為相當一致，但不如「正常」特質有用，因為許多工作者絲毫不會展現出這些特質。不過，極為常見的神經質是例外。
- **動態特質與風格特質：**這兩者是佛洛伊德及新佛洛伊德學派（例如需要測量根深柢固、可能是無意識需求和恐懼的口腔期或肛門期人格），與不假定相同病因（童年時期）或過程的風格特質之間的區別。

十二個關於性向測驗的迷思

1. **所有測驗都有偏見，尤其是兩性與人種相關的偏見。**有些測驗的確會顯示兩性與人種的差異，但這並不代表它們不客觀，而是必須以特定方式使用，查核其用於人口的規範。偏見源自於它們如何被使用，而不是它們的測量目標。

2. **受測者都會說謊，因此答案是無用的。**如果每個人都不誠實地選擇了好的／理想的答案，大家的結果就會一樣，測驗也會失去效果。但在能力測驗中，受測者無法不誠實（只能表現得更差）。測驗設計者會利用一些技巧找出說謊者，例如測謊量表。

3.**做測驗會耗費太多時間與金錢成本**。比起面試者的年薪，或是失敗與行為脫軌所造成的損失，進行測驗的成本顯然微不足道。有些測驗的成本較之效果可能過於昂貴，但大多數都是相當划算的。

4.**測驗太不可靠，氣氛、健康及環境都會影響測驗結果**。其實真相正好相反。測驗的堅實度令人吃驚，在不同的場合與時間都會得到相近的結果。它們和多數醫學檢驗一樣可靠，甚至比某些檢驗（例如量血壓）更正確。

5.**測驗無法充分預測工作表現**。這可能是最重要的問題，不過這個問題端看非常簡單但極為重要的一點：測驗得分和可靠、具代表性的工作表現評鑑之間，有什麼樣的關係？良好測驗的使用說明中就包含了所有相關數據。

6.**大多數測驗無法測量正直度或積極性等最重要的特質**。這個看法並不正確，許多測驗就是為了測量正直度或積極性而設計的。事實上，在已出版的測驗中，以心理因素為測量目標的測驗就超過五萬種。

7.**反正人都會隨著時間改變**。就數據來看正好相反。過了二十幾歲之後，人直到七十幾歲都不會有太大變化。

8.**所有測驗都差不多**：沒有任何一個測驗比其他的成效更好。即使測量目標相同，例如同樣是測量智能或人格，測驗的內容也有可能南轅北轍。重要的並非不同的測驗看起來像不像，而是能否證明它們的有效性及可靠性。

9. **只要經過教育／訓練，每個人都能有良好表現**。許多人依然堅信只要勤加練習，每個人都有機會成為腦科醫師或飛行員。但某些工作還是需要具備某些特質（例如足夠的智能、身材、特定天賦）才可能成功。

10. **測驗無法正確挑出「有問題的人」**。許多「臨床」測驗就是針對這一點設計的，至少二十至三十種知名測驗就能檢測出「陰暗面」的變數。

11. **在職場上，態度、知識與技能比智能及人格更重要**。不論一個人多聰明、多勝任這份工作，如果缺乏足夠的積極性，就很難指望他能有多好的表現。知識與技能是可以傳授的，但學不學得來也與人格及智能息息相關，聰明的人學得就是比較快。

12. **「老三寶」（申請表、面試與資歷查核）就能充分滿足選才需要**。除非申請表能蒐集到與工作有關的個人史、面試經過周密規畫與建構、資歷查核有辦法詢問認識面試者且能誠實回答的對象，否則這個看法純屬誤解。

◆參考文獻

Furnham, A. (2008). Psychometric correlates of FIRO-B scores. *International Journal of Selection and Assessment*, 16, 30–45.

Furnham, A. (2010). Personality and Intelligence at Work. London: Routledge.

Furnham, A., & Jackson, C. (2011). Practitioner reaction to work related psychological tests. Journal of Managerial Psychology, 26, 549–65.

070 說服：影響的心理學

我們為什麼要追隨大多數人？因為他們更正確？不，但是他們更強大。

——布萊茲．帕斯卡，《思想錄》，一六六〇

理性永遠不會意識到它隱藏的假設。

——懷特（L.L. Whyte），《佛洛伊德之前的無意識》（*The Unconscious Before Freud*），一九六二

對於語氣溫和的推銷員，最難討價還價。

——佚名

推銷員總是讓你想說再見。

——佚名

說服的六大原則

在一本重要著作中，美國心理學家羅伯特．席爾迪尼（Robert B. Cialdini, 2007）提出了可用於影響他人的說服六大原則。他的著作被奉為社會心理學中最具影響力的書籍。

1. 互惠

當他人贈與我們某樣東西，或善待我們時，我們會覺得自己也有義務回報對方的友善行為。我們以善意回報對方：你寄聖誕卡給我，我也會回寄一張；你請我喝杯酒，我也會「回敬一杯」。你為我花了錢，我也會想辦法奉還。所有人類社會都遵循這個規則。人類不喜歡虧欠他人，一旦受惠於他人，也會想辦法還這份人情。因此，若要說服他人為你做某件事，你可以考慮先為對方做什麼。免費贈品、優惠券和免費試吃，就是互惠心理下的產物。

原則：人們（幾乎）都懂得回報善意。

2. 承諾與守信

我們（尤其在西方世界）都有保持一致的動力。當我們承諾做某件事時，個人和人際關係的壓力會迫使我們履行自己的承諾。不守信被（西方）社會視為不受歡迎的人格特質，因此會為人所避免。再小的承諾也可能迫使人明顯地改變行為，因此，政治人物不願回答可能使他們看起來像對某種策略做出承諾的問題。同時，這也是為什麼業務員會問非常具體的問題，例如「要是價錢好，今天你會不會買它？」他們知道大家會因為自己的言行不一感到愚蠢或良心不安。

世人似乎也有愈來愈傾向購買與他們原本承諾有關的商品（例如只要購買某件商品，部分金額將用於拯救雨林的環保活動）。

原則：人們皆傾向認為自己應該履行以文字、公開與志願方式所做出的承諾。

3.社會認同

我們依據他人的行為決定什麼是對的、可接受的。我們尋求社會認同，也就是其他人做什麼、說什麼、怎麼想。他人的行為比任何理論證據更具說服力，尤其是我們對自己的決定沒把握時。難以下決定時，我們可能會將他人的行動視為正確的路，而且比較可能模仿和自己相似的人的行為。

因此，人可以被他人的行動說服，一如時尚的追隨者。若想說服他人做某件事，可以跟他們說說與其相似的人的故事，以及那些人所做的事，藉此鞏固自己所提供的建議。

如果聽到大多數住在附近的人（直接環境）都準時報稅或擁有某項產品，那個人就比較可能「跟風」。所有父母都知道同儕壓力對自己的孩子有多大的影響力。這就是為什麼連鎖飯店會告訴你，先前的房客都會做某些事（例如重複使用浴巾，或利用客房服務）。

原則：人們會學習那些與自己相似的人的行為。

4. 權威

我們被告知一旦一個掌握權威的人下了命令，我們就該停止思考目前的情況並開始執行命令。人們藉由制服與頭銜、某種說話方式或行為模式，來展示權威。當他們藉此「行使指揮權」，你就比較可能服從他們的建議。

我們也可以採用這種技巧，透過暗示他人，我們有多喜歡一位名人擁有的某個小玩意或汽車，例如：他們都會使用，所以這一定是好東西。

原則：人們傾向服從「專家」、「權威」或「名人」，因為他們能提供需要專業資訊才能做出決策（建議）的「捷徑」。簡言之，我們會服從所尊敬的人。

5. 稀有性

「限時供應」或因數量稀少而隨時可能售罄的商品比較受歡迎，例如「本店的iPhone庫存僅剩十支」。有些公司會舉辦強調限時性的清倉拍賣，有些產品也會標榜「限量版」。稀有的東西都顯得更有價值，因此任何「即將告罄」的資源都會讓人更想得到。

此外，如果你擁有某些少數人才擁有的資訊，某些公司會願意花錢向你請益，例如，對某些消費者行為的觀點可能相當值錢。因此，若要說服他人，應該強調商品在某方面的稀有性。

原則：人們會（更）重視稀有的事物。

6.喜好

我們喜歡那些跟自己相似的人，而且更傾向聽從他們的建議。因此，與他人愈相似（可能是語言、教育背景、世界觀或宗教），就愈可能被他們說服。

促成「喜歡」的因素很多，迷人外表就是其一，研究顯示，我們會相信長相好看的人擁有更多讓人喜歡的特質，例如善良和聰明。我們也會喜歡那些與自己相似的人，不論我們和對方的相似處是看法、人格或生活方式。為了共同目標合作，也是促成喜歡的另一個因素。我們也會喜歡讚美自己的人，相信並接受這些讚美，也容易對說出讚美的人產生正向的感情。

原則：人們喜歡那些跟自己相似，而且（也會）表示喜歡（讚美）自己的人。

◆參考文獻

Cialdini, R.B. (2007). 'Influence: The Psychology of Persuasion' New York: HarperCollins Publishers.

Gass, R., & Seiter, J. (2010). *Persuasion, social influence, and compliance gaining* (4Thed.). Boston: Allyn & Bacon.

071 恐懼症：對恐懼的恐懼

我很怕狹窄的空間，也很怕窗外的樹，這些就是我的恐懼症。我相信很多孩子也有這類恐懼症，但我擁有的恐懼症可能比大多數人更多。

——史蒂芬·史匹柏（Steven Spielberg）

我有三種恐懼症……我討厭上床睡覺、起床和獨處。

——妲露拉·班克希（Tallulah Bankhead）

恐懼症是一種對所畏懼的物體、活動或情境，產生強烈抗拒感的非理性恐懼。通常，恐懼症被分為三種領域：對動態物體的恐懼（蜘蛛、蛇）、對靜態物體的恐懼（針、橡膠）、對不明情境的恐懼（高度、黑暗及開放空間）。有趣的是，最常見的恐懼症之一，就是在公眾場合發言。

有些恐懼症廣為人知，有些則相當罕見。它們對人生可能產生重大影響，例如常見的搭飛機恐懼症，代表這些人必須以更耗時，也更昂貴的方式到達目的地。好消息是，心理學家表示，在所有的心理疾患中，恐懼症是最容易治癒的。

最廣為人知的兩種行為療法就是洪水療法（flooding）及減敏療法（desensitization）。例如，一個人怕鳥，洪水療法可能會帶這位恐懼症患者去一個鳥類棲息地或有許多鳥籠的房間。他們當然會備感焦慮，但或許能藉此學會適應，了解鳥類並不危險。減敏療法則是緩慢且謹慎地讓患者與鳥類接觸，讓他們學會克服恐懼。因此，他們會先看看小型鳥類的照片，接著再被帶進一個大房間，裡面最遠的角落有一個關著漂亮鳥類的鳥籠。兩種方法都有良好的療效。

恐懼症相當常見，大約一〇％的成年人患有或重或輕的社交恐懼症，特定恐懼症的患者也差不多是這個比例。嚴重的恐懼症可能導致恐慌症（panic attack），其症狀包括劇烈的恐懼感，以及隨之而來的盜汗、呼吸急促或昏厥。嚴重者可能擾亂生活，對工作及人際關係造成重大干擾。這類患者可能採取激烈行動來迴避恐懼的對象，例如自我孤立與出現更多行為上的問題。

關於恐懼症的病因，有六種截然不同的學術觀點。

1. 行為觀點：主張恐懼症是在任一時期的可怕經歷之後發展出來的。此外，它們也可能透過觀察他人，尤其是家人所學來的。之所以對那些不會造成創傷的物體與情境產生恐懼，是因為它們與造成創傷的事件有關。進化壓力在一定程度上決定了哪些物體和事件可能會導致恐懼症，因為這些物體和事件通常會（或曾經會）危及生命。

2. **精神分析觀點**：主張恐懼症和其他疾患一樣，源自童年早期的經驗，尤其是有象徵性意涵的恐懼症。因此，對蛇的恐懼，典型上是對不適當對象的潛意識性欲恐懼的表象。由於蛇比性衝動容易迴避，因此對這類性衝動的恐懼會發展成對蛇的恐懼。

3. **遺傳觀點**：關注到恐懼症會在同一個家族的不同成員身上發生，因此是靠基因遺傳的。有些人主張，由於基因會決定（部分）人格（例如精神官能症），因此對恐懼症的發生可能有直接影響。

4. **文化觀點**：一如行為觀點，強調的是學習，不過是社會性而非個人的學習。因此，較常誇張展現恐懼和焦慮的義大利人，恐懼症的案例較多，相較之下，英國人由於較堅忍、文化上較壓抑情感且習於「抿緊嘴唇」，恐懼症的個案就比較少。

5. **生化觀點**：強調不同人的腦內化學物質變化的差異，讓某些人比其他人更容易受影響。因此，如果有兩個人經歷同樣的焦慮體驗，很可能只有一個人會罹患恐懼症。

6. **認知觀點**：主張一個人在經歷某種體驗後罹患恐懼症的原因，是他或她在認知上解讀這個情境的方式。因此，對某個物體可能造成傷害的認知會增加焦慮，從而提高發展成恐懼症的可能性。

這六個關於恐懼症病因的觀點明顯是相互關聯的。行為、文化及認知觀點當然彼此不相矛盾，雖然它們強調的是過程中的不同特徵。同樣的，遺傳觀點及生化觀點在生理機制壓力上有關聯。不過，行為觀點、精神分析觀點及認知觀點，在恐懼症的治療上居主導地位。

行為觀點常提倡系統化的減敏療法、衝擊療法（implosive therapy）／洪水療法或焦慮管理訓練。精神分析學家會推薦自由聯想法及夢的解析，認知心理學家則會推薦歸因理論及其他認知複評療法（cognitive re-evaluation therapy）。

重點研究

小艾伯特實驗（Little Albert Experiment）證明了恐懼症是後天透過古典制約（classical conditioning）習得，而不是與生俱來的。這項實驗是由約翰・華生（John B. Watson）與羅莎莉・雷納（Rosalie Rayner）在一九二〇年進行的，內容是測試一名九個月大的嬰兒對各種刺激的反應。起先，這名嬰兒對各種刺激都沒有展現任何恐懼。嬰兒看到一隻白兔、一隻猴子、一隻兔子與各種面具。接下來，心理學家在他背後敲擊一根金屬棒來製造巨大聲響，這聲巨響把嬰兒嚇得大哭。

接下來，嬰兒看到一隻白老鼠，幾秒後又聽到巨響。這個過程重複數次、數週，每次嬰兒都被巨響嚇得放聲大哭。結果，這名嬰兒只要看到白老鼠，就會展現痛苦的跡象，開始哭泣並試圖爬離現場。除了對白老鼠的恐懼，這名嬰兒也發展出對與老鼠特徵相近的物體的恐懼，例如家犬、貂皮大衣、聖誕老人面具及棉絨。這個結果證明，雖然人可以學會克服恐懼症，但如果看到類似的刺激，仍有可能引發潛伏性反應。

有兩點值得注意：第一，如今的研究倫理委員會應該不會批准這項實驗。第二，如同小艾伯特可能被誘發恐懼症，他也可能被治癒。

◆參考文獻

Watson, J.B., & Rayner, R. (1920). Conditioned emotional reactions. *Journal of Experimental Psychology*, 3(1), pp. 1–14.

072

心理病態：需要注意的許多事

幾乎所有關於心理病態的研究都是針對肇事者，我們往往會忽視這些個案還造成了數以萬計的人受害。大多數受害者無處可去，他們與精神科醫師、心理學家、朋友、雇員、牧師交談，而且大多一無所獲，因為大多數人並不了解心理病態的本質。

——羅伯特．哈爾（Robert Hare）

在舉世欺詐的時代，說實話將成為一種革命性行為。

——喬治．歐威爾（George Orwell）

如果問任何人，心理病態是什麼，多數人會聯想到電影《驚魂記》（*Psycho*）中女主角淋浴的那一幕。他們認為這種人一定是殘酷冷血的殺手，雖然知道這種人缺乏同理心，但很少人知道心理病態最恆久不變的特徵，就是沒有良知或罪惡感。

定義

心理病態（Psychopathy）是一種人格違常。患者沒有良知，沒有同理心，只忠於自己。他們冷酷無情，而且敢於冒險。

反社會（Sociopathy）並不是精神科用語，指的是反社會、在社會的價值觀中被視為犯罪者。反社會者通常是罪犯，可能有發展健全的良知，只是對與錯的判斷基準與主流社會不符。

反社會人格違常（Antisocial personality disorder, APD）是一個範圍廣泛的精神疾病診斷類別。精神病態與反社會人格違常的差別是，精神病態包含了缺乏同理心、自大、缺乏情緒等人格特質，但這些特質不一定會被診斷為反社會人格違常。

許多著作者試圖區分不同類型的心理病態，包括：原生型病態、衍生型（神經症型）病態、解離型（反社會型）精神病態、適應不良型病態、類分裂型病態、白領型（成功型）病態、失敗型病態、性病態、「輕度」病態、「亞犯罪型」病態。近年來，大家對這個議題的興趣有了爆發性增長，尤其是「成功商務型病態」。

背景

賀維．克勒利（Hervey Cleckley, 1941）在名著《精神健全的面具》（*The Mask of Sanity*）中，首先列出了定義心理病態的十個標準：表面上富魅力與智慧；在壓力情境下也不會展現焦慮；不誠懇且不誠實；不會感到悔恨或羞恥；無法體驗愛或真實的情感；不可靠且不負責任；衝動易怒且無視於社會認可的行為；思緒明晰且沒有妄想或非理性思維；無法從經驗中學習以及缺乏洞察力。外表光鮮亮麗但冷酷無情的商務人士、油腔滑調且擅於操控他人的律師，以及狂妄自大的政客，都被克勒利歸類為心理病態。

原本大家認為，定義心理病態的特徵傾向於落在兩個層面。第一是社會情感，心理病態人格者擅長表面工夫，並缺乏同理心，也不會感到內疚或悔恨。他們習於欺騙及操控他人，同時也傾向自我為中心且自大。第二是他們的社會偏差源自「厭煩敏感性」（boredom susceptibility）、衝動易怒，以及缺乏自我控制能力。他們在童年時期會產生行為偏差，成年後則會展現反社會行為。

近期，有人提出似乎適用於所有心理病態的三種特質：

去抑制：無法控制衝動，導致不負責任、不可靠、不值得信賴。**大膽**：無懼、可容忍曖昧不明、抗壓並占主導地位。**卑鄙**：情感疏離、好挑釁、好勝、叛逆。

最新版的《美國精神醫學手冊》（*American Psychiatric Manual*, APA, 2015）提出七個可供辨識反社會人格違常的因素（pp. 659）：

1. 無法遵守界定合法行為的社會規範，其表現為反覆做出可能遭到逮捕的行為。
2. 欺騙，其表現為反覆說謊、使用化名、為了個人利益或享樂而欺詐他人。
3. 衝動或無法做事前規畫。
4. 易怒且好鬥，其表現為反覆的身體鬥毆或攻擊。
5. 對自己或他人的安全不屑一顧。
6. 持續性的不負責任，其表現為持續地無法維持一致的工作行為或履行財務義務。
7. 缺乏悔意，其表現為對傷害、虐待或偷竊他人毫不愧疚，或將自己的惡行合理化。

職場中的心理病態

心理病態人格者看起來可能很像理想的領導者：溫和、圓滑、迷人。他們可以相對容易地隱藏自己的陰暗面，如霸凌、不道德、習於操控他人。過去吸引心理病態人格者的領域，可能是政治、警務、法律、媒體與宗教，但如今愈來愈多心理病態人格者選擇進入腳步快、刺激、紙醉金迷的商務領域。

具有心理病態人格的老闆不是亞臨床型心理病態，就是臨床型心理病態。

過去二十五來，對職場中的心理病態人格者的興趣突然急遽上升，他們可能被冠以「企業破壞者」或「辦公室裡的蛇」等名號。

職場中的心理病態人格是一把雙面刃，可能導致正面或負面的結果。如果只考慮兩個獨立的面向：無畏的優勢與自我中心的衝動，前者似乎可以幫助人們「爬上充滿險阻的企業階梯」，後者則可能導致糟糕的領導。

心理病態人格者可能在商務領域（極為）成功的看法，依據的是每個人都可能有某種程度的心理病態的光譜概念。有些源自這類文獻的看法是，心理病態的人格特質在高階商務主管等群體中似乎較為常見。但也有人認為，在商務領域中，心理病態的人格特質可能導致缺乏誠信、具攻擊性，以及造成反效果的行為。

通俗文化中的描述

有些暢銷書試圖以非學術性語言描述心理病態人格者，藉此凸顯這類人物的特質。他們以通俗語言描繪出心理病態，讓非專家的讀者簡單地辨識出他們的性格。約翰·奧德姆與路易斯·莫里斯（1991）以下列標準定義這類人格：

1. **拒絕從眾**：他們按照自己心中的價值觀生活，無視他人眼光或社會規範
2. **不畏挑戰**：他們是熱愛冒險刺激的敢死隊。
3. **相互獨立**：他們不關心別人，只關心自己。

4. **具說服力**：聰明的心理病態人格者在交友與影響他人方面深具魅力與天賦。
5. **享受性愛**：他們通常有強烈（且異常）的性欲。
6. **有流浪癖**：他們不斷前進，因充滿探索和繼續前進的欲望而鮮少安定下來。
7. **偏好自由業**：他們不喜歡固定的工時及工作內容，偏好從事獨立自主的自由業。
8. **管不住錢包**：他們對錢財開放及慷慨的程度令人吃驚。
9. **放蕩不羈**：他們在年輕時通常是意氣風發的搗亂者和惡作劇者。
10. **堅忍不拔**：在生理和心理上都很勇敢，體格壯碩強健。
11. **絕不後悔**：他們對過去毫無罪惡感，對未來也毫無焦慮。

◆**參考文獻**

American Psychiatric Association (2014). *Diagnostic and Statistical Manual of Mental Disorders* (5th. edn). Washington, DC.

Babiak, P., & Hare, R. (2006). *Snakes in Suits*. New York: Regan Books.

Cleckley, H. (1941). *The Mask of Sanity*. St Louis, MI: C. V. Mosby.

Oldham, J., & Morris, L. (1991). *Personality self-portrait*. New York: Bantam.

073 心理治療

親屬關係就是治療：我們都是彼此的醫生。

——奧利佛・薩克斯（Oliver Sacks），《喚醒》（*Awakenings*），一九七三

為何要浪費錢做心理治療？聽B小調彌撒曲就好了。

——麥可・托克（Michael Torke），《觀察家報》（*The Observer*），一九九〇

人們去做諮詢後就沒再出現。如果諮詢不是新宗教，我會很驚訝。

——拉吉・佩索（Raj Persaud），《獨立報》（*The Independent*），一九九七

大多數人都知道，許多人曾經實際求助於廣義心理治療手法的「談話治療」。不過，談話治療有許多不同的旁支與類型，其他還有許多不同類型的心理學介入手段。

以下是現有的一些療法：

1. **化學治療**：以處方藥達到治療目的。
2. **電痙攣療法**：引起抽搐的電擊治療。
3. **精神外科療法**：破壞特定的腦組織以控制行為和情緒。
4. **強化維生素療法**（Megavitamin therapy）：服用大劑量特定維生素。
5. **心理治療**：以改變感覺態度及行為為目標的談話療法。
6. **精神動力心理治療**（Psychodynamic theory）：通常以佛洛伊德學派為依據，強調潛意識歷程和童年人際關係。
7. **系統減敏法**：在導致人們極度焦慮的情況下，幫助他們放輕鬆。
8. **衝擊療法**：將人們置於他們最恐懼的情境中或事物前。
9. **厭惡療法**：製造不愉快的事件（震驚）與不良習慣（飲酒）之間的聯想。
10. **代幣制**：以酬勞獎勵可取的行為，並以罰款懲罰不可取的行為。
11. **行為契約**：建立適當行為模式的書面契約／承諾。
12. **模仿／角色扮演**：先觀看治療師展示妥當的行為模式，再進行模仿。
13. **自我肯定訓練**（Assertiveness training）：幫助患者在各種社會脈絡下，有效地表達他們的需求與情緒。
14. **理性情緒行為療法**（Rational emotive therapy）：幫助人們更理性地思考，不再一味相信魔法與迷信。

15. **思考中斷療法**（Thought stopping therapy）：幫助人們停止強迫性或強制性的思考。
16. **非指導性療法**：治療師鼓勵患者多說話，但不提供建議、表示肯定或提出單刀直入的問題，不過會澄清、反映及強調正向思考。
17. **存在心理治療**（Existential therapy）：幫助人們對自己在生活體驗所有領域的選擇更了解、更負責。
18. **完形療法**（Gestalt therapy）：透過強迫面對衝突與表達情感，協助將問題內化的人。
19. **催眠**：幫助人們進入一種經過改變的意識狀態，並暗示他們改變行為或態度，以憶起某些經歷。
20. **生理回饋**（Biofeedback）：透過監測生理反應（心率）幫助人們放鬆並降低焦慮。
21. **團體療法**：讓多位患者齊聚一堂，為彼此提供支持及回饋。
22. **原始吶喊**（**重生**）**療法**（Primal scream (Rebirth) therapy）：試圖讓人們重溫出生時所受的創傷。

認知療法

許多人認為，認知療法於一九六〇年代出現，而其創始者常被認為是著有一九六七年的《憂鬱症：原因及治療》（*Depression: Causes and Treatment*）及一九七六年的《認知療法與情緒失調》（*Cognitive Therapy and the Emotional Disorders*）的亞倫．貝克（Aaron Beck）。他提及非理性信念的ＡＢＣ：緣起事件（activating event）、相關的信念（belief），以及情緒與行為的結果（consequence）。他的技術被稱為重構或重新詮釋，鼓勵重新解釋事件，並發展出健康的應對策略。而這種療法已被證明對於為自己設定高標準，或因認為自己有缺陷而感到內疚的人特別有效。

認知療法在行為療法之後才出現，有時也稱為「行為矯正」。因此，恐懼症患者可能會被緩慢但刻意地暴露在導致恐懼的情境中，以向他們證明這些恐懼並沒有客觀依據。他們也會使用厭惡療法，讓不愉快的體驗與特定活動產生聯想，像是讓酗酒者服用每次喝了酒都會導致嘔吐的藥物；在習慣啃咬指甲者的指甲上塗抹味道極苦的顏料。他們在團體中特別會使用代幣制，如果人們依明訂的規定行事，就會收到代幣（可兌換商品或特權），在大家自願性地做出微笑或說話等良好行為時，就會給予一枚代幣以茲鼓勵。

認知治療師會提及基模（schema），也就是我們看待世界的方式或濾鏡。人們會產生認知偏誤（cognitive bias），也就是選擇性地看待及解釋事件。因此，他們可能會對自己的教育過程充滿了霸凌、失敗、不快樂，或充滿了成就、友誼、充實感的高度選擇性、類化性的記憶。大家對過去的記憶，以及對現在及未來的看法，似乎是武斷的、選擇性的，而且經常是類化性。

認知療法旨在透過改變思維來打破並改變一種行為模式，目的是透過對事件的不同解釋，以良性循環取代惡性循環。因此，一個人可能會參加一場派對（情境），但無法與人交談，這讓他們認為自己一定很無趣或缺乏吸引力，並為此感到沮喪，從此開始迴避參加派對或婉拒邀請，因此愈來愈少受到邀約，進一步導致他們認為自己缺乏社交能力、無能或醜陋。那麼在治療時，就會先找出那場派對上沒有人和他們交談的原因，以及隨之而來的「邏輯」變化。

◆參考文獻

Furnham, A., Wardley, Z., & Lillie, F. (1992). Lay theories of Psychotherapy III: Comparing the ratings of Laypersons and Clinical psychologists. *Human Relations*, 45, 839–58.

Furnham A. (2009). Psychiatric and psychotherapeutic literacy: Attitudes to, and knowledge of, psychotherapy. *International Journal of Social Psychiatry* 55: 525–37.

074 創傷後壓力症候群：對創傷事件的嚴重反應

有自殺傾向的憂鬱症是一種心靈寒冬：冰封、不毛、了無生趣。

——艾爾．艾佛瑞茲，《野蠻的上帝》，一九七四

痛苦愈來愈難熬，劇痛尤其如此，無論安慰者說什麼，痛苦都不會變得高貴。

——拜雅特（A.S. Byatt），《花園處女》（*The Virgin in the Garden*），一九七八

請看看這段個案分析：

九一一恐怖攻擊發生時，艾力克斯是一名在距離世貿中心三個街區之遙的地點上班的修車師傅，曾親眼目擊兩棟大樓坍塌。在九一一恐怖攻擊的幾個月後，當時的景象在艾力克斯的腦海中依然揮之不去，他完全無法忘卻當時的記憶。艾力克斯發現自己每天晚上都無法放鬆入眠，大樓坍塌的景象反覆在腦海中浮現，導致上班時無法專注。這對他的日常生活也造成影響，例如當他通過布魯克林大橋進入曼哈頓時，會開始盜汗並顫抖，因為經過這段路會立刻重燃某些恐怖的回

憶。他感覺情緒麻木，自己不會有什麼未來。在家裡，他總是焦慮緊張且容易受到驚嚇，也發現自己開始迴避社交活動，而且變得很怕在公眾場合露面。

如果艾力克斯有任何問題，你認為主要問題是什麼？

你認為艾力克斯的病情會有多痛苦？

你對有艾力克斯這種問題的人會有多同情？

你認為艾力克斯有多開心？

你認為艾力克斯在工作上有多成功？

你認為艾力克斯的人際關係有多令人滿意？

艾力克斯患有創傷後壓力症候群。但這究竟是什麼？根據《精神疾病診斷準則手冊》，這類症狀被定義為六個範圍廣泛的方面（以下的A到F）：

A. 該人曾經歷過以下兩種情況都存在的創傷性事件：

1. 該人經歷、目睹或面對一個或多個涉及實際死亡、生命威脅或嚴重傷害，對自己或他人身體完整性構成威脅的單數或複數事件。

2. 該人的反應包括強烈的恐懼感、無助感。

B.持續以任何一種（或多種）方式重新體驗創傷性事件：

1.對事件有反覆性及侵入性的痛苦回憶，包括圖像、想法或感知。注意，幼兒可能會以反覆性遊戲（repetitive play）表達創傷的完整或部分主題。

2.反覆夢見令人痛苦的夢境。注意，幼兒可能會出現無法辨識內容的可怕夢境。

3.表現或感覺宛如創傷性事件反覆發生（包括重溫經歷、錯覺、幻覺及解離性情境再現，可能在醒來時，也可能在醉酒時發生）。注意，幼兒可能會出現與特定創傷有關的重演（re-enactment）。

4.接觸到象徵或類似創傷事件某方面的內部或外來提示時，會產生強烈的心理痛苦。

5.接觸到象徵或類似創傷事件某方面的內部或外來提示時，會產生生理反應。

C.持續迴避與創傷相關的刺激和普遍性的反應麻木（創傷前不會發生），其表現有以下三種（或更多）：

1.努力迴避與創傷相關的想法、感受或對話。

2.努力迴避會激發創傷回憶的活動、地點或人物。

3.無法憶起創傷的某個重要部分。

4.對重要活動的興趣或參與明顯減少。

5.感覺與他人分離或疏遠。

6.情感範圍受限（例如，無法產生愛意）。

7.感覺沒有未來（例如，不期望有事業、婚姻、孩子或正常的壽命）。

D. 被激發的頻率持續增加（創傷前不會發生），其表現有以下兩種（或更多）：
1. 難以入睡或保持睡眠。
2. 易怒或爆發性憤怒。
3. 精神無法集中。
4. 過度警覺。
5. 誇張的驚嚇反應。

E. 症狀持續一個月以上。

F. 這種障礙會導致臨床上明顯的痛苦，造成社交、工作或其他重要領域的功能損害。

創傷後壓力症候群的終生患病率相對較低，在美國估計為六．八%，而它在《精神疾病診斷準則手冊》第五版（2013）中被重新歸類為「創傷與壓力相關疾患」，包括四個症狀群：侵入、激發、迴避及消極的認知與情緒。儘管如此，創傷後壓力症候群在《精神疾病診斷準則手冊》第三版（1980）中，首次編列為一種焦慮症，主要是因應美國越戰退伍軍人的創傷案例。從那時起，創傷後壓力症候群就被視為軍事衝突的代名詞。

為什麼他們在總人口或臨床醫師樣本中的識別率不高？一種可能是創傷後壓力症候群與軍事人員的共同關聯。自二十世紀早期的「彈震症」（Shell Shock）診斷出現以來，對退伍軍人罹患創傷後壓力症候群的刻板印象就持續存在。事實上，與其所接觸的創傷情境相比，軍隊中創傷後壓力症候群的患病率相對不高。創傷後壓力症候群可能源於一系列創傷，例如性虐待或身體虐待、天災、人禍與道路交通事故。源自這類創傷的創傷後壓力症候群患病率要高得多。例如，曾遭強暴的女性之創傷後壓力症候群終生患病率為三十二％，經歷人為／技術災難的患病率為三〇％至六〇％，經歷天災後則為五％至六〇％。

創傷後壓力症候群可能是直接或間接暴露於創傷事件下的結果。直接暴露指親身經歷該事件，這種情況下罹患創傷後壓力症候群的風險更高。愈來愈多證據顯示，為創傷經歷者提供協助的專業人員，也容易透過間接暴露而罹患創傷後壓力症候群。

◆參考文獻

American Psychiatric Association (2003). *Diagnostic and Statistical Manual of Mental Disorders* (5Thedition). Washington, D.C.: APA.

Brewin, C. R. (2003). *Posttraumatic Stress Disorder: Malady or Myth?* Yale University Press, New Haven, CT.

Merritt, C.J., Tharp, I.J., & Furnham, A. (2014). Trauma type affects recognition of Post-Traumatic Stress Disorder among online respondents in the UK and Ireland. *Journal of Affective Disorders*, 164, 123–9.

075 排隊：等待的遊戲

耐心（名詞）是一種偽裝成美德的輕度絕望。

——安布羅斯·比爾斯，《魔鬼辭典》，一九〇六

早上一小時勝過晚上兩小時。

——諺語

許多企業會擔心等待時間造成客戶不滿。

如今，在機場排隊的人會在社群媒體上表達不滿。平時善良、正常、乖巧的人偶爾會反抗，因為真的「受夠了」。他們會喊叫、唱歌、衝撞路障，來羞辱折磨他們的人。

等待往往是路怒症（road rage）的起因。你也可以看看英國國民保健署的所有患者對手術等候名單、急診室的等候時間，以及對入院後還得花時間等床位的不滿。

英國人以三種方式看待那些冷靜而堅忍地忍受漫長、乏味、虛度時光的排隊者。

1. 有秩序的排隊一直是一個神話。這是一個我們一直告訴自己，但從來不會成真的故事。與其說是現實，不如說是戰時宣傳電影的產物。我們從來不喜歡排隊，在能力所及的地方一路嘀嘀咕咕地向前推進。

2. 隊伍就像了無生趣、如綿羊般的機器人，被低效率的系統洗腦到乖乖服從。我們應該高喊「全世界的客戶，團結起來！」並拒絕接受這種無能管理的結果。甘願忍耐的都是笨蛋。

3. 我們應該為這種安靜、守秩序且有尊嚴地展現偉大美德之一的行為自豪。太多人是急驚風、不懂得控制情緒、像孩子般缺乏耐心，他們可以從公平競爭且公正平等的等待中學到很多東西。畢竟，延遲滿足是成熟的象徵之一。

對「現代」人而言，等待可以簡單地描述為令人惱火、氣餒和沮喪。它會造成緊張，而且有擴散效果。

關於排隊心理學的學術文獻為數驚人。例如，研究等待行為的學者提出這些定律和觀點，闡述了等待所造成的結果。

1. 有事做時會感覺等待時間較短。給人們一些事做，或分散他們的注意力。讓大家在迷宮般的小路上繞圈子。讓大家看電視、聽音樂。最糟糕的是讓大家開始暴躁且無精打采，讓彼此嘀咕乾脆引發一場暴動。

2. 不確定性讓等待時間感覺更長。只要被告知（大致上）需要等多久，大家就會比較願意等待。地鐵和公共汽車已經改變了這一點。這種「預計」不必太準確；精準度不是重點。只要能以訊息消弭不確定感，大家就會確信系統仍在運作。

3. 焦慮時會感覺等待時間更長。「那件事會發生嗎？我趕得上下一場會議嗎？我建立得了人脈嗎？」解釋和保證是有效的，音樂可能也有所幫助，不過太頻繁的道歉無效。最好能當一個讓孩子放心的父母，當孩子問：「爸，我們快到了嗎？」就算距離目的地還有好幾英里，而且在迷路狀態，還是得強裝自信地回答：「快到了，我們快到了！」

4. 無法預料和無法解釋的等待感覺更糟。有些公司對解釋的內容做了些微調整。由於其他火車／飛機誤點，其他火車／航班誤點造成您的火車／航班誤點（我們對此深表歉意）。是的，但是為什麼呢？護欄沒有升起，斯溫頓（Swindon）站系統故障，剛果上空有熱帶風暴。最好的解釋莫過於暗示可能存在危險的「上帝的旨意」。

5. 不公平的等待比公平的等待更惱人。沒什麼比看到有人半合法地免於排隊更糟糕。花錢購買快速通關的人；擁有快速通關特權的乘務員；坐在辦公桌前應付本國公民的人數是外國旅客的兩倍。在這種時候，大家就得有「生死與共」、「共同承擔」的精神。

6. 單獨等待比團體等待感覺更久。這是一個難題，但解釋了候機室的用途。

關於人們在排隊時會做什麼來減少挫折感的研究非常有趣（Pamies, Ryan, & Valverde, 2016）。各種因素都會影響人們對排隊的反應。

插隊

以研究服從而知名的心理學家史丹利・米爾格蘭多年前曾對排隊做過研究。在一項研究中，他的研究助理在投注站、火車站等地方排隊，被告知要執行以下的程序：

1. 走到第三個人與第四個人之間。
2. 以平靜的語氣說：「對不起，請讓我排這裡。」
3. 進入隊伍並面向前方。
4. 待滿一分鐘後才離開隊伍，若在時間到之前遇人斥責，就提早離開。

令人驚訝的是，插隊者僅有一〇%的機會被逐出隊伍。大家的反應其實相當輕微，大多是投以鄙視的眼光、咂嘴、聳聳肩。而實驗地點是紐約市。在進一步的研究中，他發現插隊人數增加一倍，反對也會增加一倍。因此，人們可以容忍舉止怪異的脫軌者，不過一旦脫軌者的人數增加，就不再容忍了。

他以實驗結果論證：

1. 隊伍並不是團體。當人們一個接著一個站立，所有人都面向同一個方向時，很難凝聚成一個團體。因此，隊伍中的社會秩序是薄弱的。
2. 對付脫軌者的成本很高。譴責插隊者可能導致自己失去在隊伍中的位置。

我們可以容忍一些脫軌者。社會體系若無法容忍一些脫軌，可能很快就會土崩瓦解，換言之，這會導致肢體衝突，而耗費時間排解會讓大家等更久。

◆參考文獻

Clemler, E.C., & Schneider, B. (1989). Toward understanding and controlling customer dissatisfaction with waiting. *Marketing Science Institute.* Working Paper.

Fagundes, D. (2016). The social norms of waiting in line. *Law and Social Inquiry.*

Larson, R.Q. (1987). Perspectives On Queues: Social Justice and the psychology of queuing. *Operations Research, 35*, 895–905.

Zhou, R., & Soman, D. (2008). Consumers waiting in queues: The role of first-order and second-order justice. *Psychology & Marketing, 25* (3), 262–279.

076 種族歧視與偏見

我不喜歡原則……我比較喜歡偏見。

——奧斯卡．王爾德，《理想丈夫》（*An Ideal Husband*），一九二〇

沒有一棵樹的根扎得比偏見深。

——美國諺語

因此我們應該……以不包容之名，捍衛不包容的權利。

——卡爾．波普，《開放社會及其敵人》（*The Open Society and Its Enemies*），一九四五

也許對一個人最大的侮辱，就是罵他或她是種族主義者，主要根據人種而不是其他因素來區分人們。事實上，歷史上一些可怕罪行的罪魁禍首，就是對各種族裔的歧視與偏見。

心理學家對種族歧視採取了兩種截然不同的方法。第一個是關注個人及其人格（個人內

在），試圖以意識形態來解釋他們的種族歧視信仰與行為。第二個是觀察一個人所屬的群體（人際關係），以及如何影響他或她的行為。

「人際行為」是一個具有某些特質的個體與他人所建立的獨特關係。另一方面，「群際行為」則是身為群體成員與其他群體的互動。

所有社會互動，都可以定義為在以「人際行為」與「群際行為」為兩端端點的連續光譜上的某一個點。它可能是一種完全取決於個人的態度、信仰、價值觀、個性或病徵的功能。

社會類別（黑人和白人、男人和女人）的清楚差異，往往會將行為拉向光譜上接近群際關係的那一端。如果類別差異的相關性和可辨識性較低，行為就可能接近光譜上人際關係的那一端。

人際因素

相關領域的研究者提出許多相關概念，試圖解釋種族歧視與偏見。

威權主義

威權主義者習於迴避模稜兩可的情境，並且不願相信「好人」同時具有好與壞的特質。然而，他們往往對政治事務不太感興趣，較少參與政治及社區活動，而且傾向於偏好強而有力的領導者。

威權主義有九個面向：

- **傳統主義**：嚴格遵守傳統的中產階級價值觀。
- **服從威權**：毫無質疑地接受權威。
- **霸道的侵略性**：有譴責任何違反傳統規範者的傾向。
- **缺乏自省**：拒絕變得軟弱或多愁善感。
- **迷信與刻板印象**：相信行動由神祕性的因素所決定，以及僵化、分類化的思維。
- **迷信權力與剛性**：有強烈的支配欲。
- **破壞欲強且憤世嫉俗**：充滿敵意與怒氣。
- **具投射性**：有向外界發洩內在的情緒與衝動的傾向。
- **性**：過度強調性行為必須符合規範。

威權主義有各類不同的相關概念，包括保守主義、教條主義、民族中心主義。有些聚焦於思維方式，有些則聚焦於偏見。大多數人認為，這種「態度症候群」不是人格特質，而是由基因／遺傳與環境因素所造成的。這些理論的核心是：人在面臨模糊不清或不確定性的情境時，普遍容易感受到焦慮與威脅。

保守主義

一種與威權主義密切相關的概念。格倫·威爾遜（Glenn D. Wilson, 1973）主張保守主義認為保守信仰是：

……一種將外部世界（透過知覺歷程、刺激偏好等）與內部世界（需要、感覺、欲望等），變得簡化、有秩序、可控制、更安定的手段。透過服膺嚴格且簡單的外在行為準則（規則、法律、道德、義務、職責等），將秩序強加於內在需求與情感之上，從而減少衝突，並避免伴隨意識到選擇自由而產生的焦慮。

思想封閉、教條、威權的人有以下三個特徵：一、強烈拒絕所有與自己的想法不符的意見；二、在不同信仰之間的關聯度低；三、對他們所相信的事物／問題，而不是他們不相信的事物／問題，有更複雜、更積極的想法。

群際理論

偏見的基本過程與所有群際理論的基石就是「分類」，本質上是區分「我們」與「他們」，將社會類別簡化並賦予秩序。然而，隨後發生的第二個極為重要且眾所周知的過程，就是消弭群體的差異。人們對於界定為「他們」的群體會抱持某些看法，這很容易導致歧視，稱為「團體間同質性感知效應」，也就是以「他們都一樣」的角度，形容所感知的外團體同質性中最常被觀察到的事物。我們每個人都不一樣；他們全都一樣。

消弭偏見

「接觸假說」指出，在適當條件下，人際接觸是減少多數群體成員與少數群體成員之間的偏見，最有效的方法之一。

要透過這種接觸建立友誼，至少必須符合以下四個標準：

1. **有平等地位：**兩個群體處於地位平等（社會、職業、教育程度）的關係。
2. **有共同目標：**兩個群體一起處理同樣的問題／任務，因此懷抱共同目標，有時也稱為「超常目標」（superordinate goal）。必須有一些雙方都感興趣且有動力達成的任務。
3. **熟識的可能性：**不同群體的成員建立友誼相互了解，而不僅僅是扮演社會角色的演員或所屬群體的代表；不同群體的成員之間透過眼前的任務或情境建立熟悉度。雙方必須以個人的身分，在公開且安全的情況下促進相互理解。
4. **政府、法律或習俗的支持：**政府將雙方群體與成員之間的聯繫及互動，定義為社會規範並表態支持，藉此打造出一個鼓勵建立友誼的社會。

然而，唯有滿足三個標準，才能減少偏見與刻板印象。第一，少數群體成員的行為不完全與刻板印象一致。第二，群體成員之間的接觸次數多，而且在各種社會環境中發生。第三，少數群體的成員被視為其文化群體的典型（真正的成員）。

間接群際接觸包括了：一、**擴展接觸**：學習自己群體的成員與外群體成員也可以當朋友；二、**替代接觸**：觀察自己群體的成員與外群體成員互動；三、**想像接觸**：想像自己與外群體成員互動；四、**擬社會接觸**（parasocial contact）：透過媒體與外群體成員互動。

◆參考文獻

Duckitt, J. (1992). Psychology and prejudice: A historical analysis and integrative framework. *American Psychologist, 47*, 1182–1193.

Pettigrew, T.F., & Meertens, R.W. (1995). Subtle and blatant prejudice in Western Europe. *European Journal of Social Psychology, 25*, 57–75.

Wilson, G.D. (Ed.). (1973). *The psychology of conservatism.* London: Academic Press.

077 遠距人格剖繪：網路資料與傳記

在掌握資料之前，進行理論化是一個重大錯誤。

——亞瑟・柯南・道爾（Arthur Conan Doyle），《福爾摩斯回憶錄》（*The Memoirs of Sherlock Holmes*），一九二〇

科學觀察從來不是僅靠觀察進行的。

——羅姆・哈瑞（Rom Harre），《心態》（states of mind），一九八三

許多技術和方法試圖充分了解人：他們的真實面貌是什麼樣子、受什麼動機驅策、將來會做什麼。最著名的方法之一是犯罪者或犯罪分析。這可以採取多種形式（臨床、地理、類型學方法），但在大多數情況下，主要目的是識別（然後拘留）犯罪者或犯罪集團。此外，還有心理傳記（psychobiography），它不僅僅是傳記，因為它試圖使用心理學理論來解讀、解釋，以及描述一個人的行為（不論仍在世或已過世），通常聚焦於動機及特定事件如何塑造人。

遠距人格剖繪（Reomte Personality Profiling）之所以與眾不同且更具洞察力、可靠性及準確性，乃是因為它具有三個面向。

1. 遠距

這本質上意味著試圖在不面對面採訪或測試的情況下了解一個人。「遠距」這個詞，同時意味著空間與時間的距離感。對於一位對象已去世、但對其生前感興趣的傳記作者來說，這會是一個問題。

這意味著，這位作者只能依靠其他各種資訊來源，可能要靠網路來獲取資料，網羅對象的影片或聲音紀錄、演講或寫作的副本，以及對象已發表過和未發表的敘述。

遠距獲取這些人相關資訊的第二種方法，是採訪認識或熟識對象的其他人。他們可能是朋友和家人、學校及大學同儕、職場同事，或是透過宗教或休閒團體認識他們的人。他們知道什麼、準備說什麼，都是至關重要的資訊。

可能無法採訪試圖描述者的原因還有很多，因此必須使用遠距資料。

2. 人格

這是一種簡稱，也可能是誤稱，因為我們試圖了解的不僅是他們的人格，還包括他們的能力、傳記、出身文化、病歷等。

我們需要了解一個人如何看待世界：他們的人生旅程如何塑造了他們，以及許多因素對他們的發展所造成的影響。蒐集到的重要資訊，可利用各種心理學理論與模型加以引導、整合。

3. 剖繪

剖繪是對一個人豐富的動態描述，是了解及預測他／她的行為所不可或缺的。它試圖完全理解（描述並解釋）一個人如何變成現在的樣貌，以及他的人生如何、何時及哪些部分可能發生變化。剖繪是動態的。

匯集

剖繪時，需要先蒐集大量資訊，加以驗證，再以某種有意義的方式將它們「匯集」。基本上可以利用以下三種方法：

1. 類型法

這通常需要有一組既有的類型或類別，並試試看目標對象最符合哪一種。這方法非常簡單，但太多訊息往往會因此沒澄清就被忽略及簡化。人太容易被「歸類」到預先設定好的框架裡。

2. 演算法

這種方法源自多元變量統計學家（multivariate statistician），他們收集特定數據並將其「套入」數學模型中，根據模型的建構方法，以特定方式對數據進行度量、處理及組合。預先設定的公式，類似精算師所使用的計算方式，一切都取決於公式的準確性，但這套公式可能無法輕易因應一個人的動機之類的數據。

3. 專題法

這種方法以度量因素做出半臨床且實驗性的判斷。它與演算法的差別在於完形判斷必須以「臨床」判斷為依據。這無疑需要大量的訓練才能獲得可靠性及洞察性。

影響一個人的態度、特徵行為及動機的，是以下六個主要因素。

1. **文化與氏族**：一個人出生及成長的文化與社會，對他如何看待世界、與他人往來，以及在日常情境中的行為傾向有著深遠的影響。
2. **傳記與家庭**：在文化與氏族的脈絡下，一個人的某些獨特經歷可能會對他產生極大的影

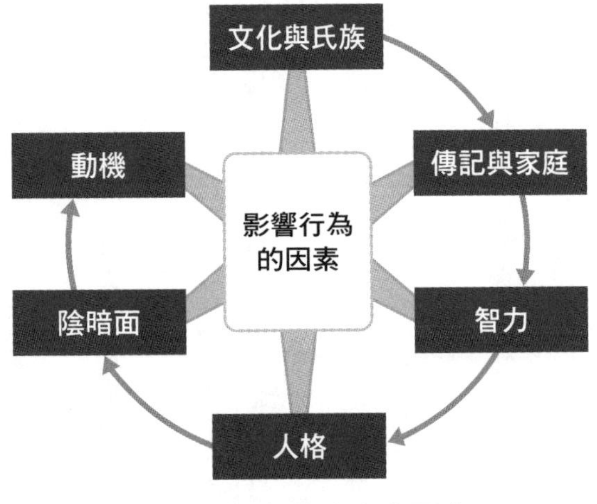

遠距人格剖繪的六大要素

響。社經背景、家庭、主要人際關係及不幸經歷，尤其是發生於童年，將會對塑造或決定人生的選擇與態度造成巨大的影響。

3. **智力**：經常被評估者忽略或輕描淡寫。許多人認為，智力是預測一個人的工作表現最可靠的指標，尤其在為高階職位選才時。

4. **人格**：雖然有些人能為了適應而做出改變，但人格特質在二十歲以前就已經固定了。全面性的特質評估是一個強大的工具，有助於了解一個人在哪些條件下會感到輕鬆並發揮最大效能。

5. **陰暗面**：特別是高層，迄今為止一直被掩蓋的陰暗面特質，有時稱為人格違常及心理健康問題，會浮上檯面而造成毀滅性的影響。它們非常普遍，早期發現可以提高處理潛在問題及脫軌的機率。

6. **動機**：指有意識或無意識地驅策並引導人的因素。自己往往不太能解釋或理解這一點，但其他人可是看得清清楚楚。

◆參考文獻

Goyat, S. (2011). The basis of market segmentation: a critical review of literature. *European Journal of Business and Management, 3*(9), 45–54.

Gunter, B. (2016). *The Psychology of Consumer Profiling in a Digital Age.* London: Routledge.

Taylor, J., Furnham, A., & Breeze, J. (2014). *Revealed.* Basingstoke: Palgrave.

078 心理韌性：因應失敗的心理學

孩子沒有彈性，孩子有的是可塑性。

——布魯斯・培理（Bruce Perry），《暴力社會下的兒童》（*Children in a Violent Society*），一九九七

偉人在逆境中歡欣鼓舞，就像勇敢的士兵打贏戰爭。

——塞內卡，《論天意》（*De Providentia*），西元前四〇年

壓力會對身體、決定與判斷、人際關係與工作表現都造成影響。如今，我們對壓力的生理學，以及皮質醇、去甲腎上腺素和腎上腺素長期以來會對人們產生哪些影響，有了很多了解。壓力是不好的，所以我們需要知道如何面對它。擁有對壓力的抵抗力和因應能力是好的，這就是心理韌性的核心。它指的是在經歷大小挫折後的因應與恢復能力。心理韌性是一種對失敗的預防措施，一種不至於反覆思考或陷入憂鬱，而是適應與成功的方式。

有心理韌性的人可以自我調節，控制自己的衝動和情緒，通常較樂觀。雇主需要這類有心理韌性的員工，而大多數人也想具備這種特質。

有人主張心理韌性是由幾個部分組成的。它必須（在某部分）與現實的自信有關，也就是對成就與選擇的現實評估。它與自尊有關，也就是對自己的目的與貢獻有意識。其次是自我效能感，也就是相信自己的能力與優勢。還有自我控制、我的人生操之在我的信念：你就是自己這艘船的船長、你就是自己命運的主宰。

當然，問題是它是否可以透過訓練來學習。心理韌性的研究表明，最頑強且適應力最強的人，通常在童年時期就已經通過了考驗。因貧困、戰爭或人際關係的不順遂，可能導致家庭生活不穩定；人際關係也考驗著年輕人。家中有人死亡、父母離婚、工作愈換愈差，都會激發出孩子最好和最壞的一面，可以摧毀敏感、脆弱的青少年，也可以鍛鍊出人格穩定的青少年。若能經歷過最黑暗的夜晚，並熬過最脆弱的時候，往後的一切就不足為懼了。

心理韌性與頭腦及內心有關，它會檢查並跟你討論你的情緒，也會偵測你與他人內心的訊號，並知道該做什麼樣的處置。

心理韌性與否認、堅強或壓抑情緒無關，也不是「男兒有淚不輕彈」的男子氣概自負。有時，斯多噶主義（stoicism）的陰暗面會與心理韌性混淆。斯多噶主義的主張比較是情感的控制與不投入，不流露情感，要堅忍以及隱藏情緒。

心理韌性理論的發展

近年來，有許多關於這個主題的書籍問世。公司管理者知道每個人都會在某些時候承受壓力，差異在頻率（長期性）與深度（劇烈度）。他們關心的問題是：心理韌性是一種人格特質、認知歷程，還是一種習得的技能？是導致正向適應的過程，還是經驗的結果？

也有許多內容更平易近人的暢銷書籍。麥可・尼南（Michael Neenan, 2009）將心理韌性定義為一套對急性或慢性、不尋常或司空見慣之逆境的靈活認知、行為及情緒反應，本質上與你因應逆境的態度有關。他主張，心理韌性不是一種特殊天賦，而是一種任何人都可以習得的能力，應該被視為從逆境中回歸，而不是反彈。它不僅僅是應對逆境，而是為了尋求新經驗與學習、成長的機會。它教你如何解釋日常事件。在很大程度上，它能管理負面情緒，並能夠區分什麼是可控、什麼是不可控的。它能讓你從過去的經驗中學習。

麥可・尼南做了十個簡單但有效的總結：

1. 心理韌性是人人皆可習得的能力。
2. 心理韌性是從逆境中回歸，而不是反彈。
3. 它不僅是應對逆境，而是尋求機會／經驗與承擔風險。
4. 態度、信念與看待世界的方式，是心理韌性的核心。
5. 它不僅關乎態度，也關乎行為，要以行動支持你的心理韌性態度。

6. 心理韌性能管理負面情緒。
7. 區分你個人對內、對外的控制範圍，是很重要的。
8. 所有經驗都是有用的，要從挫折與勝利中學習。
9. 培養幫助自我實現、擴展目的及目標的「我可以」信念。
10. 無論遭遇什麼樣的情況，都要秉持心理韌性，保持積極信念。

其他人也有非常相似的看法。珍・克拉克（Jane Clarke）和約翰・尼科爾森（John Nicholson）在二〇一〇年提出了提高心理韌性的十點計畫：

1. 想像成功的光景，想想你的比較基準是誰；你如何看待自己的能力、表現，以及與他人接觸的方式。
2. 藉由列出你所擅長的事來提升自尊心，並留意別人對你的欣賞與重視。
3. 透過掌控自己的人生，提高自我效能。他們建議應拋開六種「託辭」：一、我是自己經歷的受害者；二、要做的事情多到做不完，連嘗試都不值得；三、我只有一次機會；四、凡事都有一個正確答案；五、沒有人會幫我；六、這不公平。
4. 變得更樂觀，培養重新界定事物的能力，最好的例子就是從失望中看到轉機。
5. 透過減少對他人展現敵意、過度講求完美主義、無法傾聽他人意見、過度隱藏自己的感受、難以放鬆等誘發壓力的習慣，來管理壓力。

6. 利用誠實的風險評估與求助他人來改善你的決策。這也能讓你變得更理性、更直觀。
7. 向人際網絡中的他人尋求幫助並維持聯繫。
8. 以合作性衝突（collaborative conflict）果斷靈活地處理衝突。
9. 投入時間和資源，展開終身學習。
10. 做自己：忠於自我。

◆參考文獻

Clarke, J., & Nicholson, J. (2010). *Resilience: Bounce back from whatever life throws at you.* London: Crimson.

Neenan, M. (2009). *Developing Resilience.* London: Routledge.

Reich, J., Zautra, A. & Hall, J. (Eds) (2010). *Handbook of Adult Resilience.* London: Guilford.

Seligman, M. (2011). *Flourish.* London: Nicholas Brealey.

079 退休：菸斗與拖鞋

如果可以，我們都會變懶惰。

——山繆．約翰遜（Samuel Johnson），一九四〇

鐵器不用會生鏽；水不流動會變污濁，在寒天下還會結冰；無所作為更會削弱心智的活力。

——李奧納多．達文西（Leonardo da Vinci），《筆記》（*Notebooks*），一五〇〇

大家普遍認為，在傳統職業生涯中，由於人的精力及健康狀況都在衰退，一到六十五歲就會選擇或被迫退休。此時，大家會放慢步調，在安靜的娛樂中度過大部分的時間。退休生活通常被描繪成一段相對快樂的時光，也是對多年辛勤工作的公平獎勵。

大家通常以「拉」與「推」做區分。比如，退休前有各種推式因素（體況欠佳、家庭健康、

不喜歡這份工作、不喜歡老闆、找不到工作、被職場嫌棄以及員工政策），拉式因素則是：想做其他事、不需要工作，以及配偶退休了。此外，退休後還有積極的拉式因素（自己當老闆、沒有壓力、想休息、陪伴配偶、陪伴孩子、追求嗜好、當志工及旅行）。另一方面，消極的推式因素則是膩了、感覺自己沒用、想念同事、疾病／殘障、沒有足夠的金錢，以及通貨膨脹。

關於對退休的態度，專家的研究似乎凸顯了三個範圍廣泛的主題／途徑：「退休後還有人生要過」、「工作只是一種生活方式」、「人生沒剩多少事情好留戀了」，而且這些途徑早在真正退休之前就出現了。

退休的隱喻

隱喻	定義	例句
喪失	失去目標、害怕被遺忘或威脅到自己的身分認同。	「……你覺得這是一片很大的空白。你就在這片空白的懸崖邊。」
文藝復興	一個新的開始，一個新的篇章，或一張「空白畫布」，有無限的可能讓你追求自己的興趣或熱情。	「我很期待接下來的幾年。正如我所說的，我長大後，會做一些同樣重要的事。」

（Sargent, Bataille, Vough & Lee, 2011）

隱喻	定義	例句
排毒	脫離不健康、壓力大的工作人生的「淨化」體驗。	「就好像這些年來一直在下西洋棋……你知道自己只有這麼多年、這麼多個小時、這麼多天能做這件事，最後你說，『哦，我的老天。我沒辦法再做這件事了。』」
解放	擺脫工作的束縛與限制；奔向新發現的自由。	「然後我一直讓你知道，對我而言，五十五歲就是我解開這付金手銬的時候。」
降檔	藉由換檔爭取時間，過渡到放慢腳步並好好調整生活節奏。	「我刻意試著多享受它一點，輕鬆一點，因為我沒那麼擅長放輕鬆。盡可能放慢腳步。聞聞玫瑰花香。」
堅持到底	繼續參與及貢獻，在不同環境中發揮自己的專業技能。	「我可能會一直在這一行或其他行業幹一些活。」
里程碑	達到頂峰／實現目標，標示著一個階段的結束與另一個階段的開始。	「做了，完成了，拿到T恤。該走下一步了。」
轉型	積極適應新角色或新的生活方式；換一個新的身分。	「我很開心地向大家宣布，我對當一個吃軟飯的人沒有任何愧疚。這是我一輩子渴望的事。」

對退休的不同反應

針對「蒙受損失與被迫調整者」的研究發現，人們在調整過程中，似乎會經歷幾個階段。當然，學術界對於到底有多少階段，以及該如何為這些階段命名有所爭議；如果每個人都必須依次通過這些階段，究竟是什麼因素使人從一個階段邁入下一個階段？

但它們確實代表了一種監控進展的方式，能幫助觀察者預測正在試著因應情勢的人會發生什麼，甚至可以鼓勵觀察者去幫助人們邁入下一個階段：

- **否認**：「這不可能發生在我身上」的反應似乎是舉世皆然的。否認是原始且廣為擴散的。在經濟蕭條時，你隨時都會聽到它。「我們很好。他們不能／不會對我們這麼做。這只是一個謠言。」
- **焦慮**：否認很快就會被恐懼取代。對未知的恐懼；對只能因應得更少的恐懼；對無所事事的恐懼；對重新創造自己的恐懼。焦慮以喜怒無常與生病，以及八卦與謠言的形式出現。
- **憤怒**：對垂死和悲傷的人來說，憤怒是一種難以因應的情緒；憤怒在離婚時是常見且可預期的；在職場是眾所周知的。如同精神分析師所說的，要找到能當成「壞對象」的目標並不困難。群體更容易表達這種情緒，它能把群體動員起來。
- **悲傷**：當憤怒消退、大家筋疲力盡時，悲傷就會出現。悲傷會讓人回顧已經逝去且可能永遠不會再發生的事。人們變得安靜、內省且相對孤獨。

- **接受**：焦慮、憤怒及沮喪是令人筋疲力盡的三部曲。但是，一旦轉過這個彎，現實與現實主義就開始啟動。既成事實；順其自然；命中注定。這下子不如接受事實、適應情況。
- **緩解**：對於某些人來說，跳脫乏味、高度要求且低度控制的工作，可能是一種解脫。擺脫無情強逼、壓迫人生的暴政，可能是相對有趣的，這「方案」也不至於太糟。
- **興趣**：決意「收手」的員工也有幾種替代方案可以選擇。找另一份（任何其他）工作、當志工、過退休生活。狂熱、憂心忡忡的求職者，處境往往較糟，尤其是在經濟蕭條時。但對其他人來說，退休可能會讓人生變得有趣得多，還有機會重拾往日的熱情。
- **適應**：危機中既有威脅，也有機會。遭到裁員並不是人生的終結，也可能剛好相反。有些人就能適應得又快又好。
- **享受**：許多退休人員表示，他們很難想像自己還得花時間工作。他們所經歷的日子是充實、有條理、多采多姿，甚至有趣的。他們會覺得被公司裁員代表終於能擺脫單調、乏味，甚至有損人格的日子了。

退休人員類型

肯．迪赫特瓦爾德（Ken Dychtwald）在二〇一四年定義出他所謂的「工作中的退休人員」

的各種類型：

- **受驅策的成功者：**資料顯示這類人最有可能時時感到自己為務必達成的目標所驅策。
- **有愛心的貢獻者：**這類人在退休後仍繼續工作的動機，是回饋社會、社區以及其他有價值的目標。
- **兢兢業業的掙錢者：**這個群體在退休後繼續工作，不是因為他們想工作，而是因為他們必須工作。

◆參考文獻

Dychtwald, K. (2014). *Why work in retirement? The Four Types of Working Retirees*. Age Waves Twitter.

Flynn, M. (2010). Who would delay retirement? Typologies of older workers. *Personnel Review, 39*, 308–24.

Hodkinson, H. (2010). Learning to work no longer: exploring 'retirement'. *Journal of Workplace Learning, 22,* 94–103.

Kloep, M. & Hendry, L.B. (2006). Pathways into retirement: Entry or exit? *Journal of Occupational and Organizational Psychology, 79,* 569–93.

Sargent, L., Bataille, C., Vough, H., & Lee, M. (2011). Metaphors for retirement: Unshackled from schedules. *Journal of Vocational Psychology, 79,* 315–24.

080 思覺失調症：備受誤解的心理疾患

不了解絕望就無法了解思覺失調症。

——萊恩（R.D. Liang），《分裂的自我》（*The Divided Self*），一九五九

理智是被善用的瘋狂；清醒時的人生則是被控制的夢。

——喬治・桑塔亞那（George Santayana），《詩與宗教的闡釋》（*Interpretations of Poetry and Religion*），一九〇〇

思覺失調症是一種以思維與知覺、行為與情緒的失調為特徵的精神疾病。精神病（psychoses）都會表現出更嚴重且令人不安的症狀，包括幻覺、妄想、強烈的情緒混亂、明顯的思維混亂，以及導致社交孤立及社交退縮的急性與慢性社交問題。大多數精神官能症的患者都了解自己的病情，而精神病患者則不然。

「思覺失調症」這個診斷用語是精神科醫師、患者團體及非專業人士之間爭論不休的主要議

題。最常見的反對意見是，它是一個沒有幫助的「保護傘」術語，涵蓋了許多具有不同症狀及病因的不同疾病，因此這種診斷是不可靠的。有些人提倡「分裂型障礙」（schizotypy）的概念，它指的是與精神病（尤其是思覺失調症）相關的人格特徵及經歷的連續體。這與精神有無問題的分類觀點不同。

據推測，每一百人裡就有一人受思覺失調症的影響，並且這是最嚴重的心理疾患。有人對這個問題的預測是：三分之一的人需要長期收容；三分之一的人顯示症狀有所緩解，便可視為治癒；其他三分之一的人症狀發作後又會「恢復正常」。他們與正常人的差異在於，他們有（陽性）或沒有（陰性）的症狀。他們有各種思維障礙（雜亂無章、非理性思維）、會經歷妄想與幻覺。然而，他們往往缺乏活力、主動性與社會接觸。他們的情緒極為扁平，幾乎沒什麼歡樂，也很孤僻。

以下是幾個關於思覺失調症的常見誤解：

1. 思覺失調症患者是危險、無法控制，也無法預測，實際上，他們大多數都相對害羞、孤僻，擔心自己有問題。
2. 他們有雙重人格，但思覺失調症患者經歷的其實是情感（情感）與認知（思想）的分裂，而不是人格分裂。
3. 許多人認為他們不會，也不可能康復，一旦罹患思覺失調症，一輩子就是思覺失調症患者。

基於症狀的多樣性，思覺失調症的分類依然複雜，這些症狀包括妄想（怪異、錯誤的信念）；幻覺（對聲音、視覺、嗅覺的錯誤感知）；言語混亂（語無倫次、聯想跳躍、自創詞彙）；行為紊亂（衣著、體態姿勢、衛生習慣）；消極的扁平情緒（缺乏活力、性欲）；對自己的問題與憂鬱缺乏認知。

診斷的複雜化進一步定義了各種子類型，包括妄想型（paranoid）、僵直型（catatonic）、解構型（disorganized）思覺失調症。僵直型（源自希臘語的「伸直」或「拉緊」）思覺失調症患者通常會長時間呈現怪異、靜止的姿勢。妄想型思覺失調症患者會產生控制妄想、自大妄想與被害妄想，對周遭總是疑神疑鬼。解構型思覺失調症患者則是會表現出怪異的想法及言語，還會突如其來地情緒爆發。有些人將思覺失調症分類成「單純型」與「未分化型」兩種，也有些人將之區分為急性（突然發作且病況嚴重）與慢性（長期且漸進）兩種，另一種區分法則將之分為第一類（Type I，多為陽性症狀）與第二類（Type II，多為陰性症狀）兩種。

人們已經認識到，研究人員、醫學界與非業界人士會採信或遵循不同的病因診斷與治療方法。就本質上而言，這些方法分為強調遺傳、生化或大腦結構病因的生物學模型，以及關注童年溝通與懲罰造成問題的社會心理學模型。當然，行為遺傳學與腦科學的發展，使大家對生物學模型的診斷與治療方法益發關注。

1. **醫學模型：**思覺失調症患者在大多數情況下被稱為「患者」，進「醫院」接受「診斷」，做出「預後」，然後接受「治療」。醫學模型認為，在思覺失調患者身上發現的精神功能失調，主要是在大腦中產生的物理及化學變化所造成的結果。治療手段包括醫藥與外科手術，但主要是使用精神安定劑。

2. 道德行為模型：在過去，思覺失調症被視為是因過往的「罪孽」或偏差行為所受的懲罰。許多思覺失調症促成的行為，違反了道德或法律原則，而這就是理解及治癒這種疾患的關鍵。無論行為是否被視為罪惡、不負責任或僅是失調或偏差，關鍵就是改變它，使其行為可讓社會所接受。

3. 精神分析模型：思覺失調症的精神分析模型與其他模型的不同之處，在於它是解讀性的，將患者視為能夠採取有意義行動的代理人。思覺失調症的精神分析概念，不是將思覺失調症患者視為受到各種力量（既有生物性的，也有環境性的）的「作用」所影響，導致他們以某種方式行事，而是關注患者的意圖、動機與原因。思覺失調症患者的行為應被象徵性地解釋；而治療師的任務就是為其解碼。

4. 社會模型：精神病學中的所有社會模型都有一個基本前提，就是社會力量的廣泛影響是比其他影響更重要的精神疾患病因。這個模型認為，精神疾病有一部分乃「病態」社會所導致，包括高離婚率、工作壓力、青少年犯罪、毒品問題的嚴重化等等。思覺失調症患者是被社會、經濟及家庭壓力所逼瘋的。

5. 陰謀論模型：陰謀論可能是最激進的思覺失調症概念模型，因為它否認精神疾病（作為一種身體疾患）的存在，並與醫學模型嚴重對立。思覺失調症患者的行為是他人對待他的方式所造成的直接後果。陰謀論模型否認任何正常意義的「治療」或「治癒」。

◆參考文獻

Furnham, A. & Baguma, P. (1999). Cross-cultural differences in explanations for health and illness: a British and Ugandan comparison. *Mental Health, Religion and Culture, 2,* 121–34.

Furnham, A. & Bower, P. (1992). A comparison of academic and lay theories of schizophrenia. *British Journal of Psychiatry, 161,* 201–10.

Furnham, A. & Chan, E. (2004). Lay theories of schizophrenia: a cross-cultural comparison of British and Hong Kong Chinese attitudes, attributions and beliefs. *Social Psychiatry and Psychiatric Epidemiology, 39,* 543–52.

081

自我實現：終極的成就

光靠自己的翅膀，沒有一隻鳥能飛多高。

——威廉・布萊克，《天堂與地獄的婚姻》（*The Marriage of Heaven and Hell*），一七九九

最重要的是，你必須對自己忠實。

——莎士比亞，《哈姆雷特》（*Hamlet*）

毫無疑問，最著名的動機理論就是亞伯拉罕・馬斯洛（Abraham H. Maslow, 1954）所提出的理論。一輩子只聽過一次心理學講座的人，似乎都把這次機會獻給了馬斯洛的理論。

馬斯洛主張人有五種需求，它們根據由低而高的位階啟動，並依特定的順序被激發，因此必須先滿足一個較低階的需求，下一個高階需求才可能啟動。一旦一個需求得到滿足，位階結構中的下一個較高需求就會觸發，依此類推。

- **生理需求**是最低階的基本需求，是指滿足對食物、空氣、水和居處等基本生理驅力的需求。
- 只有在生理需求得到滿足後，**安全需求**才會被啟動。安全需求是指對安全、可預測、宜居、無威脅環境、不受身體或心理傷害威脅的需求。
- **社交需求**繼生理需求及安全需求之後啟動。他們指的是需要與人親近，如結交朋友，受人喜歡、接納與接受。
- **尊重需求**是指發展自尊並獲得他人認可的欲望。渴望獲得成功、擁有個人聲望，以及被他人認可，皆屬於此類。
- **自我實現需求**是指自我滿足的需求。渴望成為自己能成為的人，開發自己的潛力，完全發揮自己的能力。

最高位階

但什麼是自我實現？你如何看出一個人是否已達到自我實現的階段？馬斯洛所提出的十五個特徵，至今仍然是一套很好的檢查表。

1. **充分把握現實。**馬斯洛稱之為對現實的有效感知，也就是看見、接受並面對事物的真面目，而不是透過壓抑、否認等自我防衛機制的過濾。他們能敏感地看出虛假，並清楚地看透他人。

2. **他們幾近宿命地接受一切**。他們承認自己和他人的弱點、錯誤及缺點。他們不會隱藏、隱瞞或高調說出這些問題。他們能順其自然，接受一切、接受人生。

3. **他們有不受外來影響的自然性與自發性**。看起來可能單純且孩子氣；可能容易吃驚、迷戀或專心致志。他們憑自己的直覺與衝動行事。

4. **他們以問題為中心**。他們懂得區分好壞；釐清孰輕孰重。

5. **他們能適應孤獨，喜歡安靜獨處**。他們對獨處感到自在。對他們而言，孤獨並不代表被拋棄、失敗或了無生趣。

6. **他們不為流行或時尚所左右**。他們不受文化潮流的影響，偏好聽從自己內心的聲音、追求自己決定的目標。

7. **他們以開放性、新鮮的眼光欣賞一切**。馬斯洛稱之為「初學者精神」。他認為他們似乎能夠從平凡中找出驚奇、愉悅與魅力。

8. **他們經常有「高峰體驗」**。這是一種心靈的高潮，是清晰、富洞察力、幾近理解一切的觀點（切記，務必扎根於現實中）。

9. **他們善解人意、關心他人、善良親切**。他們對於造福全人類展現了深切且真誠的渴望。這種幫助他人過得更好的欲望是真切的，甚至是熱情的。

10. **他們與他人有著深厚的社交關係**。他們以深度換取廣度，偏好把大部分時間與精力投注在少數人身上。

11. **他們尊重且珍視一切。**他們將人視為不同的個體，而不是他們所屬群體的代表。這意味著超越刻板印象的框架。

12. **他們能區分手段與目標、目的地與旅程、過程與成品。**他們懂得享受活動的本質，同時又不忘以目標為導向。

13. **他們有一種哲學性的幽默感。**也就是說，他們並不會將幽默感定義為對敵人的弱點與失敗的敏銳觀察。

14. **由於能看出不同事物之間的關聯，他們富於創造力。**由於對新鮮的事物敏感，加上擁有提出天真問題的能力，他們具備貨真價實的創新精神。

15. **他們反對盲目從眾。**馬斯洛稱之為「抗濡化」（resistance to enculturation）。這意味著他們置身於群眾的文化約束之外。

他們擁有追根究柢的好奇心；誠實且具有自我覺察；善良且關懷眾生。他們看起來的確有吸引力。相較於被困在較低層次，一味關心自己是否被喜歡、被愛或如何能被愛的那些人，他們完全不為這類掙扎所困。如同馬斯洛所說的，自我實現者看起來既真實又明智，既冷靜又充滿活力，而且以人為本、以問題為導向。

馬斯洛將匱乏與滿足視為行為的動力。匱乏或特定需求的無法滿足，將會主導行為，讓人專注地滿足該項需求。然而，一旦得到滿足，這需求的重要性就會降低，而下一個較高階的需求就會被激發或啟動。因此，從最低階開始，整個過程就是由匱乏主導行動、滿足需求、再啟動下一個位階的需求。

- **短缺定律：**如果需求沒有得到滿足，就會造成緊張並產生採取行動的驅力。被滿足的需求不會誘發動力。
- **優位定律：**注意，需求是有位階次序的。有些需求比其他需求更重要、更關鍵，因此需要先得到滿足，其他需求才會開始誘發動力。
- **漸進定律：**需求有依位階排列的優先順序。也就是說，必須先滿足生理需求，其次是安全需求，然後是社交需求，依此類推。
- **需求結構是開放性的。**最高階的需求，也就是自我實現，意味著努力實現自己的感知潛力。但是隨著我們的成長與發展，對潛力的概念也會出現變化，因此完全的自我實現永遠都是一種需要持續努力，但永遠無法完全實現的潛力。這是一個必要的機制，否則人可能會滿足自己的所有需求，從此不再產生行動的動力。

◆參考文獻

Heylighen, F. (1992). A cognitive-systemic reconstruction of Maslow's theory of self-actualization. *Behavioral Science, 37(1)*, 39–58.

Kress, O. (1993). A new approach to cognitive development: ontogenesis and the process of initiation. *Evolution and Cognition 2(4)*: 319–32.

Maslow, A. H. (1987). *Motivation and personality (3rd ed)*. Delhi, India: Pearson Education.

082

自我覺察：你知道自己是什麼樣的人嗎？

自我知識不涉及任何形式的推理、感知或標籤。它只不過是表達我們的情感、動機、信念等內容與目的的能力。

——約翰・格林伍德（John Greenwood），《相關者與代表》（*Relatives and Representations*），一九九一

憑智慧，我們以他人的話了解他們；憑努力，我們以自己的話了解自己。

——艾瑞克・蒲垂芝（Eric Partridge），《Name into Word》，一九三五

「自我覺察」被定義為對自己的能力、潛力、偏好及動機，同時也是對自己行為的含義，以及對他人所產生的影響之準確評估與理解。這是現實檢驗（reality-testing），即根據現實生活對自我信念所進行的校準。

自我覺察有一部分是關於自己的知識，如優勢與劣勢、弱點與強點、特質與平凡。它可以從

許多來源以許多方式衍生而出。有時，自知之明來自在課堂或沙發上的突然頓悟，甚至可能來自工作評估。它來自經歷過及突如其來的成功與失敗，如他人的意見，以及從人格測驗所得到的回饋。

本質上，我們可以從特定經驗中清楚了解自己的技能：

- 我們在某些工作做得如何。
- 其他人對我們有什麼評價。
- 我們有多成功。
- 我們經歷過哪些失敗及失望。
- 當我們將自己與其他相似但有些不同的人做比較時。

自我覺察可以被視為個體差異變項。這是一種特質。一般來說，高度的自我意識與知性及社會疏離、分析傾向及能力最密切相關。聰明的人知道他們有多聰明。認知因素（思考能力、詞彙）可能最重要，可以為準確判斷他人而提供資訊。這與普遍認為溫暖及感動性只與感性有關的刻板印象相反。對自己及他人的洞察力是可以提升的。

資料顯示，低估自己表現的人，往往比高估自己的人表現更好。自他人評一致性（Self-other agreement，即一個人如何看待自己與他人如何看待自己之間的一致性）與人際關係及工作上的成功有關。

但重要的是，要注意對方是誰，以及他們對你了解多少，也就是他們的資料庫有些什麼。自我覺察的明顯優點包括：

- 開發我們的所有潛力。
- 幫助其他人了解我們。
- 最有效地投資我們的發展成果。
- 發現我們擅長哪些事。

當然，也有一種病態的自我覺察，出現在過度警戒、諮詢成癮、自戀的人身上，他們只對自己感興趣。這是大多數青少年都會經歷的階段，但有些人會停在這裡。它非常討人厭，而且往往會造成反效果，有些人稱之為「亞臨床自戀」。

弄清楚自己（實際上）是誰，屬於哪個群體（家庭、組織、社區），並知道自己可以對他人做出哪些貢獻，可能需要數年時間。但有些人很幸運，有機會測試自己的技能，並看到自己能造成什麼樣的影響。他們能進一步意識到自己的潛力，以及在特定情況下能自然地做出哪些行為。

你是否有自我意識？是否真的理解自己？

以下三件事能有所幫助：

1. 自測、探索及試用：嘗試新工作與新狀況。青少年總是說他們不喜歡做從未嘗試過的事，但人直到晚年還能有一些新發現，而且通常是在偶然的情況下發現。不要等待，你可能在某些方面擁有一直沒發現的才能，或原先以為自己擁有的才能其實根本不存在。這能讓你意識到自己的能力。

2. 自我接納：既不是高估，也不是低估你的才能。並不是所有人都聰明、有創造力、有洞察力。被他人忽視或低估自己的長處與弱點，同樣令人難過。

3. 尋求他人的回饋：聽聽好友、老闆、老師怎麼說，有助於澄清關鍵問題：什麼對我來說真正重要？真正的我是什麼樣子？

擁有真正的自我意識，需要更有韌性、更實際、更能讓他人預測。徒勞地向他人取討更多安慰的自戀者，是缺乏吸引力的，而且可能跟只看到自己缺點的憂鬱者一樣不快樂。

對佛洛伊德學派而言，所有治療的目標都是自我覺察。了解模糊的潛意識、真實的自我、內在小孩（inner child）。這也可能是自戀的根源，此為追求自我意識的陰暗面。

周哈里窗

很多人都知道著名的周哈里窗（Johari window）的四個範疇：我在自己身上看到了什麼、我在自己身上看不到什麼；你在我身上看到了什麼、你在我身上看不到什麼。這些範疇可以被劃分成四個格子。

四個格子的分類如下：

1. **開放我**（Open Self）：指的是常識，包括我與認識我的人所知道的興趣、抱負、能力。「開放我」是所見即所得的部分。

2. **隱藏我**（Hidden Self）：這是個祕密的小格子，我知道自己有哪些他人不知道的事，這可能包含自己經歷過的事件、怪異的信仰與欲望，或是社會無法接受的態度與信仰。「我知道但從未對外公開的事」的形式林林總總，其中可能有些讓自己感到羞恥、自己覺得不重要或巴不得忘記。

3. **盲目我**（Blind Self）：指的是其他人看見了（觀察到且確定）卻沒告訴我的事。也就是他人對自己抱持、但自己並不知道的看法或評價。因此，有些人對自己的外表或能力抱持不真實的怪異看法……至少從觀察者的角度來看是如此。

4. **未知我**（Unknown Self）：我和其他人都不知道自己的那些事。被埋葬、壓抑或長期被遺忘的想法，甚至潛力的領域。也許這些事可以被有興趣的治療師發掘，並且將之從模糊的潛意識裡拉到白晝的強光中。

我們可以透過回饋來獲得關於自己的資訊並發展自我覺察，以及透過表露向他人提供資訊。

◆參考文獻

Fletcher, C., Baldry, C. & Cunningham-Snell, N. (1998). The Psychometric Properties of 360 Degree Feedback: An Empirical Study and a Cautionary Tale. *International Journal of Selection and Assessment*, 6, 19–34.

Fletcher, C. & Bailey, C. (2003). Assessing self-awareness. *Journal of Managerial Psychology,* 18, 395-40.

Furnham, A. (2018). Rater Congruence in 360 Feedback: Explaining why ratings of the same person differ and what organizations should do about it. In D. Bracken, Allan Church, John Fleenor and Dale Rose (Eds). *Handbook of Strategic 360 Degree Feedback.* Oxford: OUP.

083

自尊心：你對自己滿意嗎？

沒有人對一個自我評價低的人持有好評價。

——安東尼・特洛勒普（Anthony Trollope），《奧利農場》（*Orley Farm*），一八六〇

唯有對自己有信心的人，能對他人忠誠。

——埃里希・弗洛姆，《愛的藝術》，一九五七

近三十年來，心理學界公認的事實是，自卑是許多社會及個人問題的根源，在年輕族群之間尤其如此。因此，從少女懷孕到自殺、從犯罪到學業失敗，在很大程度上都是自尊心低下所造成的。因此，自尊運動（self-esteem movement）的發展與擴散，試圖透過各種臨床及教育干預，提升各種目標族群的自尊心。這項運動的假設是，由於自尊心具有如此強大的因果作用力（causal power），因此是改善面對各類社會及心理問題的各種族群之命運最有效的方法。

然而，在過去幾年，社會心理學家對其中許多假設提出了挑戰，並發現它們有所缺陷。其中一項挑戰由尼古拉斯・埃姆勒（Nicholas Emler, 2005）所提出，他對文獻進行了詳細、嚴厲的評估後，結論是幾乎沒有證據證明自尊心低下會導致社會問題的因果作用力，也無法證明提高自尊心的計畫有多少效用。他的研究得出了幾個具體的結論：

- 自尊心相對低不是犯罪、暴力侵害他人（包括虐待兒童和伴侶）、吸毒、酗酒、教育程度低或種族主義的風險因素。
- 自尊心相對低是導致自殺、自殺未遂、憂鬱、少女懷孕及受霸凌傷害的風險因素。然而，在上述的每一種情況中，它只是幾個相關風險因素的其中一個。
- 儘管因果作用機制尚不清楚，但相對低的兒童自尊心似乎與青少年飲食障礙症有關，在男性中，也與青少年時期的低收入及就業問題有關。
- 自尊心非常高的年輕人比其他人更容易出現種族歧視心態，抗拒來自成年人及同齡人的社會壓力，並會做出對身體有風險的行為，例如酒駕或開快車。
- 對年輕人自尊心高低影響最大的是父母，部分是遺傳的結果，部分則是父母對子女表現的愛、關懷、接納與關注程度。身體虐待及性虐待，對兒童的自我價值感尤其有害。
- 個人的成敗也會對自尊心造成影響。但是，儘管在校成績高低常成為關注焦點，對自尊心的影響程度其實相對較小。
- 育兒計畫與其他計畫性干預措施，有助於提高兒童的自尊心，但對某些干預措施為何有效的了解，還是相當有限。

尼古拉斯．埃姆勒主張，自尊心低下可能促成有益的動機，而自尊心過高也不一定會造成正向結果，可能反而導致傲慢、自負、自滿的行為。

我的同事湯瑪斯．查莫洛－普雷謬齊克（Tomas Chamorro-Premuzic）在二〇一三年出版的《自信》（*Confidence*）一書中，採納了這個想法。他主張，我們被灌輸了人生中與商場上成功的關鍵是自信：相信自己，世界盡在你的掌握之中。然而，數以百萬計的人都覺得自己被低自信所阻礙了。

他在《自信》一書中向我們表明，長遠來看，過度自信會使我們顯得不那麼討人喜歡、不那麼適合受雇，也不那麼容易成功。他提出了缺乏自信的好處（包括能促成更多動力與自我覺察），教我們如何知道何時該謙遜、在工作上取得領先、提升社交技能、在情緒與生理上的感覺更好等等。

除了相關評論，實驗研究也開始證實自尊心過高會產生負面影響。他們似乎證明，自尊心過高的人對自己及他人所構成的威脅，比自尊心偏低的人還大。

鮑邁斯特等人（Baumeister et al., 2003）饒富想像力的研究，可能提供了最好的經驗證據，證明自尊心偏低與成功的人生之間並沒有因果作用，雖然這個結論仍有爭議。近年來，一些縱貫性研究主張情況並非如此，事實上可能完全相反。還有一些人表明，自尊心可能造成的後果正負皆有。自尊心源自外貌等外部因素的人，可能容易罹患飲食障礙症。

這個爭論的本質，是我們需要準確的自我評價，也就是秉持接受現實且講求實際的精神來檢驗自己的能力。要做到自我接納，我們必須為自己的行為負責。因此，真實的自尊心與偽裝的自尊心是有差別的。真實的自尊心發自內在，控制權在我們手上；偽裝的自尊心是外來的，控制權在可能不穩定且善變的他人手上。

同樣的，區分不健康的自戀與自我膨脹、自我陶醉的虛榮心，以及真實、正確和適度的高度自尊心也很重要。自戀者靠他人來肯定自己，就這一點而言，他們非常脆弱，並且沉溺於他人的正面肯定。相對的，真實的自戀者也會不斷地尋求他人的認可，但這些認可永遠不足以說服自己夠好。由於他們沒有真實的高度自尊心，所以會努力偽裝。

從精神病學到心理學領域的自戀研究文獻中，可以看到各種進行區分的嘗試。它被視為一種類型、特徵，甚至一種心理歷程。已經有人研究過顯性（更加表露且具攻擊性）與隱性（焦慮的、防禦性的、脆弱的）自戀者的差異，並且有許多區分「健康」、「生產性」自戀，與「不健康」、「破壞性」自戀的嘗試。事實上，自戀的解釋似乎也有「臨床性」與「非臨床性」的差異。這個問題可以透過特質的概念來解決，以此將每個人的自尊心（自戀特質）做定位。臨床醫師可能只會看到需要接受治療的極端案例，而人格與組織心理學家所看到的「極端案例」則較少，而這些自戀者看起來「相對」適應良好。

有自我覺察，在能力與天賦方面既不傲慢也不謙虛的人，往往表現最好。當自尊心與實際能力不符時，專注於提高自尊心反而極不明智、極不健康。

◆參考文獻

Baumeister, R., Campbell, J., Krueger, J., & Volis, K. (2003). Does high self-esteem cause better performance, interpersonal success, happiness and healthier lifestyles? *Psychological science in the public interest, 4.* 1–44.

Chamorro-Premuzic, T. (2014). *Confidence.* New York: Hudson Street Press.

Emler, N. (2005). *The costs and causes of low self-esteem.* Unpublished paper: LSE.

Twenge, J. (2006). *Generation Me.* New York: Free Press.

084 性別差異：先天、後天或毫無差異

女人很難以語言定義自己的感情，因為語言主要是男人發明來表達自己感情用的。

——湯瑪士．哈代（Thomas Hardy），《遠離塵囂》（*Far From the Madding Crowd*），一八九〇

我們不僅是「暗中懷疑」，該物種的雌性不僅比雄性更致命，而且更聰明。

——大衛．韋克斯勒（David Wechsler），《成人智力測驗》（*The Measurement of Adult Intelligence*），一九三九

一個熱門議題

心理學家在研究或撰寫關於性別差異的文章時，往往必須勇敢、天真或不明智。智力的性別差異是「最熱門」的研究議題之一，曾有心理學研究者因自己的觀點而遭到攻擊與解聘。不過，主張一切都存在性別差異，注定會引起迅速且猛烈的反彈。

許多人想要相信男女平等，不僅有同樣的潛力，也有同樣的能力，當然還有同樣的權利。他們主張，即使存在細微但實際的、可驗證的能力差異，也不應該對其進行探索或解釋，因為這會造成兩性之間的分裂。換句話說，不要研究或爭論這個問題，這只會造成負面結果。

性別相關的玻璃天花板、玻璃懸崖、玻璃手扶梯、「黏糊」地板，依然是流行的爭論主題。這一切都意味著兩性在職業機會上大不相同。很明顯的，男性在同一份工作的報酬往往高於女性，而且往往是在兩者產能相同，甚至女性產能更高的情況下，因此不難理解女性的憤怒。

相關研究

多年來的許多研究證明，稚齡兒童之間就已經有性別差異。男孩對積木及車輛較感興趣；女孩則較喜歡洋娃娃、藝術創作及家事活動。男孩喜歡打鬧；女孩則敏感文靜。男孩的興趣較為狹隘；女孩的興趣範圍較廣泛，甚至包括典型的男孩活動（不對稱性別形成，asymmetrical sex-typing）。有證據顯示，男孩和女孩都有自願性的性別隔離（同性玩伴群體）傾向。男孩群體規模較大，較關心主導權由誰掌握；女孩的玩伴則多為兩／三人一組，並且會彼此分享，關心公正性。

女孩比男孩更早掌握語言能力，聽說讀寫都比男性流利。女孩的詞彙量較大，使用較複雜的語言結構，發音與閱讀能力也比較好。男孩的溝通能力較差，並且工具性地使用語言（以獲得他們想要的事物）。

相較於男性，女性的大腦語言定位較為雙邊（磁振造影與病變研究）。

其中一些發現會引起激烈爭論。即使承認一些細微但一貫的發現，爭論也會轉移到它們存在的原因。這就是先天－後天爭議。

流行結論與科學結論

另一個令人好奇的是熱門作家與科學作家之間的明顯矛盾。許多暢銷書籍，例如《男人來自火星，女人來自金星》（*Men are from Mars; Women are from Venus*）描繪了一個簡單的進化觀點，描述甚至贊同了所有人類行為的性別差異，尤其在溝通、人際關係及工作方面。這類書籍與嚴謹慎重的學術書籍及論文形成對比，學術論文指出這些問題看似簡單，實則複雜，每個問題都有許多可能的答案。

不可避免的，有兩種強烈競爭、相互排斥的力量：一種是強調差異的**生物學**（先天），另一種是強調相似性的**社會學**（後天）。生物學觀點通常主張，這些差異是無法改變的，儘管我們知道所有與生俱來的特質都可以透過經驗改變。幾乎每個人都知道我們是生理－心理－社會的動物，但有些人認為人是「生理」－心理－社會，其他人則認為是生理－心理－「社會」。這一切取決於對差異性如何及為何會發生的解釋方式。

有些人強調能力、人格與價值觀方面的明顯性別差異，無可避免地導致不同的職業選擇及職業適應程度。其他人則強調社會力量，認為各種意識形態方面的原因，會預設或否認職業上存在性別差異。

差異

這個議題的討論者可以被區分為最大化者與最小化者。最大化者想要找出並解釋兩性之間的差異（其中有許多差異很大），而最小化者想要強調兩性之間並沒有多少差異。這個爭論有一部分可以從名叫"Cohen's d"的差異效果量值的統計數據解讀中看出。在如何標記差異方面，已有慣例性的衡量標準：從無、微不足道、小、中、大到非常大，雖然這個標準仍有爭議。因此，最小化者喜歡看到許多差異是微不足道、可以忽略，在任何意義上都不重要，而最大化者則迫不及待地想描述和解釋他們所發現的所有差異。

統合分析

但在這些激辯中也不是沒有一絲曙光，那就是不帶偏見地挑選證據的研究人員，其深思熟慮的統合分析（meta-analyses）。大多數人知道某些特定能力中存在差異，但會宣稱這些差異很小，儘管這些差異可能會造成重要的後果。

黛安・哈珀恩（Diane Halpern，2012）在極為謹慎且研究周全的書中指出，女性擅長的工作：發明同義詞（聯想流暢度）、語言產出、詞語的流暢度、計算、字謎、記憶詞語、物體、經驗及位置，以及閱讀理解及寫作。她主張，解釋這一點背後的認知歷程是，快速觸及與檢索記憶中的資訊。另一方面，男性擅長的工作則包括：語言比擬、解數學題、心像旋轉（mental rotation）及空間感知、時空任務（動態視覺顯示）、在視覺圖像中產出資訊並加以利用、機械性推理，以及一些與科學相關的主題。她認為，其中潛在的認知歷程是，維持及操縱視覺工作記憶與空間工作記憶的心理表徵。

珍妮特・海德（Janet Hyde）指出，有證據支持性別相似性的假說。她提出兩種理論方法：「認知社會學習理論」將心理性別差異歸因於女性與男性的行為受到不同的獎勵與懲罰、人有模仿同性榜樣的傾向，以及注意力和自我效能等認知歷程。「社會文化理論」則主張，當代心理性別差異源自史前的性別分工；一旦男性與女性扮演不同的角色，就能發展出可勝任這些角色的心理素質。

她的結論是，性別的相似性遠多於差異性。然而，還是有一些很大的不同。例如，在3D心像旋轉上，男性的表現明顯較好；在隨和／溫柔的人格面向，女性的得分高於男性；在追求刺激方面，男性的得分較高；男性對事物的興趣大於對人的興趣，女性則相反；在生理攻擊性，以及手淫及使用色情媒介等性行為，男性的得分遠高於女性。

在心理學領域，乃至整個社會科學領域中，或許沒有任何議題比這個更充滿意識形態色彩！

◆參考文獻

Furnham, A. (2007). *50 ideas you really need to know in Psychology*. London: Quercus.

Halpern, D. (2012). *Sex Differences on Cognitive Abilities*. New York: Psychology Press.

Hyde, J. (2005). The gender similarities hypothesis. *American Psychologist, 60,* 581–92.

Hyde, J. (2014). Gender similarities and differences. *Annual Review of Psychology, 65,* 373–38.

Lynn, R. & Kanazawa, S. (2011). A longitudinal study of sex differences in intelligence at ages 7, 11, and 16 years. *Personality and Individual Differences, 51,* 321–4.

085 性真的能販賣嗎？

你在臥室裡做什麼都無所謂，只要你不在街上做，別嚇到馬就行了。

——坎貝爾夫人（Mrs Patrick Campbell），《傑明街的公爵夫人》（The Duchess of Jermyn Street），一九六四

性骯髒嗎？只在做對的時候。

——伍迪．艾倫（Woody Allen），《性愛寶典》（*Everything You Always Wanted to Know about Sex*），一九七二

廣告可以被形容成一門將人類的智慧囚禁得夠久以從中賺錢的科學。

——史蒂芬．李科克（Stephen Leacock）

廣告必須拍得有趣、引人注目、令人難忘。它們所服膺的重要宣傳目標，就是提升產品在觀眾心目中的知名度。終極目標是利用產品知名度，提高觀眾購買所宣傳商品或服務的可能性。這就是廣告的運作邏輯。

有一個問題是：性能販賣嗎？也就是說，如果廣告包含性相關的內容，會不會讓產品變得更令人難忘？讓觀眾更願意購買？廣告中的性相關內容通常被用來達成這個目的，而且也相當成功。例如，凱文克萊（Calvin Klein）在一九九五年的性愛系列廣告，就讓他們的牛仔褲銷量增加了一倍。

有鑑於廣告收入是國際上大多數電視台的主要收入來源，「性是否真能販賣」不僅是大眾及科學界感興趣的議題，對廣播電視公司而言，也具有重大的商業意義。事實上，廣告商就證明了這個議題的重要性，因為在一個非常受歡迎的節目中，播放一支三十秒的廣告，要價可能就高達數百萬（美元／英鎊）。

性主題廣告的記憶

儘管廣告中頻繁使用性主題（圖片、聲音、影像），但關於其有效性的研究結果仍有相互矛盾之處。廣告記憶（advertisement memory）是一個判斷廣告商業效果的關鍵因素，愈來愈多研究直接檢測了觀眾對廣告內容的記憶程度，主要方法是透過品牌、產品類型、廣告長度及目標族群等與性內容無關的外來因素，將有性內容的廣告與無性內容的廣告配對，供受測者做比較。

也就是說，研究人員必須找到類似產品（啤酒、汽車、洗髮精）的廣告，其中一支有性相關畫面，另一支則沒有。大多數研究表明，性相關廣告比非性相關廣告更令人難忘。此外，也有強而有力的生理證據表明，以膚電反應（galvanic skin responses）測量時，性相關廣告不僅會使人被高度喚起，注意力也會更集中。此外，還有人主張，帶有性意涵的廣告可能會使人對產品產生更強烈的購買意願。

但也有些發現的結果相互矛盾。一個可能導致混淆的因素，是性活動描寫的確切性質，以及它的性質與環境是屬於浪漫還是非浪漫。這在廣告和節目中都難以控制，並且可以部分解釋這些發現如此模稜兩可的原因。

脈絡性節目效應

廣播電視公司關注的另一個領域，是帶有性內容的廣告該在與性相關還是無關的節目中插播。一項早期的研究發現，當人們看到帶有性、暴力或中性內容的節目時，對這些節目插播的廣告較無記憶。在隨後的後續研究中，還發現這效應對消費者透過折價券購買廣告產品的意願，也會造成影響。有人主張，性相關的節目內容，可能會促使觀眾想到性，這會破壞廣告的編碼，或是處理性相關內容需要動用到比非性相關內容更多的認知資源，從而減少處理其他刺激（如廣告）的認知能力。當然，有相當多的經驗證據表明，人對性相關媒體比對非性相關媒體更關注。

然而，有兩項研究證明在節目的其他方面保持不變時，性與暴力並不會影響觀眾對所插播廣告的記憶，但節目內容的其他方面（如幽默內容）卻會影響廣告記憶。不過整體而言，證明了性相關的節目內容會阻礙廣告記憶。

節目誘導參與

另一個被認為會影響品牌印象（brand recall）的因素是觀眾對節目的「參與」度，儘管這個概念在廣告文獻中一直有爭議。節目參與度低的人認為，在節目中插播脈絡一致的廣告，訊息較清楚，也比較討人喜歡，而參與度高的人則認為，在節目中插播與脈絡相反的廣告，訊息較清楚，也較討人喜歡。

研究人員認為，對參與度較低的人而言，節目內容與廣告性質一致可被視為一種外圍線索，能啟動知識結構並促進信息闡述（啟動效應，priming effect）。相反的，對參與度高的人而言，節目內容與廣告性質呈對比（對比效應，contrast effect）時，較可能集中處理資訊。

其他人則認為，節目的參與度與一致性效應（congruency effects）有曲線性的關係。當一個節目促成觀眾高度參與時，一致性效應會因認知資源枯竭而消失。而當節目促成觀眾的低度參與時，動機就不會被啟動。在這兩個極端之間（即對節目的中度參與），人們通常會受到一致性的影響。由於性相關節目的參與度高，在這類節目中插播的廣告可能就不會造成一致性效應。

◆參考文獻

Bushman, B. J. (2005). Violence and sex in television programs do not sell products in advertisements. *Psychological Science*, *16*, 702–08.

Leka, J., McClelland, A., & Furnham, A. (2013). Memory for sexual and non-sexual television commercials as a function of viewing context and viewer gender. *Applied Cognitive Psychology*, *27*, 584–5.

Lull, R., & Bushman, B. (2015). Does sex and violence sell? *Psychological Bulletin*, 141, 1022–48.

Parker, E., & Furnham, A. (2007). Does sex sell? The effect of sexual programme content on the recall of sexual and non-sexual advertisements. *Applied Cognitive Psychology*, *21*, 1217–28.

086 購物：零售療法的心理學

消費者不是白痴——她是你的妻子。

——大衛·奧格威（David Ogilvy）

消費者是為某事所苦的購物者。

——哈洛德·科芬（Harold Coffin）

購物有科學根據嗎？我們能否預測人在實體店鋪或網路購物的方式、內容、原因及時間？這是「消費者行為」所研究的領域。當然，有不少關於這個議題的迷思，以下是超市配置的前三大理論：

1. 麵包和牛奶兩種主食的擺放距離必須最遠，好讓人們走過許多通道，在途中不可避免地做一些衝動性購買。

↓不對，它們會被擺放在不同地點的主要原因，其實是溫度。

2. 超市人員會刻意藉由變換商品陳設的位置來誘惑你。

↓不對，他們並不會這麼做，因為頻繁變換商品位置一定會惹惱購物者，導致營業額下滑。當然，位置變換的確會發生，但目的是為了容納新商品或清出銷售欠佳的商品擺放區域。

3. 他們在超市前方堆滿大量水果及蔬菜，以慫恿你拉著一台必須堆滿商品的購物車。

↓不對，要不要拉購物車，通常在你進入店門前就已經做了決定。

但是，有人在所有商店中進行觀察與測量，試圖了解消費者行為。購物相關的科學數據有以下三種收集方法：

1. **仔細檢查庫存、現金及營業額**。這種方法既簡單又可靠。利用會員卡更方便，透過它可以獲得消費者長期以來的消費慣性，以及每一筆購買的確切細節等精準數據。它還可以檢查購買的關聯性，也就是買香蒜醬的人更有可能買香醋。買超商自有品牌產品的人，也會選購買一送一的商品。這些數據能讓我們知道消費者行為，但無法說明動機，這得由我們自己來推斷。

2. **如果相信大家都會（而且能）告訴我們真正的（意識及潛意識）動機，可以跟他們進行**

訪談。或是在他們進入店裡及離開前，將他們攔下（注意購物意圖與實際購買之間的差異），也可以組成焦點小組，甚至利用電話訪談。

3.我們可以觀察大家如何購物。透過監視攝影機或受過人類學訓練的觀察員，你可以描述消費者在店內如何移動，是什麼讓他們放慢速度或被吸引到特定區域，同時避開其他人，以及為什麼他們會親手檢查某些產品，對其他產品卻不會。

零售商對某些特定問題感興趣：轉換率（conversion rate，進入商店實際購買任何商品的人數）；截獲率（interception rate，與工作人員互動的客戶數量）；消費者在商店裡實際耗費的時間，以及等待服務的時間，尤其是付款時。

在店裡耗費多少時間是花多少錢的最佳預測指標，因此讓人們放慢腳步是件好事。但是，用難看的標示與阻塞的通道拖住他們，並不是一個好主意。鏡子會讓人們慢下來，有趣的展示也可以。同理，需要等待是不滿意度的最佳預測指標，因此不要讓客人等太久是值得的。

相關研究證明了許多非常明顯的事。標示非常重要；人們喜歡在商店裡坐下來；音樂和氣味能左右情緒，進而影響購買。人們需要方便攜帶物品的方式，而且往往依循自己習慣的方式在店內走動。

人口統計學差異

這其中是否存在人口統計學差異？購物者自然是按年齡、性別與階級分類的。觀察者注意到，從消費者的自陳報告及會員卡的紀錄中，都看得出性別差異。

女性花在購物上的時間比男性多，在商店裡似乎較有意識、好奇心和耐心。而男性似乎移動得較快，看得更少，也不太願意發問。男性似乎不在意價格，也更急於離開商店。

男性會對女性購物者造成壓力。在男性的陪伴下，女性花在購物的時間比在其他女性陪伴下少一半。女性會彼此勸說、討論、建議……男性只想趕快買完並離開。

一些熟悉社會生物學的研究人員指出，女性認為購物有助於放輕鬆及恢復活力。但男人是狩獵採集者，需要一個明確的目標（即清單），並準確了解品牌、顏色、尺寸、款式，以及到哪裡、待多久等等。男人要的是速戰速決。

此外，也有包括店內行竊等與購物成癮及強迫行為相關的病理，似乎有高得不成比例的女性飽受這些痛苦。人們購物是為了確認自己的身分（你穿的衣服代表自己）、尋找內在需求所欠缺的外在象徵、找回群體歸屬感。購物成癮者就像厭食症患者，他們感覺空虛，需要獲得掌控感及眾人的欽佩。

這個議題在零售療法的概念下獲得進一步的發展。事實上，購物者是極度不開心，必須到商店裡「買解脫」的人。

患有「購物癖」的人應該比「購物恐懼症」者多，而且在購物偏好上的確存在性別差異。需要速戰速決立刻返家的男性有明確的目標及時間表。研究認為，唯有提供明確的購物標準（品牌、款式、顏色及尺碼）、地圖或購買地點指示，甚至建議在那裡停留多久，才能激起男性的購物欲望。

人們確實花很多時間在商場和購物中心，時下則會耗費數小時在網路上「瘋狂購物」。但大家購物是出於什麼動機？是否有基於不同理由的不同購物類型？

三十多年前，行銷專家試著提出一份動機清單。近年來，零售分析師定義出六種明顯不同的「享樂購物動機」。

1. **冒險型購物**：視購物為令人興奮的冒險。購物提供了一個充滿新鮮景象、聲音及氣味的感官世界。商店宛如冒險樂園。
2. **社交型購物**：指可凝聚人心的購物體驗。一種與朋友及家人共度美好時光的方式。
3. **滿足型購物**：較接近零售療法，指為了紓解壓力而購物；放縱地購物；為了讓自己在挫折後重新振作而購物。對某些人而言，這有助於放鬆心情，對其他人而言，這是一種轉移注意力的手段。
4. **創意型購物**：關注時尚，尤其是盲目追求時尚的人，必須想方設法跟上新潮流。他們需要知道哪些東西正在流行，哪些東西已經落伍。從男孩的玩具到女孩的服飾，一切都有流行趨勢。

5.角色型購物：對某些人而言，為他人買東西可能是令自己非常滿足且欣慰的事。大家都喜歡購買禮物的快感。

6.超值型購物：喜歡折扣、殺價的人，會將購物視為挑戰或值得拚輸贏的遊戲。

當然，上述類型或面向的問題在於，它們都向沉溺其中的人提供了一種不可抗拒的誘惑，有些人可能符合某一種類別，但也可能同時帶有另一個、兩個或更多類別的特質，每一種類型很少有人完全符合。

◆參考文獻

Baker, A. (ed.) (2000). *Serious Shopping. Psychotherapy and Consumerism*. New York: Free Association Books.

Markham, J. (1998). *The Future of Shopping*. London: Palgrave Macmillan.

Underhill, P. (2004). *Why We Buy: The Science of Shopping*. New York: Simon & Schuster.

087 微笑：我們何時、如何，以及為何微笑

一個人可以笑容滿面，骨子裡卻是殺人的奸賊。

——莎士比亞，《哈姆雷特》

內心的差異比長相的差異更大。

——伏爾泰，《哲學辭典》(*Philosophical Dictionary*)

你能從微笑中讀出什麼？微笑可能是自然的，也可能是假裝的。燦爛的、真誠的、表情豐富的、自發性的微笑，可以從生理學上定義為肌肉牽動嘴唇、臉頰或眼睛等部位的作用。也有表現出認清命運滄桑的苦笑、無奈的笑。禮貌性的微笑，通常比較像扮鬼臉，顯示尷尬又象徵幸福。

假笑有多種用途，通常是假裝享受、應酬或表示同意。這種微笑很容易辨識，因為通常是嘴笑眼不笑。就技術上而言，真笑和假笑之間的生理性差異，可以被定義為：牽動顴大肌和眼輪匝肌這兩塊肌肉；真正的微笑會牽動兩者，假笑僅牽動顴大肌而不會動用眼輪匝肌。

人們微笑的原因很多。我們知道，人們撒謊時，笑容往往比說真話時少，因為他們必須表現得與一般人對說謊者的印象相反。警方研究多次表明，被指控犯有重罪（走私）及輕罪（超速）的人，後來被證明無辜時，往往比被證明有罪的人微笑得更真誠。

你可以藉由以下四點辨識**假笑**：

1. **長度**：持續多久。假笑持續的時間更長。
2. **組裝**：假笑是硬湊出來的（眼睛、嘴巴），拆解的速度比真笑快。
3. **位置**：「自願」的假笑主要牽動顏面的下半部，而「非自願的」的假笑會牽動眼睛及眉毛周邊的顏面上半部。
4. **對稱**：如果微笑在臉部的一側（通常是右側）較明顯，就可能是假的。

「微笑的科學」是查爾斯・達爾文（Charles Darwin）所創立的，他還觀察到微笑與大笑經常同時發生，因此有著相似的起源。他認為，幸福與歡樂很接近，微笑就是幸福的外在表現，可以幫助我們維繫與他人的關係。正如時下會說的，我們「預接」（prewired）上這個系統來與他人聯繫。有趣的是，有些研究人員證實了，因顏面癱瘓而無法微笑的人，在交際上較為困難。

然而，微笑的規則可能存在文化差異：該不該微笑，有時是由禮儀決定的。例如有人證實在美國，南方人比北方人更常微笑（以梅森－迪克森線〔Mason-Dixon line〕為分際線，編註：約在北緯三十九度四十三分處，為現今賓州與西維吉尼亞州和馬里蘭州的州界）。

平均而言，女性比男性更常微笑。我們可以觀察到兩個月大的女嬰比男嬰容易微笑。有權勢者比無權勢者更常微笑。此外，微笑也與睪丸激素有關：男人的睪丸激素愈多，微笑就愈小且次數愈少。

有許多證據證明身體語言能鏡射。「你笑，世界就陪你一起笑；你哭，就只能一個人哭。」這個道理為微笑者建立了一個良性循環，為不微笑者建立了一個惡性循環。微笑有助於將人們維繫在一起。

也有生理學證據證明，微笑能產生特定的生物學後果。笑聲更是如此，這是回饋迴路（feedback loop）的證據。微笑會促成荷爾蒙與生理變化，讓我們感覺更好、更想微笑。微笑也有助於自我藥療及自我療癒。

所有肢體語言研究者都試圖為大家所注意到的各種微笑，提出一個完整的分類方案。動物學家注意到黑猩猩有兩種微笑：一種是服從的微笑（雙唇緊縮，露出牙齒），另一種是嬉戲的微笑（下巴下垂，嘴角向後揚）。服從的微笑是用來安撫對象的。

人類的微笑可以展現支配地位。如果你觀察兩個不同社會階層的人，居主導地位者在「友善的情況下」比較常微笑，但在「不友善的情況下」則不會微笑。

另一個區別是張嘴微笑及閉嘴微笑。有一位作者已經定義出十五種不同的微笑，她分別將之定名為：無情的微笑、交際性的微笑、不對稱的微笑、嘴角上揚的微笑、撇嘴的微笑、完美的微笑、壓抑的微笑、咧嘴而笑（嘴巴張大到扁桃腺都看得到）、神祕的微笑、調情的微笑、攻擊性的微笑、凸出下顎的微笑、咬緊牙關的微笑、得意的微笑，以及無所不知的微笑！

然而，這個領域的頂級專家是保羅．艾克曼。為了了解微笑的本質，他研究了所有臉部肌肉和心理動機，整理出一份有效的清單：

1. **有感覺**的微笑，長而強烈，顯露出與歡樂、滿足、刺激所帶來的愉悅相關的積極情緒。
2. **恐懼**的微笑和**蔑視**的微笑是不當的描述，因為它們都與積極情緒無關，儘管兩者都有「笑臉」及「酒窩」。
3. **沮喪**的微笑其實是一種快樂的微笑，人藉此壓抑或隱藏他們的正向情緒。
4. **悲慘**的微笑是一種「逆來順受」的微笑，展現對負面情緒的忍耐。
5. **打情罵俏**的微笑有部分是尷尬，因為微笑者會將視線／臉部，從自己感興趣／正在接觸的對方臉上移開。
6. **卓別林式**的微笑是一種扭曲、目中無人的微笑，實際上是為了笑而笑。

艾克曼還注意到用來傳達特定訊息的刻意而非虛假的微笑，例如：

1. **裝飾性**的微笑：有助於讓所傳達的嚴峻訊息顯得不那麼刺耳，可能「騙取」對方也回以微笑。

2. **順從性**的微笑：是一種表明自己會乖乖吞下苦藥的微笑。
3. **協調性**的微笑：是一種禮貌性、順從的微笑，表示同意、理解及承認。
4. **聽眾回應性**的微笑：只是聽者表示了解所聽到的一切，鼓勵說話者繼續說下去。

政治人物、電影明星及媒體人會練習微笑，服務業從業人員也會如此。他們會學習**避免**某些動作：除非大笑否則不張嘴，一閃即逝的微笑，以及經過精心排演，但與你所說的內容完全無關的微笑。說"cheese"可以擠出假笑。以極少微笑著稱的人（普丁、查理士．布朗遜、柴契爾夫人）藉此營造強硬及不屈服的性格，而這正是他們所想展現的形象。微笑會影響一個人的聲譽，而事業與聲譽息息相關的人都知道這一點。

◆**參考文獻**

Collett, P. (2003). *The Book of Tells*. London: Doubleday.

Ekman, P. (2003). *Emotions Revealed: Recognizing Faces and Feelings to Improve Communication and Emotional Life*. New York: Times Books.

Vrij, A. (2000). *Detecting lies and deceit*. Chichester: John Wiley and Sons.

088

壓力：原因和後果

所謂耗損性疾病或退化性疾病，在人類死因中所占的比例愈來愈高，主要是由於壓力造成的。

——漢斯．塞利（Hans Seyle），《生活壓力》（*The Stress of Life*），一九五六

絕望是人為自己設定一個不可能實現的目標所付出的代價。

——葛拉罕．葛林（Graham Greene），《問題的核心》（*The Heart of the Matter*），一九四八

我們讀過許多關於社會壓力及工作壓力的文章。但是，壓力這種東西其實自古就有，只是沒有如今這麼嚴重且慢性累積嗎？某些領域／行業的人或工作，是否比其他人或工作更為壓力所苦？工作壓力是否和死亡及繳稅一樣無可避免？

適度的壓力有沒有可能是良性的？是否有壓力產業致力於尋找根本不存在的壓力？壓力是否

只是一種心理疑病症（hypochondriasis）的現代形式？

壓力有許多定義：有些人認為壓力可以，而且應該被主觀的定義（即說出自己的感受），另一些人認為壓力需要一個客觀的定義（可能是唾液、血液或心跳的物理性測量）。一些研究者認為應該有全球共通的定義（有一種普世共通的情況叫做壓力），其他人則強調壓力是多面向的（它由極為不同的特徵所組成）。你應該透過造成壓力的外來刺激因素，還是大家對壓力的反應來定義它？也就是說，如果一個人所面對的壓力並不強烈，我們還可以稱其為壓力源嗎？

支援模型與挑戰模型

在大多數管理工作中，領導者都會受到支援及挑戰。他們得到同事、下屬與上級的支援，但這些人也會逼他們在工作上更努力表現且「更聰明」一點。因此，可以從支援與挑戰的角度分析管理者的性質：

- **支援多，挑戰少**：擔任此職位的管理者幸運地獲得了良好的技術及社會支援，但缺乏挑戰的事實可能意味著他們不太需要努力。實際上，他們可能因為無聊和單調而感受到壓力。
- **支援多，挑戰多**：這種組合往往能最大限度地發揮管理者的作用，因為他們受到上級、下屬、股東及客戶的挑戰，逼他們工作得「更聰明一點」，同時又能得到適當的支援以獲取成功。

- **支援很少，挑戰很多**：這種不幸但非常普遍的情況，是管理者承受壓力的主要原因，因為他或她必須面臨時時努力工作的挑戰，但又只能獲得最少的情感、訊息（回饋）及物質（設備）支援。
- **支持少，挑戰少**：一些政府機關的主管過著平靜而沒有壓力的生活，因為他們沒有受到挑戰也沒有獲得支援，但這通常意味著他們和組織都得不到好處。他們屬於「心理上離職，但生理上在職」的員工。

三大基本要素

構成一個人個性的三大基本要素，第一是他們的人格、能力與生平；第二是與環境（工作、家庭、組織）的特徵有關，通常會部分受到工作環境的影響；第三是個人和環境如何感知、定義並嘗試因應情緒壓力、情緒緊繃及外來壓力；其中，「因應」是最重要的部分。

1. 個人

有些人比其他人更容易感受到壓力，根據定義來說，是容易焦慮（有時稱為神經質）的那些人。有「負面情感」的人，也就是混合了焦慮、易怒、神經質及自我貶抑的人，往往生產力較低、工作滿意度較低，而且較常曠職。

另一個可能的原因是，宿命論者相信自己生活中的一切都是由運氣、機會、命運、上帝（或諸神）、強大的他人，或超出自己所能控制、理解或操控的力量所左右，自己只能任憑外力擺布。

第三，好競爭、瘋狂的人會給自己造成壓力。

2.工作（組織）或社會環境

有些工作比其他工作更有壓力。但原因是什麼？是什麼工作讓員工承受高度壓力，其他工作卻不會？

- **行業固有的相關要求**。有些工作就是比其他工作更有壓力。當一個工作(1)需要做決策，(2)需要持續性監控機器或原料，(3)需要頻繁與他人交換訊息，(4)需要承受不舒適的環境，以及(5)需要進行比較無條理的作業，壓力可能就會愈大。
- **角色衝突：工作要求出現衝突就會造成壓力**。許多工作需要角色轉換，也就是從一種角色及活動迅速轉換到另一種角色及活動（老闆有時必須扮演朋友的角色、老師有時必須扮演夥伴的角色、執法者有時必須扮演聆聽懺悔的神父角色）。
- **角色模糊：不確定性會造成壓力**。某些工作相關事項難以確定時，例如職責範圍、表現期待，以及不同職責之間該如何分配時間，就容易發生這種情況。

- **工作過多或過少而導致過載或欠載壓力**。工作超載可能與數量和品質相關。當被要求在有限時間內完成超過負荷的工作時，就會出現數量方面的超載壓力，而當工作在現有條件下難以完成時，就會出現品質方面的超載壓力。當員工沒有太多工作要做時，數量不足會導致無聊，而無聊、一成不變、重複性高，使工作長期缺乏精神刺激，就會導致品質的欠載壓力。
- **需要對他人負責：沉重負擔會造成壓力**。許多人必須（或應該）對下屬負責，必須激勵及獎懲下屬，與下屬溝通並傾聽其訴求等。需要面對組織政策與決策的人力成本，例如傾聽永無止境的抱怨、調解糾紛、促進合作及施展領導權時，往往會承受相當大的壓力。
- **缺乏社會支持：被孤立或被忽視會造成壓力**。遭逢困難時能獲得朋友等人的支持，比在毫無或極少支持的情況下，較能將導致壓力的事件視為可控、較不構成威脅。朋友之類的支持者，能在各種時候提供情感、財務及情報上的支援，也常能提出有助於因應壓力源的有效建議。
- **缺乏決策參與權：無助及被疏遠會造成壓力**。許多中階主管常感覺自己是無法控制決策的受害者，主要原因是這些主管既無法見證，也無法參與影響他們工作的重要業務決策過程。

3. 因應

人該如何因應壓力？有一種區別方式是「問題焦點因應」（旨在解決問題或以某些手段改變

壓力源）與「情緒焦點因應」（旨在降低或管理與特定情況有關或因特定情況所引起的情緒壓力）。情緒焦點因應可能包括否認、積極重新解讀事件，以及尋求社會支持。同理，問題焦點因應可能會採取幾種不同的手段，例如訂立計畫、採取直接行動、尋求援助、篩選出特定活動，以及停止行動。

常見的樂觀／悲觀的區別，在抗壓性的高低上也扮演著重要角色。樂觀主義者對生活充滿希望，習於以正向角度解讀各種情況，也傾向期待有利的結果。相較之下，悲觀主義者對許多情況做出負面解讀，並傾向期待不利的結果。因此，樂觀者的抗壓性比悲觀者高得多。

◆參考文獻

Cooper, C., Cooper, R., Eaker, L. (1988). *Living with Stress*. Harmondsworth: Penguin.

Siegrist, J. (2001). A theory of occupational stress. In J. Durham. (Ed.). *Stress in the Workplace*. London: Whurr, pp.52–66.

Sonnentag, S. & Frese, M. (2003). Stress in Organizations. In W. Borman, D. Ilgen & R. Klimosk. (Eds). *Handbook of Psychology*. Vol. 12, pp. 454–91.

089 潛意識知覺與隱藏訊息

幸運的是，我們的心裝備精良，它為我們的思想奠定了最重要的基礎，而我們對這項精心設計的工作一無所知。只有它的結果變得無意識。

——威廉・馮特（Wilhelm M. Wundt），《佛洛伊德之前的無意識》，一九六〇

意識會支配，但不治理。

——保羅・梵樂希（Paul Valery），《某個世界》（*A Certain World*），一九七〇

五十年前，一位名叫萬斯・帕卡德（Vance Packard）的美國作者認為，廣告商及行銷人員透過潛意識，暗示大家做出違背自我意願的消費行為。這些暗示可能是極為簡短、難以察覺的視覺或口頭訊息，大家都不會記得自己曾看過或聽過。

帕卡德主張，大眾受到以不當手段說服大家購買產品的廣告商惡意操縱。不過，宗教或政治機構也可以利用這種技術，營造對自己有利的輿論風向。這個理論認為，人的情緒與行為可能受

到不為人知的視覺或言語刺激，也就是隱藏訊息所影響。

無論稱之為「**前意識歷程**」（preconscious processing）還是「**無意識知覺**」（unconscious perception），很少有心理學家對於「人們受到無形刺激所影響」的主張提出異議，或是感到驚訝。大家認為自己看到什麼，和實際上看到什麼，其實並不相同。

透過迅速閃現圖像和文字，科學家已經大致能夠證明潛意識知覺的存在。但是，雖然這是一個非常大的議題，卻幾乎沒有證據能證明「潛意識知覺會有系統、持續性地影響一個人的態度、信念、選擇及動機」。簡言之，幾乎沒有可靠的科學證據能證明「潛意識知覺對意圖或消費者行為，有任何行為上或長期性的影響」，因此無須擔心人會受廣告中的潛意識訊息左右。

但是，「缺乏證據」從來不會對一個好理論造成阻礙。因此多年來，記者和流行作家一直堅信部分甚至大多數廣告都以潛藏其中的性暗示影像、特定品牌名稱或特定訊息，影響著我們對這些廣告的感知。

一個引人注目、偏執，但缺乏證據的迷思是：機伶（狡猾）的廣告商，可以透過（主要靠電視，但也包括廣播）廣告中的潛意識訊息，讓你做出違背自我判斷、意識或意志的決定。然而，正如一位評論家所說的，審慎的研究證明了，這個想法是荒謬、滑稽、可笑，既偏執又愚蠢。

眾所周知，廣告使用視覺、聲音或主題，來鼓勵我們將品牌、產品及特定行為與情感聯想在一起；此外，廣告可能會在不知不覺間對態度與價值觀產生潛移默化的影響。但這並不屬於潛意識廣告的範疇。

從一九五〇年代末到一九七〇年代中期，以《潛意識誘惑》（*Subliminal Seduction*）、《媒體性剝削》（*Media Sexploitation*）等為名的書籍，讓這個概念受到持續關注，大眾顯然很喜歡看到邪惡的科學家與貪婪、憤世嫉俗的廣告商聯手為惡。購物成癮、自殺與性障礙，都被視為這個陰謀的部分後果，卻缺乏證據。

然而，機伶的推銷員發現大眾如此容易上當。他們從自己的研究中知道潛意識廣告起不了作用……反正本來就是非法，也不合邏輯。但為什麼不扭轉整個局面，公開出售這項技術呢？快看！瞧瞧我們的潛意識聽覺自助錄音帶。

這類據稱能大幅改善心理及精神健康的錄音產品，很快就上市了。只要在你睡著時播放，就能幫助你瘦身、改善性功能，以及輕鬆戒菸、戒掉啃指甲的壞習慣，或是消除搭機恐懼症。這些錄音產品可謂五花八門。有些被設計成在清醒時播放。但它們都含有你無法察覺，卻能改變你人生的潛意識嵌入性訊息。質疑者當然會問，如果你聽不到訊息，怎麼可能知道它們的存在？

形式從視覺性變成聽覺性，科學的形象也從邪惡轉變為造福人類。科學家開始研究這個問題，檢驗「無法被偵測到的語音信號能改變行為」的說法是否為真。更有力的說法是，如果關鍵訊息被其他聲音掩蓋（淹沒或沖刷），微弱的部分就會被偵測到，然後被解析、理解。

這些錄音內容宣稱能為本我（Id），即佛洛伊德的原始人格面具（persona），提供一條管道。它們宣稱能觸及心靈的最深處，也就是我們原始的、不可知的、祕密的自我。

科學家們謹慎地檢驗了這些假設。結論是，這些理論上混亂的說法多半沒有證據。因此，這不僅是個騙局，還是一場詐欺：這些廣告明顯意圖欺騙那些想要快速、便宜、幾乎不需動用意志力，也不會有多少痛苦地「治癒」自己的人。

基於種種證據，科學家可能一致同意有關聽潛意識錄音內容的效果是騙人的，但他們似乎並不熱中於散播這個消息。

另一方面，精明的錄音帶製作商已委託廣告公司設計新的廣告活動。這些廣告宣傳挾帶科學術語、圖像及重複的力量，成功地使神話復活。毫無效果的潛意識錄音內容，竟然靠傳統的廣告手法推銷，實為一大諷刺。

廣告商與行銷人員既機伶又足智多謀。他們懂得如何操縱人們的情緒，藉此影響人們的購物行為。他們盡最大努力讓人們牢記所推銷的品牌，並對這些品牌產生正面印象。現在，他們又把目光投向「腦科學」，欲追求更大的成功。許多人都希望能找到真正奏效的「潛藏的說服者」。

◆參考文獻

Dixon, N.F. (1971). *Subliminal Perception: The Nature of a Controversy*. London: McGraw-Hill.

Dixon, N.F. (1981). *Preconscious Processing*. Chichester: Wiley.

Nelson, M.T. (2008). The Hidden Persuaders: Then and Now. *Journal of Advertising,* 37, no. 1.

090 人才：這是什麼，又會是哪個人？

勤勉及其他美德都無法取代天賦。

——赫胥黎，《針鋒相對》（*Point Counter Point*），一九四〇

你擁有與生俱來的天賦……這種情況總是發生在那些在我看來最不費吹灰之力就擁有才幹的人。

——艾倫・艾克鵬（Alan Ayckbourn），《開玩笑》（*Joking Apart*），一九七九

沒有強大的意志力，就沒有偉大的人才。

——巴爾札克，《地區的才女》（*La Muse du Département*），一八三〇

一年之計，莫如樹穀；十年之計，莫如樹木；終身之計，莫如樹人。

——中國諺語

很難不注意到「人才管理」（talent management）已經成為人力資源界的時尚用語。然而，大家還不清楚的是：「人才」究竟是什麼？這是否需要特殊的培育才能維持？又能預測什麼？如果人才不只是一個或一組舊酒裝新瓶的新名稱，那麼它是由哪些要素構成的？如何將一個人培養成一個才華洋溢的管理者？

試圖評估人才的人會遇到各種具體的問題，以下就是一些值得思考的例子：寫下所有你能想到的人才同義詞與反義詞。你曾經和一個極有天賦的人共事過，或為這樣的人工作過嗎？你怎麼知道這個人極有天賦？敘述你的觀察心得。你應該在有天賦的人才，還是沒有天賦的凡人身上投注更多或更少的時間與金錢？如果這些人的天賦在某種程度上是與生俱來的，我們不是應該投注更多資源在缺乏天賦的人身上？你認為人才管理最容易與最困難的三件事是什麼？

定義

關於人才的概念，必須有一個清晰、具體、實證的定義，如此才能知道應該尋找什麼。然而，即使這個領域的相關書籍與日俱增，這個概念至今仍不明晰。

「人才」不是一個心理學概念。有一種方法是列出人才的所有同義詞，包括：天賦異稟、傑出、經驗豐富、才華洋溢、天資聰穎、天才、資優、高潛力、早熟、非凡人物、超級巨星、神童或少年得志。其中，真正具有嚴肅的學術意義，僅有「資優」一詞。

人才意味著一個可能變得比常人更優秀的人。羅伯・西爾澤（Rob Silzer）與艾倫・丘奇

（Allan H. Church）在二〇〇九年主張潛力（才能）的概念是一個僅存在於可能性之中的東西。它是單一、不可變，與環境無關的特質？或是僅能在某些情境中被定義？他們指出，高潛力可以由角色、等級、廣度、紀錄、戰略地位或戰略領域所定義。

他們分析了十一家公司對人才／高潛力的定義，找出以不同方式定義的數種類型：

- **認知**：有認知能力／複雜性、智力、不確定性釐清力、視野廣度、判斷力、洞察力、策略推理能力、策略性問題解決能力。
- **人格**：有支配力、社交能力、穩定性、人際關係能力、高情緒智商、真誠、樂觀、成熟、尊重他人、有自我覺察力、正直。
- **學習**：有適應力、多功能性、學習敏捷性、樂於接受回饋、渴望學習、靈活、尋求回饋、從錯誤中學習。
- **領導力**：有才幹、鼓舞人心、助人發展、幫助他人發揮潛能、有影響力、挑戰既有格局。
- **動機**：有動力、抱負、樂於參與、主動、有活力、勇於冒險、有權力／控制欲、堅韌、對結果有熱情、有承擔風險的勇氣、願對公司／影響負責。
- **表現**：有領導經驗。
- **其他**：有技術性技能、文化契合度、推廣能力、商業知識／敏銳度。

一些基本問題

從管理的角度來看，有幾個問題似乎很重要：

- **吸引人才**：指招聘人才，找出評估人才的最佳方式，以及說服人才加入公司的方法，本質上就是徵才及選才。目的是讓這些特別（也許是異常）有才幹的人前來應徵職缺，為你的公司效力。
- **發展人才**：人才的相關概念之一是擁有從事更重要且更具挑戰性的工作，幫助公司更上一層樓的潛力。為此，人們認為（就連）有才幹的人也需要特殊的培訓或指導。
- **留住人才**：在選才後留住人才。這涉及了解他們特殊且特定的「資質」與培訓需求。他們的動機可能與較缺乏才幹的群體不同，必須找出如何讓他們快樂**且**確保產能。
- **轉移人才**：人才注定會流動，他們可能在組織中向上流動（幾乎等同於晉升），或轉任到姊妹公司，或領導海外分公司。此外，他們也會離開公司。務必確保所有與他們外派、調職及退休有關的問題，都得到妥善處理。

培養人才

許多有才幹的領導者提到六種形塑了自己的強大學習經驗。

1. **早年的工作經驗**：這可能是校內的「兼差」，大學期間一份相對生澀的暑期打工，或者他們出社會後的頭幾份工作之一。對某些人而言，徹底的單調乏味強烈驅策著他們永遠別再從事同樣的工作。

2. **其他人的經驗**：幾乎都是直屬上司，也可能是某位同事或嚴肅的前輩。在他們的記憶裡，這些經驗不是特別糟，就是特別好，而兩者都讓他們學到教訓。

3. **短期指派任務**：執行專案、擔任代班主管或實習主管。因為這讓他們走出舒適圈，接觸到從未面對過的問題與難題，他們也學得很快。

4. **第一份重要的指派任務**：通常是第一次升遷、海外派遣或部內晉升。它經常被提及，因為風險突然變高，一切都變得更複雜、陌生、充滿不確定性。

5. **各種難關**：試圖排除職業上或個人的危機，讓他們學到事物的真正價值：技術、忠誠的員工，以及願意當靠山的總部。

6. **管理人員開發方面的經驗**：有些人記得並提及他們的工商管理碩士（MBA）經歷；少數人記得一些特定（儘管昂貴得嚇人）的課程。一、兩位記得接受三六〇度回饋評量的經驗。更多人記得一位教練，可能是因為他太好，也可能是太糟。這對一些培訓師、商學院教師和教練來說是一個壞消息。

◆參考文獻

Dries, N. (2013). The psychology of talent management: A review and research agenda. *Human Resource Management Review*, 23 (272–85).

MacRae, I., & Furnham, A. (2013). *High Potential.* London: Bloomsbury.

Silzer R., & Church, A. (2009). The pearls and perils of identifying potential. *Industrial and Organizational Psychology, 2*. 377–412.

091 思考與學習風格

對人類而言，思考是比任何事都更巨大的痛苦來源。

——托爾斯泰，《塞瓦斯托波爾紀事》（*Sevastopol*），一八九〇

人類的思維在任何時候、任何地方都是相似的。

——傑克遜．林肯（Jackson S. Lincoln），《夢在原始社會中的地位》（*The Dream in the Primitive Society*），一九三五

我無從知道我在想什麼，直到我看見我在說什麼。

——格雷厄姆．華勒斯，《思維的藝術》（*The Art of Thought*），一九四五

心理學家已經將思維風格（Thinking Styles，有時稱為認知風格〔Cognitive Styles〕）與學習風格做了區分。思維／認知風格是思考的方式，而學習風格則是吸收知識的方式。

「風格」這個詞似乎暗示了許多事。第一，就它們很容易被觀察到這一點而言，風格似乎是相對表層的。第二，學會一種風格是相對簡單且自願性的。第三，從某種意義上來說，風格似乎可以評價，某些風格可能比其他風格「更好」、更合適或更受歡迎。

不同的人對學習風格有不同的策略或偏好，這取決於他們的個性。

- 外向者比內向者容易因獎勵而表現得更好，而內向者比外向者容易因懲罰而表現得更差。
- 內向者比外向者容易分心。
- 內向者比外向者容易受到反應競爭（response competition，編註：指內在有多種反應相互競爭以占有主導地位）的影響。
- 內向者比外向者需要更長的時間從長期或永久記憶中檢索資訊，尤其是比較不重要的資訊。
- 內向者比外向者有更高的反應標準（response criteria）。
- 在保留測驗（retention-test）中，外向者在較短的保留間隔內表現得比內向者好，但在較長的保留間隔時則相反。

學習風格

在管理學文獻中最受關注的理論，就是大衛·庫伯（David Kolb）所提出的理論。他的模型結合了認知成長的兩極面向：「主動－反思」與「抽象－具體」。「主動－反思」涵蓋了從直接參與到超然觀察，「抽象－具體」則涵蓋了從處理有形物體到處理理論性概念。庫伯定義了一個四階段的學習週期：一開始是獲得「具體經驗」，接下來則是對該經驗做「省思觀察」，然後進行理論構建或「抽象概念」，最後再透過「主動驗證」對概念進行測試。由於實驗本身產生了新的具體經驗，循環在此重新開始。

庫伯根據基於兩個認知面向的四重分類法，將學習風格加以分類：

- **發散者**（diverger）：從各種不同角度省思特定經驗。
- **同化者**（assimilator）：以這省思為基礎發展出一套理論框架。
- **收斂者**（converger）：在實踐中驗證理論。
- **調適者**（accommodator）：以驗證結果做為新學習的基礎。

根據庫伯的模型，人們較偏好透過「具體經驗」或「抽象概念」收集信息，也較偏好透過「省思觀察」或「主動驗證」處理這些資訊。具體經驗包含情感學習技能，而省思觀察包含知覺學習技能。根據一個人如何結合收集及處理上的偏好，可以分類出四種學習風格。調適者結合了具體經驗與主動驗證；發散者結合了具體經驗與省思觀察；同化者結合了省思觀察與抽象概念；收斂者則結合了抽象概念與主動驗證。

認知風格

多年來，人們描述了許多風格，但這些風格之間明顯有許多相似點。一個明顯的主題是快速、表層、抽象的風格，與慢速、較注重細節的風格。

這個領域已有數百篇論文，但對於哪種風格在什麼時候最有效，幾乎沒有一致的意見。

概念	敘述
場地依賴－場地獨立	個體在分析某領域一部分的結構或形式時，對感知領域的依賴程度。
趨平－銳化（levelling-sharpenin）	面對新資訊時是傾向快速吸收卻丟失細節？還是注重細節與變化？
衝動性－反射性	反應上是傾向快速大膽？還是深思熟慮？
發散思維－收斂思維	解決問題的思維是傾向集中、聚焦、有邏輯性、有演繹性？還是廣泛、開放、有聯想性？
整體性思維－序列性思維	學習職務或解決問題並吸收細節時，是傾向漸進性？還是全面性？
具體隨機型－具體序列型	學習者透過具體與抽象的經驗學習，是傾向隨機性？還是序列性？

概　念	敘　述
探索者－同化者	在解決問題與創造事物的過程中，是偏好尋求熟悉？還是追求新鮮？
創新者－適應者	解決問題時，適應者偏好傳統、既定的程序；創新者則偏好重新架構或採取新觀點。
直觀分析性	了解資訊時是偏好透過推理？還是偏好透過自發性或洞察力？在學習活動中是偏好主動參與？還是被動省思？

學習方法

「風格」相關的文獻，本質上是關於不同的人在資料的**處理**上如何選擇，而「方法」相關的文獻顯然更關注**動機**與**評估**。問題是人們以什麼方式學習。這可能與他們是怎麼被教的、又學了什麼，而這與「方法」有關。

觀察結果顯示，如果讓學生閱讀他們知道會考的課文，一些人會試圖了解、鑽研和理解內容的「大局」，另一些人則會專注於記憶他們認為會考到的「條則」。這兩種截然不同的方法被稱為「深入法」與「淺嘗法」。採用深入法意味著理解及保留那些被統合進知識基模並用於解決問題的概念。淺嘗法則基於對重要條則做務實的短期記憶，以應付考試或背誦。

深入法	淺嘗法
批判	接受
連結	切斷
活躍	消極
對意義感興趣	依賴角色學習
專注於論點	專注於公式
嚴苛地以證據為基礎	對證據不嚴苛
與之前的方案整合	個別處理不同的問題／條則
與現實生活息息相關	考試導向
受內在動機驅策	受外在動機驅策
投入	沒有完全投入

深入學習是注重大局、視野廣度、評估性及關鍵性的學習。深入學習者受內在動機驅策，但也喜歡運用他們的知識並尋求其有效性的證據。他們認為，習得知識既實用又有趣。

淺嘗學習者細心且務實，專注於死背硬記、課程評估與要求。他們將例子與法則混淆，不會努力將資訊統合進更廣泛的知識庫中。他們通常受外在動機驅策，努力主要基於害怕失敗且渴望成功。

◆參考文獻

Furnham, A. (2012). Learning styles and approaches to learning. In Harris, Karen R; Graham, Steve; Urdan, Tim; Graham, Sandra; Royer, James M.; Zeidner, Moshe, (2012). *APA Educational Psychology Handbook.* (pp. 59–81). Washington, DC.

Kolb, D. (1984). *Experimental Learning.* Englewood Cliff s, NJ: Prentice-Hall.

Messick, S. (Ed.). (1976). *Individuality in Learning: Implications of Cognitive Styles and Creativity for Human Development.* San Francisco: Jossey Bass.

092 時間：早起族、夜貓子與永遠的等待

未來不似從前美好。

——佚名

現在只是一條分隔過去與未來的想像分界線。

——愛德華．卡耳（Edward. H. Carr），《何謂歷史》（*What is History?*），一九六一

我們如何看待和體驗時間，取決於許多因素。首先就是我們來自哪個國家。旅行者都非常清楚，思考及談論時間的方式因人而異。一些國家注重守時（德國、英國、瑞士、斯堪地那維亞國家），而另一些國家則以不守時著稱（西班牙、葡萄牙、希臘）。守時的社會重視時程、期限、時間浪費、計時、生活步調較快；不守時的社會對時間較為寬鬆、隨意。

因此，一個社會的遲到，在另一個社會可能還算準時。隨著社會變得愈來愈守時，人們對時間的競爭態度也愈來愈激烈，一切講求愈「快」愈好。因此，快生活、快吃、快節奏、瘋狂工作等行為，都在強調「追趕」，絕不能「落後」。守時的社會認為時間是線性的，不守時的社會則

認為時間是週期性的。守時的社會日以繼夜地工作，重視時程、交付日期、議程及期限。這一點可能會在工作上造成嚴重的誤解。

不守時的文化也有區分神聖時間與世俗時間的能力。神聖時間用於吃飯、家庭、睡眠，世俗時間用於其他大小事。因此，在西班牙，會議是可以被輕易打斷的；時間不該僅用在會議上。

此外，還有單一時間及多元時間的區別。守時的社會是單一的，他們一次只做一件事。不守時的社會則是多元的，可以輕鬆地無視約定、時程、期限，並容忍正事被打斷。還有時間導向的問題，也就是如何看待過去、現在及未來。大家認為英國人對遙遠及近代的過去較感興趣，因此不會對未來進行太多投資，而德國人對未來有更長遠的看法，較願意投資在基礎研究、教育及訓練上。

對時間的理解及運用，在商務上是至關重要的。它不僅會導致工作如何、在何時、何地、為何被完成，思想及理論相互衝突的人們，可能會有非常不同的概念與期待，導致溝通不良及彼此敵視。

每家公司也都有獨特的時間文化。有些嚴守時間緊迫性，對他們而言，時間是可以被衡量的，其他公司在這方面則似乎鬆散得多。有些公司對過去很健忘，認為回顧過去毫無意義；其他公司則對未來著迷，以高額聘請戰略顧問「預測」，甚至控制未來。有些公司開會遲到要罰錢，其他公司似乎可能鼓勵這種事。還有一些公司規定進出都要打卡，精確地檢查大家在工作上花了多少時間。

但一如文化差異，每個人也存在個體差異。

時間生物學

這門學問最關注的是「晝夜節律」的差異，大多數人稱之為「日夜作息」。許多身體機能，如血流量、口腔溫度、尿液化學，在一天裡會有所變化，我們處理各種事務的能力亦然。

有多種測試可以幫助你確認自己是晨型人還是夜型人，這被稱為早起族與夜貓子。大多數人不屬於這兩種極端，但有些人則非常極端。與夜型人相比，強健的晨型人會起得較早（可能早兩個小時），而且比夜貓子早就寢。他們在早上感覺較有活力、活躍，而且會選擇在這個時間做一些需要專注的工作。同樣的，他們到了晚上往往會感覺較疲倦、無精打采，而此時正是夜型人剛開始清醒的時候。

我們在一天的不同時段利用咖啡因、酒精等物質，來增加或減少我們的喚醒程度（arousal level）。顯然，有些工作較適合晨型人，有些則適合夜型人。

粗估者與契約者

另一個區別是「時間粗估者」與「時間契約者」的差異。對時間粗估者而言，「我們六點三十分見」，意味著將在六點三十分前後的任何時間（六點〇五分、六點四十五分）與對方碰面，對時間契約者而言則等同於做了承諾或打了契約。如果時間粗估者與時間契約者結婚或共事，常會因彼此的期待落差而產生誤解，以至於鬧到水火不容。

同樣的，有些人執著於過去、有些人僅沉迷於現在、有些人只放眼於未來。記住過去的經驗和教訓是有價值的；專注於「現在」很重要；思考及規畫未來也是好事。但是，總是向後看意味著你錯過了當前的機會，而過度放眼未來也可能讓你忽略將影響未來走向的當前問題。

近年，美國心理學家菲利普．津巴多（Philip Zimbardo）區分出了時間觀的四種關鍵類型。

- **「過去負面」型**：這種人執著於自己的負面經歷，這些經歷仍然會讓他們心煩意亂，造成痛楚及悔恨。
- **「過去正面」型**：這種人懷念過去，但「偷安勝於後悔」的心態，可能會讓他們裹足不前。
- **「現在享樂」型**：這種人受享樂衝動所驅策，不願放棄當下的享受換取日後的收益。
- **「現在宿命」型**：這種人不懂得享受當下，只會覺得自己受困其中，自認為無法改變未來而感到無力。

◆參考文獻

Kreitzman, L., & Foster, D (2004). *Rhythms of life: the biological clocks that control the daily lives of every living thing*. New Haven, Conn: Yale University Press.

Zimbardo, P.G. & Boyd, J.N. (2009). *The time paradox: Using the new psychology of time to your advantage*. New York, NY.

093 小費：酬謝的犒賞

有幾種計算餐後小費的方法。我發現最好的方法是將帳單除以服務員的身高。

——豬小姐（Miss Piggy），《豬小姐生活指南》（*Miss Piggy's Guide to Life*），一九八一

厄尼：「這是我的帳單嗎？」艾瑞克：「是的，先生。」厄尼：「非常抱歉，看起來我的錢只夠支付晚餐，不夠給小費。」艾瑞克：「好的，先生。那麼請讓我再算一次。」

——埃里克・莫克姆（Eric Morecambe）與厄尼・懷斯（and Ernie Wise），《莫克姆與懷斯笑話集錦》（*The Morecambe and Wise Joke Book*），一九七九

據說小費（tip）這個字有「確保及時」之意，源自於十八世紀英國向稅吏支付附有手寫文書的硬幣之傳統。如今在美國，犒賞男女服務生、搬運工、美髮師、計程車司機、女傭及其他「專業人士」的小費，估計已超過一百億美元。

小費的意義與作用是什麼？這種制度為什麼會存在？為什麼需要給計程車司機與美髮師小費，卻不用給裁縫師小費？犒賞小費依哪些因素決定？小費對服務提供者（例如服務生）、享受服務者（例如顧客），以及雙方之間的關係有哪些影響？

心理學家認為，小費是一種「按摩自我」（ego massage）的方式，旨在增強付費者的自我形象。此外，透過提供高於定價的小費，付費者可以證明他／她沒有完全受到市場力量的束縛，並且能夠自願、酌情地採取行動。有時，小費也可以被視為顧客的不安全感或焦慮的結果。由於女傭或美髮師能接觸到顧客的私人領域，或可能對其公眾形象構成威脅的事物，因此有權獲得小費。小費可以換取服務者的緘默，等同於以它購買忠誠或人情。心理學家強調，給小費是出於內在動機，而不是為了獲取外部物質或社會獎勵。

麥可・林恩（Michael Lynn）和安德里亞・格拉思曼（Andrea Grassman）詳述了小費的三種「合理」解釋：

- **以小費購買社會認可**：遵循社會規範（即犒賞十五%的小費）若不是出於對社會認可的渴望，就是對不被認可的恐懼。
- **用小費購買公平的關係**：小費透過幫助與服務生保持更公平的關係，來換取內心的平靜。
- **用小費購買未來的服務**：小費可確保將來提供更好的服務，因為針鋒相對的作法僅適用於普通客戶。

有人支持這項研究結果的前兩種解釋，但第三種解釋則否。儘管有相當多的人得靠小費維持收入，但直到近年研究者才開始對這個流傳甚廣的習慣感到好奇。早期研究總結了一九七〇年代的研究結果，發現：

1. 多數小費都在消費額的十五%左右，符合美國的標準。
2. 小費占總消費額的百分比，是餐桌人數的逆冪函數（inverse power function）。
3. 外表漂亮或穿著迷人的女服務生所獲得的小費，比不那麼有吸引力的女服務生多。
4. 以信用卡付帳者，小費給得比現金付帳者多。
5. 小費給的多寡與飲酒無關。
6. 小費隨男女服務生及工作無關的「來訪」次數增加，但與客戶對服務的評價無關。
7. 通常（但並非總是）男性給的小費比女性多。

也有一些研究聚焦於服務生的行為。

1. 服務生是否碰觸過用餐者。
2. 服務生與用餐者互動時，最初是否蹲著而不是站著。
3. 服務生一開始微笑的程度。
4. 服務生是否以自己的名字做自我介紹。

5. 偶然（與工作無關的）訪問的次數。

其他研究證明以下行為會影響小費的多寡：

- 女服務生有化妝，頭髮上戴著一朵花，還在收據上畫笑臉。
- 服務生在收據上畫太陽。
- 在收據上手寫訊息，例如「謝謝你」或天氣預報。
- 工作人員張嘴微笑。
- 工作人員以笑話、謎題及知識取悅顧客；如果成本允許，也會請顧客吃糖。
- 工作人員以顧客的名字稱呼，並向顧客做自我介紹。
- 工作人員模仿顧客的肢體語言和語言行為，並在互動過程中適度地碰觸顧客。

麥可・林恩在所有關於小費的研究中，努力以「心理人」（homo psychologicus）取代「經濟人」（homo economicus）。近年的許多研究顯示，在許多國家，為各種服務支付小費，主要是由三個因素所驅策：獎勵優質服務的欲望、幫助服務者的欲望，以及使自己獲得社會認可與地位的欲望。最近，他又注意到還有另外兩個因素：在未來享受優質服務的欲望，以及遵守已被灌輸的小費規範（或做對的事）的欲望。

這些研究著眼於各種可能對犒賞小費的行為產生微小影響的因素，其中包括：服務生的性別及族裔；以及顧客的性別、族裔、年齡、教育程度、收入、上教堂的頻率與飲酒量。不可避免的，研究也發現，帳單金額愈大，小費也就愈多。

幾乎所有論文都主張，必須以行為經濟學的見解，取代經濟學家認為小費制度不合理的觀點，才能了解人們何時、為何、如何給小費。

◆參考文獻

Furnham, A. (2015). *The New Psychology of Money.* London: Routledge.

Lynn, M., & Grassman, A. (1990). Restaurant tipping: An examination of three 'rational'explanations. *Journal of Economic Psychology. 11*. 169–81.

Lynn, M. (2015). Service gratuities and tipping: A motivational framework. *Journal of Economic Psychology, 46*. 74–88.

094 模糊容忍度：你害怕不確定性嗎？

在不確定的情況下，人最容易受到社會影響。

——多米尼克・阿布拉姆斯（Dominic Abrams），《心理學家》（*The Psychologist*），一九九七

我會給你一個確定的也許。

——山姆・高文（Sam Goldwyn）

我們生活在一個不確定的世界：我們不知道「明天會發生哪些事」，也需要忍受模糊不清且模稜兩可的事。不確定性及模糊性會讓某些人比其他人感覺更不自在。

模糊容忍度（Ambiguity Tolerance, TA）的概念，亦稱「不確定性規避」，可以追溯到近七十年前。從臨床心理學、差異心理學、神經心理學到工作心理學等不同領域的研究者，已經對它進行了調查。從宗教信仰到對新產品及情況的反應，每位研究者都傾向關注這個變項與自己的專業

領域有哪些關聯。

基本概念是，人們可以用數字來評級，這些數字反映出大家對生活中許多方面的模糊性或不確定性而感到不適，因此試圖在各方面規避這些模稜兩可或不確定性的程度。

相關歷史

戰後，一群美國與德國的社會科學家試圖了解「納粹的思想」。他們採訪了許多主要肇事者，包括納粹德國黨政軍領袖赫爾曼．戈林（Hermann Goering），試圖深入了解「他們是如何做的」。

他們的努力成果是一本名為《威權型人格》（*The Authoritarian Personality*）的書，檢視了可以委婉稱為「人際不寬容」（interpersonal intolerance）有關的人格特質與發展歷程，書中所定義的特質之一，就是模糊容忍度。

現在，它被稱為「不確定性規避」，或俗稱「灰色地帶管理」。這已被標定為商業生活中重要的人際、企業及文化差異因素。法蘭姬－布朗斯維克（Frenkel-Brunswick, 1948）將模糊容忍度定義為「情感及知覺人格變項」。她闡述了低模糊容忍度的許多行為特徵，包括：在強烈波動的刺激出現逆轉時的抵抗；在感知到模糊性的情況下盡早選擇並堅持一個解決方案；不能接受一個人可能兼具好壞兩面的特質；接受嚴格且黑白分明的生活觀；尋求確定性；嚴格的二分法；過早結案，除非遇到熟悉的刺激特徵，否則不會再重新思考。因此，模糊容忍度被視為各種行為中一個顯著、多層面的預測變項。

六十多年前，研究人員試圖開發模糊容忍度的測量問卷。以下是歐康納（O'Connor）在一九五二年發表的例子。這項測試根據受測者對每一則陳述同意或不同意的程度進行評分。注意：其中有些傾向高模糊容忍度、有些則是傾向低模糊容忍度。

- 做任何事的正確方法都不止一種。
- 有明確的行動方針總是比猶豫不決要好。
- 最好的領導者會下達夠具體的指示，讓接受指揮的人無須擔心。
- 一個聰明的人依常規生活，如此一來就不會為瑣碎的細節所擾。
- 沒有人可以對同一個人又愛又恨。
- 應該繼續以既有的方法行事，而不是做任何改變，以避免混亂。
- 一個人即使在很多問題上都缺乏明確的意見，也可以是見多識廣的。
- 與其讓你的生活陷入困境，不如冒可能失敗的風險闖一闖。

一九六二年，史丹利・巴德納（Stanley Budner）發表了另一份問券，成為該領域長年來最常使用的評量手段。這項測試同樣是根據對每一則陳述同意或不同意的程度進行評分，在此僅舉六則例子：

- 沒有給出明確答案的專家可能懂的不多。
- 熟悉的總是比不熟悉的更可取。
- 一個人過著平穩、規律的生活，很少碰上出乎意料的事，是非常值得感恩的。
- 大家愈早獲得相似的價值觀及思維愈好。
- 最有趣、最刺激的，通常是那些不介意與眾不同且擁有原創精神的人。
- 堅持只能有對錯兩種答案的人，不懂得一切事物可以有多複雜。

對清晰、明確、果斷的需求因人而異，也因國家而異。

不確定性規避的程度可能視國家、組織及個體差異而定。英國人似乎有能力因應不確定性，在這方面和印度人、瑞典人及丹麥人差不多。但研究顯示，其他國家在這方面可能大不相同，諸如比利時人與日本人、希臘人與葡萄牙人規避不確定性的需求就較為強烈。

低不確定性規避文化和高不確定性規避文化之間，似乎存在各種差異。與不確定性規避指數較高的文化相比，指數較低的文化較能接受異議、較能容忍偏差、對年輕世代的態度較正面、敢於承擔風險，而且不喜歡表達情感。

公司及產業也可以用這方面的程度高低做分類。事實上，不寬容或避免不確定性的人可能會選擇投靠（甚至試圖改變）「符合」自己偏好的公司。研究人員在比對不確定性規避低與高的公司時，再一次看出明顯的差異。

容忍度較高的人往往表現出較少的壓力，生活上較重視現在而不是寄望未來，對變化展現較少的情緒阻力，並且傾向有較高的成就動機。容忍度高的公司通常規模較小，代溝較少，高階職的平均年齡也較低。這類公司的精神是，拔擢管理職是依據能力而非資歷，管理職不一定非得是所管理領域的專家，而且認為通才勝過專家。

◆參考文獻

Budner, S. (1962). Intolerance of ambiguity as a personality variable. *Journal of Personality, 30.* 29–50.

Frenkel-Brunswick, E. (1948). Intolerance of ambiguity as an emotional and perceptual personality variable. *Journal of Personality, 18,* 108– 23.

Furnham, A., & Marks, J. (2013). Tolerance of Ambiguity: A review of the recent literature. *Psychology*, 4, 717–28.

Hofstede, G. (1984). *Cultures'Consequences.* Beverly Hills, California: Sage.

095 失業與無業：失業並不好玩

如果連續二十週沒有足夠且固定的收入，我會感到徹底絕望。

——柴契爾夫人，《觀察家報》，一九八四

如果要我在掃地與無業中做選擇，我會說：「給我一支該死的掃把。」

——葛拉罕．戴爵士（Sir Graham Day），《太陽報》（*The Sun*），一九八六

任何發達國家只要長期有一百萬人失業，這些人的思想注定要受推翻體制的欲望所感染。

——法蘭克．普萊斯爵士（Sir Frank Price），《觀察家報》，一九八一

心理學家研究失業，是因為從它能看出工作的許多好處。只有當你沒有工作而想要一份工作時，才會發現工作對我們的心理有哪些益處。

從一九三〇年代的研究中，瑪麗・賈霍達（Marie Jahoda, 1982）提出了一套理論：失業造成心理困擾的原因，是潛在的而非明確的工作功能被剝奪。這個理論的基礎，是她在奧地利與英國相隔五十年所做的兩項研究。她的理論很簡單：五十年前的失業者沒有國家補助，只能活在嚴峻的貧困中。五十年後則可在健康、住居與生活開銷方面獲得國家的大量補助。因此，如果他們仍像前幾代人一樣痛苦且不快樂，就不能單純以金錢方面的匱乏來解釋失業所造成的痛苦。

在這個發現之後，問題變成：為什麼工作對你有好處？失去工作會讓人無從獲得哪些心理方面的好處？她列出以下五項：

- **工作能組織時間**：工作建構了一天、一週，甚至更長的時間。這種時間結構的喪失可能會讓人非常迷惑。多數人想尋求的是一種可預測的工作模式，以及規畫周延的「節奏」。
- **工作能提供固定的共享經驗**：與核心家庭成員以外的人固定接觸，是社交互動的重要來源。
- **工作能提供創造力、專精感及目的感**：工作，即使不是特別令人滿意的工作，也能予人一些專精感或成就感。創造性活動有激勵人心的效果，並能讓人產生滿足感。一個人對生產商品或提供服務做出的貢獻，能讓他或她與自己所屬的社會建立連結。
- **工作能賦予人身分與地位**：工作是一個人的社會地位重要指標。你就等同於你的職業。失業者失去了他們的職業，也就失去了身分。因此，人在失業時，自尊心自然大幅滑落。
- **工作是活動的泉源**：所有的工作都是體力或腦力的活動。過度活動可能會造成疲勞與壓力，過少活動則會導致無聊與煩躁，尤其在外向者身上更是明顯。人需要選擇滿足自己需求的特定工作或任務，以將自己的活動量最大化。

失去工作的人會陷入情緒低落，覺得失去工作也讓自己失去了身分。許多人因此迴避社交活動，因為缺錢讓他們無法在社交場合或聚會中給其他人任何回報，許多人因此將自己封閉起來，令人驚訝的是，他們在政治上也會變得比較不活躍。

研究者還記錄了許多人在失業時所經歷的模式或「階段性」理論。首先，許多人說自己大為震驚，並拒絕接受事實。接下來，可能陷入在樂觀與悲觀之間的交替循環，不過悲觀持續的時間比較長。有些人陷入宿命的絕望，有些人則似乎能接受現實。有些人會陷入消極的惡性循環，變得自暴自棄，放棄求職的念頭且憂鬱不振，其他人則學會將失業視為新的契機。

並不是所有的工作都是有益的。先前的研究已經證明有九種變項可以區分出「良性工作」與「惡性工作」，以及「良性失業」與「惡性失業」。因此，許多例子證明，一個人若是離開一份惡性工作，他／她就比較可能適應良性失業。重點是，並非所有工作都令人滿意，也並非所有失業都會讓人不滿。根據工作、個人及社會對失業的反應，有時候可能會讓人體驗到失業的好處。

失業的代價

過去的一百年間（在發達國家）至少經歷三個嚴峻的失業時期：經濟大蕭條（一九二九年

至一九三三年）、一九七〇年代後期（一九七八年至一九八三年），以及因二〇二〇年至目前的新冠肺炎疫情所造成的不確定時期。在這段期間，社會科學家進行了大量研究，以了解失業在個人、群體、社會及全球規模的原因與後果。

失業對身心健康造成的影響已被研究了近四十年，關於這方面的主張有兩種流派：一些人認為失業會導致**健康惡化**，另一些人則認為**健康狀況不佳的人原本就比較難找到工作**。不可避免的，其中有著惡性循環與良性循環的雙向因果關係。失去工作的人會感到沮喪且缺乏活力，這會造成他們求職的障礙，從而導致更長久的失業，形成完整的惡性循環。

失業對身心健康的影響是最常被研究的課題之一。卡斯滕．保羅（Karsten I. Paul）與克勞斯．莫澤（Klaus Moser）發現，從苦惱、憂鬱、焦慮、心身症症狀、主觀幸福感與自尊心等幾個心理健康的指標性變項中，所能看出的顯著差異，足以證明失業者明顯比就業者痛苦。失業者中存在心理問題的平均比率為三十四%，在就業者中則為十六%。失業對男性與藍領工作者所造成的痛苦，比女性與白領工作者所感受的更大。

他們也發現，與其他國家相比，在經濟發展水準低、收入分配不均或缺乏失業保護體系的國家，失業對心理健康造成的負面影響更大。

那麼文獻的結論就很清楚了。對失去工作但仍想工作的人而言，心理成本通常會隨著時間而增加。即使在提供良好社會保障的國家，失業者也比有工作的同齡人更不快樂、不健康。

◆參考文獻

Jackson, P.R. & Warr, P.B. (1984). Unemployment and psychological ill-health: The moderating role of duration and age. *Psychological Medicine, 14*. 605–14.

Jahoda, M. (1982). *Employment and Unemployment: A Socialpsychological Analysis.* Cambridge, MA: Cambridge University Press.

Jahoda, M., Lazarsfeld, P., & Zeisel, H. (1933). *Marienthal: The Sociography of an Unemployed Community.* London: Tavistock.

Kelvin, P., & Jarrett, J. (1985). *Social Psychological Consequences of Unemployment.* Cambridge, MA: Cambridge University Press.

Paul, K., & Moser, K. (2009). Unemployment impairs mental health. *Journal of Vocational Behaviour, 74*. 264–82.

096 視覺錯覺：飄忽不定，難以揣摩

我們不只是隨便看，還要仔細看。

——吉布森（E.J. Gibson），《心理學年度評論》，一九八八

遠見是一種看見他人看不見之事物的藝術。

——喬納生・綏夫特（Jonathan Swift），《對各種事物的思考》（*Thoughts on Various Things*），一七一〇

心理學家與藝術家一直對視覺及視錯覺感興趣。它們對視覺科學家與認知心理學家特別有吸引力，因為它們對感知過程提供了重要的見解。也就是說，觀察人們所經歷的幻覺，能幫助我們進一步理解感知與視覺的過程。

「看」是一個快速、自動且無意識的過程。這不是一個刻意的動作，我們對視覺感知過程的意識，通常要到整個過程結束後才會出現；我們得到的是成品，而不是過程的細節。

我們如何看這個世界？我們看到顏色、運動及景深：我們辨識出物體及人物，而且的確存在是否真有潛意識知覺的爭論。在最抽象的層面上，可以區分出三個過程：角膜和虹膜對光波的**接收**；將這種物理能量（光）編碼**轉譯**成神經化學訊號發送到大腦；以及對這些訊號進行**解碼**或翻譯。

從訊息進入感官到實際感知到什麼，過程中會發生哪些事？

圖形與背景

我們可以將眼中所看到的景象，區分成我們正在看的物體（圖形）或背景。被分類成圖形或背景，不是基於眼中物體的固有屬性，而是取決於觀察者的認定。我們總是可以將兩者分開（圖形－背景分離），儘管有時我們會接收到物體是什麼、背景是什麼的模糊線索。看看下圖：這是一個花瓶還是兩張臉？圖形與背景可以反轉，因此這張圖可以被看成兩種不同的畫面。這種例子不勝枚舉。重點是不同的人看到的第一個物體也可能不盡相同。

邊界

形狀感知的重點之一就是對邊界的感知。如果視野的亮度、色彩或紋理有急劇而明顯的變化，我們就會感知到邊緣，並且會產生「看見」輪廓（實際上並不存在的線條）的錯覺。在本圖中央可以看到一個比圖片的其他部分明亮的三角形。這就是完形法則的閉合法則（law of closure），人會將不完整的形狀補齊，並將空白填滿。

完形法則

這類研究的核心特徵之一，是我們如何將分離的訊息片段「組合」成物體的完整圖片。在兩次大戰之間，完形心理學家研究了所謂的知覺組織律（perceptual organization）。他們定義出「接近法則」及「連續法則」，試圖以這些法則解釋我們如何從抽象形狀中看出圖案。總的來說，它們被稱為「群集法則」，至今依然是我們如何觀看的準確描述。

完形法則學派對我們視覺的準確性特別感興趣，也建構了

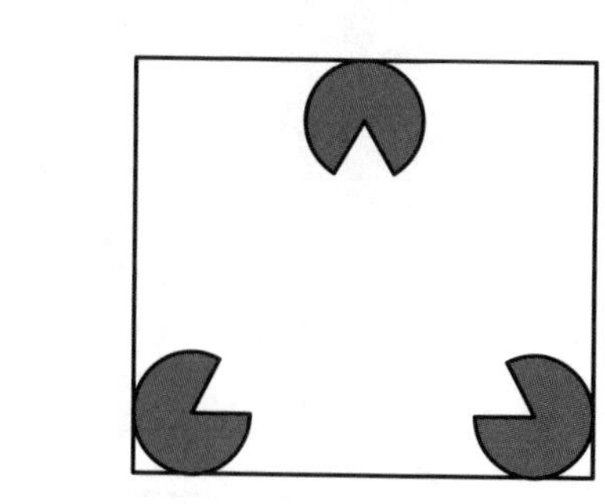

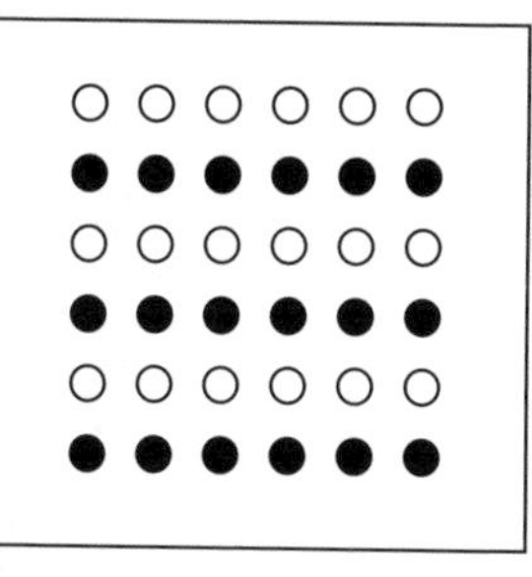

相似性

完形心理學，這是一種以優形法則（laws of pragnanz）解釋我們如何感知的形狀感知理論。

「相似性」是指一個形狀中相似的部分較可能被判定為同一類；這可能取決於形狀、顏色、大小或明暗方面的關聯。

「接近法則」認為彼此接近的平面或邊緣比彼此遠離的，更可能是同一物體的一部分。其他判定因素還包括連續性、共同命運（common-fate）及對稱性。

龐佐錯覺與米勒－萊爾錯覺

有人主張，這些錯覺能以對三維物體的知識被誤用於二維圖案來解釋。

在龐佐錯覺（Ponzo Illusion，圖A，見下一頁）中，兩條水平線的長度完全相同，但下方的線條看起來似乎比較短。這是因為兩條鐵軌的會聚所產生的線性透視，讓上方白線的兩端顯得更遠。即使它和下方的線條是同樣的視網膜影像大小（retinal size），但兩端距離看似較遠，會讓它看起來顯得較長，因為我們的感知系統錯誤地將距離也考慮了進去。

接近性

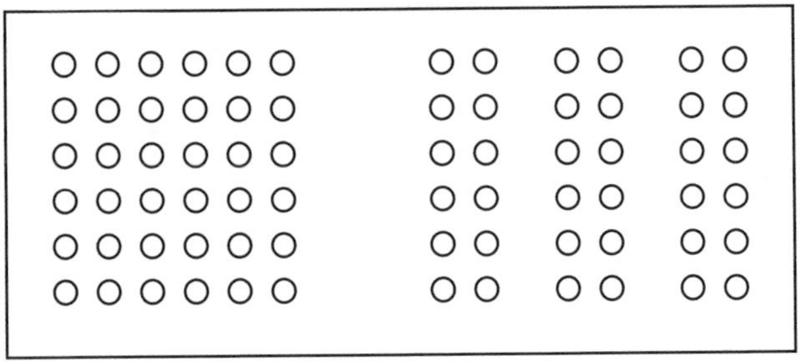

米勒－萊爾錯覺（Müller-Lyer illusion，圖B）也有類似的解釋。左邊的線看起來像建築物的外角，而右邊的線看起來像「內」角。這些內角感覺上似乎比外角更遠，因此右邊的線條在感知中看似距離較遠，並且與龐佐錯覺有相同的邏輯：它具有相同的視網膜影像大小，但在感知中看似較長。這證明了，感知會受刺激以外的因素所影響，而這些因素就是對距離的感知及以前的經驗。

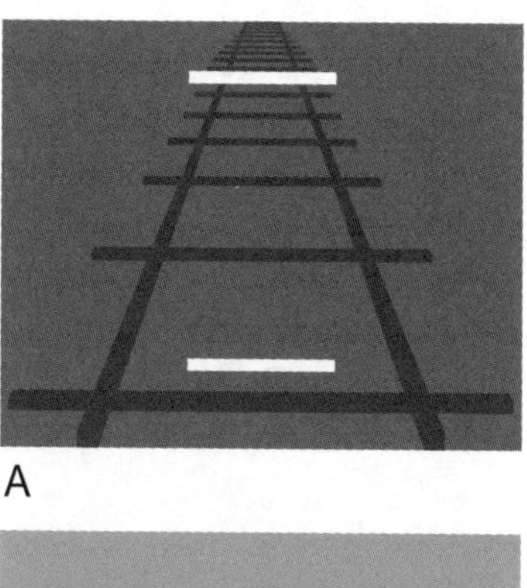

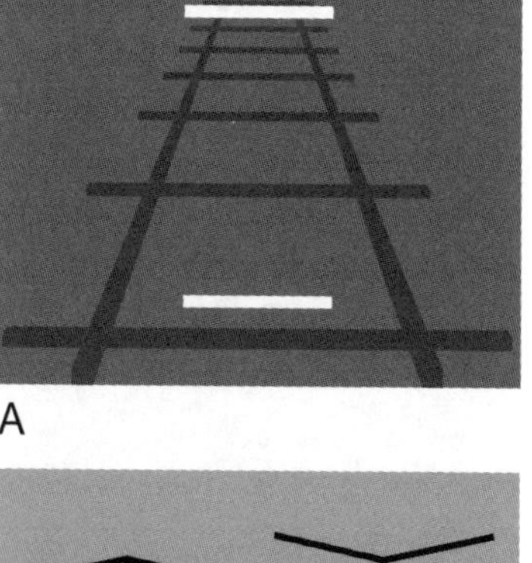

恆常性

當移動的物體靠近或遠離，在不同的光線下或轉身時，我們通常不會將它們視為不同或出現變化，而是依然認為它們是同樣的物體。各種類型的恆常性（constancy），如形狀、大小、顏色、明暗，都有助於解釋視覺錯覺。

拿起這本書，把它直立並面向你，它（只）是一個矩形。現在先垂直翻轉它，再水平翻轉它。

它的形狀已不再相同，但在你眼中這本書依然維持不變。這就是形狀恆常性（shape constancy）。同樣的，當我們看到一隻象或一個人走開，或一輛車遠離我們時，雖然在視網膜上它明顯變小，但在感知中似乎並沒有改變。

文化與錯覺

想像自己在一個沒有直線的環境中長大：沒有方形的房屋、筆直的道路、長桿或傳統的長方形桌子。你的房子是圓的，你的田也是。你的路是歪扭彎曲的。你還會被視覺錯覺「騙」嗎？如果從未看過筆直的道路或鐵路，你還會產生龐佐錯覺嗎？如果答案是「會」。但你從未見過房間或房子的角落，還會產生米勒－萊爾錯覺嗎？

已有學者對非洲農村及原住民群體進做過各種研究，檢證學習及經驗對我們的幻覺體驗會造成哪些影響。其中一項研究要求都市與農村的非洲人以單眼看名叫「艾米斯窗旋轉」（Ames window revolving，見下圖）的梯形圖形，並將兩者的結果

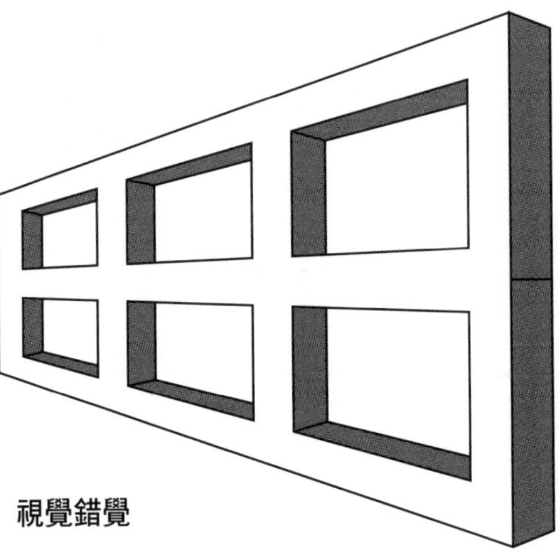

視覺錯覺

做比較。一如預測，農村組會覺得它轉了一百八十度。另一項研究發現，南非的祖魯人（Zulus）比南非白人更容易產生龐佐錯覺，或許是因為他們對開闊空間的經驗較為豐富。

個人經驗及文化經驗，可能會或多或少地讓我們產生視覺錯覺。

◆參考文獻

Gregory, R.L. (1997). 'Visual illusions classified'. *Trends in Cognitive Sciences.* 1 (5): 190–4.

Purves, D., Lotto, R.B., & Nundy, S. (2002). 'Why We See What We Do'. *American Scientist.* 90 (3): 236–42.

097 職業選擇與輔導：你最適合哪些工作？

相信我，我的年輕朋友，沒有——絕對沒有——比在船上閒晃更值得做的事。
——肯尼斯．格雷厄姆（Kenneth Grahame），《柳林風聲》（*The Wind in the Willows*），一九二〇

你長大後要做什麼？目前的工作適合你嗎？什麼樣的工作會讓你最開心、最有效率？

職業心理學關注人們選擇各種職業的原因、做出這些選擇的智慧，以及向他們提供最佳建議的可能性，例如該做什麼、何時做，以及為何做。許多因素限制了工作選擇，如能力、年齡、教育背景，以及社會、經濟與政治因素。許多工作是某些人無法從事的，或是這些工作的競爭非常激烈。簡單來說，並不是每個人都能做到自己想要或最適合自己的工作。

職業輔導的根本目的，是幫助人們做出合適的職業選擇與調整：找到自己擅長，也喜歡做的工作。組織能透過適當運用個人的資產與能力，在運作上提升效率及成本效益。

顯然，由於在能力、資質、需要、人格及興趣方面存在顯著的個體差異，以及工作對個人屬

性及技能要求上的差異，人在適任工作上的表現，會比與技能不相稱的工作好。

職業（職涯）心理學側重於人對職業的想法，幫助大家為自己選擇的職業做好準備，並在適當的情況下換工作，甚至「提前」離開領薪生活。職業選擇由許多因素決定，包括社經地位、族裔、性別、智力、才能、興趣，以及所屬的社群。

職業心理學家幫助大家探索長期的個人及職業目標，檢討個人的強項與弱項、環境威脅與機會，以做出最合適的職業選擇。職業輔導是應用心理學最古老的領域之一。

許多組織開始意識到員工職業發展的重要性。隨著時間的推移，員工經常會在層級或等級上縱向爬升（伴隨職責與技能的變化）、橫向或側向流動（伴隨功能或技能的變化）。這些流動都會導致員工可能應付得來或是難以因應的重大變化。

職業輔導有兩種相對簡單的模型。

首先是簡單的二維「人員－事物」、「想法－數據」網格。你在哪個位置？對人比對技術感興趣，對想法與概念比對數據感興趣？一個「人員－數據型」的人，可能適合人力資源或心理學方面的工作。一個「事物－數據型」的人則會很不一樣，可能擔任資訊科技或記帳方面的工作會比較愉快。

這方面最重要的理論及測驗方法，是由約翰．霍蘭德（John Holland）所提出的，他主張只有六種工作類型及六種適合它們的人，可以被整理成下一頁的六邊形。在人格類型與環境類型的組合裡，某些「類型」組合會比其他「類型」組合更相稱。在人格類型與環境類型之內（有可測量的恆常性），以及各類型之間（也有可測量的恆常性）的關係，可以根據六邊形模型做排列，人格特徵與工作性質之內與之間的距離，與兩者間的理論關係成反比。這些類型以特定方式排列，簡稱RIASEC模型：實做型（realistic）、研究型（investigative）、藝術型（artistic）、社交型（social）、企業型（enterprising）與常規型（conventional）。

每個字母的先後順序由等級所決定，因此列在第一的類型是最接近此人的類型。它們被排列在六邊形的尖端，彼此愈接近的就愈相似。這是顯示六種類型間的關聯度最有效的方法。

研究型與藝術型是相似的，因此較接近，因為兩者都與知性方面的探求有關，儘管方式有所出入：研究型較注重方法論且數據導向，藝術型則較自由奔放。相比之下，相對不善社交而擅長分析的研究型，與自信且具說服力的企業型差異最大。同理，自由奔放、不重秩序、具創造性的藝術型，與自制、順從、缺乏想像力的常規型也形成鮮明對比。此邏輯就是一個蘿蔔一個坑：依據價值觀、偏好及態度，找到最匹配的工作。

霍蘭德的模型無疑是整個職業心理學中最先進也最受探討的理論，在各個方面都已經過充分的測試，包括在當下的實用性與跨文化的適用性。

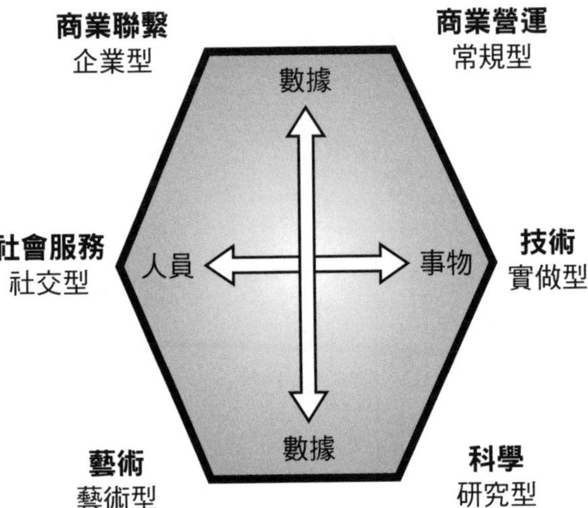

RIASEC模型的出色之處，在於可以使用相同的語彙為工作和人員做評估，是該領域中經歷最多實測的理論。

隨著新技術的發展，有些工作日漸消失，也有些工作開始出現，這意味著職業輔導既需要思考評估人員的新方法，也需要仔細了解當今有哪些新的工作，才能跟上時代的腳步。

職業選擇與指導

人格類型和顯著特徵

	講求實際	調查精神	有藝術性	擅長社交	有進取心	配合常規
特質	冷靜的 謙遜的 實用 教條 自然 缺乏洞察力	分析型 知識分子 好奇 學術 開放 廣泛興趣	開放的 不順從的 想像力 直覺 敏感 創造性	隨和的 友好 理解 善於交際 有說服力 外向	外向的 主導 冒險 熱情 尋求力量 精力充沛	順從 保守派 缺乏想像力 抑制 務實 有條不紊
生活目標	發明儀器或器材 成為優秀的運動員	發明有價值的產品 對科學做出理論性貢獻	在表演藝術方面成名 出版故事 獨創畫作 音樂作曲	樂於助人 為他人犧牲小我 稱職的老師或治療師	成為社群領袖 受歡迎且穿著得體	精通金融及商務 產出大量作品

最勝任的領域	自我評分	資質	例子	價值觀
機械學	機械能力	技術	湯瑪士·愛迪生 伯德上將	自由 知性 有雄心 自我控制 溫順
科學	數學能力 研究能力	科學	居禮夫人、查爾斯·達爾文	知性 有邏輯性 有雄心 有智慧
藝術	藝術能力	藝術	T·S·艾略特、巴布羅·畢卡索	追求平等 有想像力 勇敢 美麗世界
人際關係	服務導向	社會與教育 領導與銷售 人際關係	珍·亞當斯·阿爾伯特·史懷哲	追求平等 自我尊重 有幫助 寬容
領導		領導與銷售 社會與教育 商業與文書 人際關係	亨利·福特 安德魯·卡內基	自由 有雄心 (-)寬容 (-)有幫助
商業	文書能力	商業與文書	伯納德·巴魯克、約翰·戴維森·洛克斐勒	(-)有想像力 (-)寬容

◆參考文獻

Furnham, A. & Walsh, J. (1991). The consequences of person– environment incongruence: absenteeism, frustration and stress. *Journal of Social Psychology* 131, 187–204.

Furnham, A. & Schaeff er, R. (1984). Person–environment fit, job satisfaction and mental health. *Journal of Occupational Psychology* 57, 295–307.

Holland, J. (1973). *Making vocational choices: a theory of careers.* Englewood Cliff s, New Jersey. Prentice-Hall.

Holland, J. (1985). *The self-directed search.* Odessa, Florida: Psychological Assessment Resources.

098

工作倫理：努力工作的好處

一個願意工作卻找不到工作的人，可能是陽光下財富分配不均的最悲慘景象。

——湯瑪士・卡萊爾（Thomas Carlyle），《憲章運動》（*Chartism*），一八七〇

工作倫理已經從我們的工業詞彙中消失，由逃避責任取而代之。

——萊斯利・托利（Leslie Tolley），《每日電訊報》（*Daily Telegraph*），一九七九

我覺得每個上班的日子都是假日。

——約翰・艾略特（John Elliot），《商業評論周刊》（*Business Review Weekly*），一九八九

一百多年前，德國博學家馬克斯・韋伯（Max Weber）認為新教與財富及成功有關。他顛覆了馬克思主義的經濟決定論，主張宗教信仰驅動經濟發展，而不是相反。

他堅決主張新教徒的某些信仰能促進財富的累積，例如：一切工作都是好的，最終都是為了榮耀上帝（呼召論）；在這個世界及金錢方面的成功，都能看到上帝恩典的跡象；富人是上帝的選民（預定論）；財富應該被累積及用於投資，而不是被花掉（禁欲論）；我們都必須對自己的行為負責，在決策上必須理性，而不是依賴宗教教條（成聖論）。他認為，這些宗教信仰驅使新教徒變得較有進取心、較服膺資本主義，也比較富有。

他的論文屢屢受到挑戰。許多人強烈抵制新教元素，也有許多論文指出其他宗教也鼓勵信徒努力工作。因此，佛教、伊斯蘭教或猶太教也可以有自己的工作倫理。

近年的尼爾・弗格森（Niall Ferguson）認為，西方的崛起有六個重要特徵，其中作用最大的就是工作倫理。這六個特徵是：競爭、科學、產權、醫學、消費社會、工作倫理，這一種源自基督新教（以及其他來源）的道德框架及活動模式，為這個充滿活力，但潛藏不穩定性的新社會提供了黏合力。

新教工作倫理（Protestant Work Ethic, PWE）普遍將懶惰視為禁忌。勤奮被視為一種宗教理想；浪費是惡習，節儉是美德；自滿及失敗是被嚴禁且有罪的，雄心及成功則被視為上帝恩寵的明確記號；舉世共通的罪惡記號是貧窮。上帝恩寵的最高等記號則是財富。

以下就是新教工作倫理的核心信念：

- 人有義務以辛勤勞動、努力工作，甚至做苦工來充實自己的人生，而且應視之為對自己有益；應避免肉體的歡愉與享樂；規律嚴謹的苦行生活是唯一可被接受的生活方式。
- 所有工作者都應有可靠的出勤紀錄，缺勤率及遲到率都不可太高。
- 工作者應勤奮且講求效率，並為自己的工作感到自豪。
- 員工應對自己的職業、公司及團隊（完全）投入且忠誠。
- 工作者應以成就為導向，持續爭取升遷及晉升，因為有地位、有聲望，且受他人尊重的工作是「好」人的重要指標。
- 人們應該透過誠實的勞動獲得財富，並透過節儉且明智的投資守住它。節儉是可取的；應避免奢侈與浪費。

這是一種企業精神的意識形態。因為悲觀的喀爾文主義（Calvinism，基督教的派別之一）者非常注重稀缺性（scarcity），強調生產性工作帶來盈餘的必要性。他們鼓勵儲蓄，認為生產力的極大化與消費的極小化有倫理上的重要性，而儲蓄似乎是最有效的方案。更重要的是，他們也強調教育、閱讀及技能學習的重要性。

衡量工作倫理

心理學家設計出各種測量新教工作倫理的方法，主張工作倫理是工作行為相關態度與信念的集合體。工作倫理是：一、多面向的；二、可泛指工作本身及工作相關的活動，且不限於任何特定工作，也可包含工作以外的領域，例如學校、嗜好等；三、可學習的；四、可泛指態度與信念（不僅限於行為）；五、反映在行為中的動機；六、世俗的，不一定與任何宗教信仰有關。

近年的一份問卷以涵括不同面向的八十則問題來統計得分，其中也探討了工作倫理本質的各個面向。

- **工作的中心地位**：工作本身的重要性。將工作視為生活的重心。
- **自力更生**：強調爭取獨立及自我約束的重要性。
- **勤奮**：強調努力不懈的美德及好處。
- **休閒**：相信休閒與非工作活動的好處。
- **道德／倫理**：強調公正與公平待人的重要性。
- **延遲滿足**：放眼未來並耐心等待以後的獎勵。
- **不浪費時間**：有建設性且講求效率地利用時間。

時下的年輕世代

一個多世紀以來，新教工作倫理一直是個備受爭議的議題。馬克斯．韋伯是對的嗎？如今這道理是否依然適用？年輕世代對新教工作倫理的信仰是否日漸衰退？

多年來，一直有人認為，年輕世代已經失去了努力工作的情操。這些人說，年輕世代缺乏紀律、不可靠，也沒有金錢意識，宣稱這種態度就是各種社會問題的罪魁禍首。一些人聲稱，年輕人怠惰、魯莽，只想撿便宜，全都被寵壞、慣壞了。

但近日《商業與心理學雜誌》（*Journal of Business and Psychology*）在線上發表了一項非常有趣的研究。進行這項研究的美國學者爬梳了從一百零五項研究收集而來的數據，檢驗了一個簡單的想法，看看這些數據能否證明嬰兒潮世代比X世代（編註：指一九六五年到一九八〇年左右出生的人）更有工作倫理的信仰與價值觀，而X世代又比千禧世代重視工作倫理。

他們發現，**不同世代在工作行為上的差異，並不像普遍的刻板印象所說的那麼強烈。**少數以證據佐證的研究證明，不同世代之間的信仰與行為差異，並不像許多人所認為的那麼廣泛。因為態度與價值觀，是由能力、人格及教育等許多因素所形塑的。

◆參考文獻

Furnham, A. (1996). *The Protestant Work Ethic*. London: Whurr.

Miller, M., Woehr, D. & Hudspeth, N. (2002). The meaning and measurement of work ethic. *Journal of Vocational*

Behaviour, 60. 451–89.

Van Hoorn, A., & Maseland, R. (2013). Does the Protestant work ethic exist? *Journal of Economic Behaviour and Organization, 91,* 1–12.

Zabel, K., Biermeyer-Hanson, B., Baltes, B., Early, B., & Shephard, A. (2017). Generational differences in work ethic: fact and fiction? *Journal of Business and Psychology, 32.* 301–15.

099 工作動機

工作是哀傷最好的解藥，我親愛的華生。

——亞瑟・柯南・道爾，《福爾摩斯歸來記》（*The Return of Sherlock Holmes*），一九二〇

沒有欲望，就不會有工業。

——約翰・洛克（John Locke），《教育漫話》（*Some Thoughts Concerning Education*），一六九〇

工作攆跑三個魔鬼：無聊、墮落及貧窮。

——伏爾泰，《贛第德》，一七五〇

大多數老闆都想知道答案的一個問題：是什麼驅使員工在工作中做或不做某些事？該以什麼

解釋員工對他人的品味及反應？為什麼員工會在某些活動花費這麼多時間與精力？為什麼員工會如此渴望權力或認可？為什麼有些人比其他人更有動力、更飢渴、更投入？

動機（motivation）是激發及驅動行為的因素。這個字與動作（motion）源自同一個拉丁文語源：字面意義是「移動人」。動機幫助我們規範自己的行為，確保我們的生存，並在我們被擊退時找出解決方案。大家通常都會想知道各種具體問題的答案：

- 驅力／需求／動機從哪裡來？
- 驅力（動機）是否會隨著時間的推移而產生（大幅度的）變化？
- 人們是否有混雜（甚至彼此矛盾）的動機／驅力？
- 動機／驅力是有意識的還是無意識的？
- 內在動機和外在動機有什麼差別？

大衛・麥克利蘭（David McClelland）是最常被引用的動機理論學者之一，定義出三個主要動機或驅力：

- **歸屬需求：**需要被他人喜歡、包容及接受。一個有高度歸屬感的人，可能是一個有團隊精神的人，擅長客戶服務，並且擁有廣泛的朋友圈。他們喜歡合作。強烈的歸屬感和被人喜歡的衝動，可能對一個人的行為產生不利影響，促使他們做出不明智的決定，來提高自己受歡迎的程度。他們渴望被接受，而且對奉承毫無招架之力。如果他們認為自己被排擠或低估，也可能會做出不智的反應。

- **權力需求**：需要影響、領導、支配他人，並對整個社會產生影響。有些人渴望個人權力或對他人施展權力，以滿足對控制及支配的需求，也有些人追求體制化的權力。權力可能令人陶醉，它是政界及商界人士的主要驅力。
- **成就需求**：需要在任何事情上取得成就、出類拔萃、獲取成功。那些對成就有極高需求的人，會為自己設定有挑戰性但可現實的目標。這類人更喜歡單獨工作，或與其他高成就者共事。他們不需要讚美或認可。完成任務對他們而言就是獎勵，傑出的運動員及成功的商人，往往就是為這類動機所驅使。

雙因素理論

五十多年前，由弗雷德里克．赫茨伯格（Frederick Herzberg）帶領一群心理學家發展出一個具有重大意義的理論。雙因素理論（two-factor theory）指出，職場上有某些因素會使工作滿意度提升，而其他因素則會導致不滿意度增加。

研究人員發現，與一個人在工作中所做的事相關的工作特徵，能滿足某些特定需求，例如成就感、琢磨職能、個人價值感，從而帶來幸福與滿足。然而，缺乏這些特定工作特徵，似乎也不會導致不快樂與不滿。不滿是由其他具體因素所造成的，例如公司政策、監督指導、薪資、職場人際關係、工作條件。

該理論中的兩個因素如下：

- **激勵因素**（motivating factors）：例如具有挑戰性的工作、對個人成就的認可、被賦予責任、有機會做有意義的事情、參與決策、對組織的重要感。這些能匯聚成源自工作本身的內在條件的正向滿足感，例如獲得認可、成就或個人成長。
- **保健因素**（hygiene factors）：矛盾的是，就業保障、薪水、附加福利、工作條件、優渥薪資、員工保險與假期等等，並不會帶來積極的滿足感或積極性，雖然缺乏這些因素會造成不滿足感。「保健」一詞意味著這些因素是維護性的。它們與工作本身無關，相關層面包含公司政策、監管指導，或工資／薪水等方面。

弗雷德里克．赫茨伯格認為，保健因素是導致職場員工不滿的原因。**要消除對工作環境的不滿，就必須剔除這些保健因素**。有幾種方法可以做到這一點，而減少不滿最重要的方法，包括支付合理薪資、確保員工的就業保障，以及在職場中營造正向文化。赫茨伯格及其團隊對以下的保健因素，由高到低的排序是：公司政策、監督指導、勞資關係、工作條件、薪資、同儕關係。

赫茨伯格將工作相關的行動區分成兩類：**必須做**的事被歸類為「活動」（movement）；但若

是因為**想做**而執行與工作相關的行動，則被歸類為「動機」（motivation）。

最重要的是，赫茨伯格認為，在為工作滿意度創造條件之前，務必先消除對工作的不滿意，因為兩者是相抗衡的。

暢銷書《動機：單純的力量》的作者丹尼爾．品克聲明，身為一名科學記者，書中大部分觀點並不是他自己的，而是主要源自愛德華．迪西（Edward Deci）與理查．萊恩（Richard Ryan）所創的「自我決定論」。這本書清楚表明，軟硬兼施的激勵方式已經不再有效。

丹尼爾．品克建議，企業應該採取一種更符合現代工作及商務活動、基於自我決定論的修正方法，來激發動機。人類有一種與生俱來的自主、自我決定及連結彼此的驅力，當這種驅力被釋放時，大家就會獲得更多成就，並過著更富裕的生活。組織在管理人力資本時，應聚焦於這些驅力，打造出可供大家以與生俱來的需求引導自己的生活（自主）、學習，以及創造新事物（追求專精感），並讓自己和世界做得更好（目的）的環境。

這個理論所推薦的三種方法是：

- **自主與授權**：讓員工在工作的四個主要層面中的某些（或全部）上擁有自主權：何時做（時機）、怎麼做（技術）、和誰做（團隊）、做什麼（任務）。
- **專精與才幹**：指派「恰到好處」，也就是難易適中的任務，創造一個可以讓人追求專精的環境。
- **目的**：針對目的進行溝通；解釋目的與利益同樣重要，使用目的導向的語言。

◆參考文獻

Deci, E.L., & Ryan, R.M. (2008). Self-determination Theory: A macrotheory of human motivation, development, and health. *Canadian Psychology/Psychologie canadienne.* 49(3), 182–85.

Herzberg, F. (1966). *Work and the nature of man.* Cleveland, Ohio: World Publishers.

McClelland, D.C. (1965). Toward a Theory of Motive Acquisition. *American Psychologist.* 20: 321–33.

Pink, D. (2011). *Drive.* New York: Riverside Books.

100 工作狂

我們活在一個工作過度且教育不足的時代；一個大家勤奮到變得愚蠢至極的時代。

——奧斯卡・王爾德，《作為藝術家的批評家》（*The Critic and the Artist*），一八九七

過勞（名詞），一種危害著想去釣魚的高階公職人員的危險疾病。

——安布羅斯・比爾斯，《魔鬼辭典》，一九〇六

工作狂如同酗酒，是一種非常不健康的成癮症。但不同於其他被蔑視的成癮，工作狂經常被稱許、被讚揚、被期待，甚至被要求。這種「症候群」的跡象，包括拿自己的長工時來炫耀、將自己與他人的工作量做令人反感的比較、無法拒絕工作請求，以及總體競爭力：

工作狂的生活方式在美國被認為是：一、一種宗教美德；二、一種愛國主義；三、交到朋友

及影響他人的方式；四、維持健康及智慧的方式。因此，工作狂雖然飽受折磨，但不太可能改變。為什麼？因為他缺少德行的典範……他被選為「最有可能成功的人」。

韋恩·奧茨（Wayne E. Oates, 1971）歸納出工作狂的五種類型：

- **固執己見型工作狂**：具有五個主要特徵：高標準的專業精神、完美主義傾向、對無能的強烈不容忍、對機構及組織的過度獻身、擁有大量具市場性的才能。
- **改變信仰型工作狂**：已經放棄上述傾向，但有時可能為了金錢或聲望方面的報酬而表現得像個工作狂。
- **情境型工作狂**：不是出於心理或聲望方面的原因，而是組織內的需求使然。
- **偽工作狂**：有時看起來像工作狂，事實上並沒有固執己見型的投入與奉獻精神。
- **逃避型工作狂**：在辦公室逗留不離開，只是為了避免回家或參與社交活動。

以該領域的研究聞名的瑪莉蓮·瑪克羅薇茲（Marilyn Machlowitz, 1980），將工作狂定義為出於內在渴望而長時間賣力工作的人，他們的工作習慣往往超出職務本身的需求，以及共事者或老闆的期待。根據瑪克羅薇茲的說法，所有真正的工作狂都是情緒緊繃、精力充沛、競爭力強、有上進心，但同時也有強烈的自我懷疑傾向。他們喜歡勞動勝過休閒，可以且願意隨時隨地都在工作。他們傾向於充分利用自己的時間，工作與娛樂之間的界線模糊不清。

所有工作狂都有這些特徵，但也可以細分為四種不同的類型。

● **敬業型工作狂**：一心一意、一意孤行，符合業外人士及記者眼中典型的工作狂形象。他們逃避休閒，往往缺乏幽默感且粗魯無禮。

● **融合型工作狂**：將外部因素融合進工作裡。因此，儘管工作就是他們的「一切」，但有時還是會將一些業外的興趣融入工作裡。

● **擴散型工作狂**：這種類型的工作狂，在興趣、人脈與目標上，遠比融合型工作狂分散。此外，為了追求自己的目標，他們可能會相當頻繁地跳槽。

● **緊繃型工作狂**：這種類型的工作狂會採取與工作相同的熱情、步調及強度，來從事休閒活動（通常是競技運動）。他們對於休閒和工作同樣專注。

在某種程度上，工作狂被視為一種強迫性精神官能症，特徵是敏銳、聚焦、專注、永無休止的活動、儀式性行為，以及「強烈的被控制欲」。它可能與完美主義、病態的野心，甚至與強迫型人格違常有關。

瑪克羅薇茲提出了工作狂逃避休假的幾個原因：可能因為事前期望過高，也可能是選擇了錯誤類型，他們從來沒有良好的假期經驗；工作就是他們的熱情所在，從不覺得自己需要擺脫這一切；傳統的娛樂方式在他們眼中是浪費時間、難以理解的；認為假期前的準備及焦慮，超過假期本身的價值；最後則是，工作狂擔心放下工作去度個假，會讓自己失去對工作的完全控制。

然而，許多工作狂表示，對自己的生活極為滿意與滿足。瑪莉蓮·瑪克羅薇茲發現，男性工作狂與女性工作狂有著幾乎相同的快樂及沮喪來源。這一點可以藉以下四個問題來判斷：工作狂在家庭生活中是否會盡自己的家事義務；工作是否能為他們提供自主控制權與多樣性；工作本身是否需要工作狂的「特定」技能及工作風格；工作狂是否覺得自己的健康足以因應這份工作。儘管他們似乎永遠不會覺得自己夠成功，但許多未陷入沮喪的工作狂確實認為自己很幸福。最後，瑪克羅薇茲向工作狂提出幾個有助於將這種生活方式的樂趣極大化、將壓力極小化的建議：

- 找到合適的工作，讓自己的技能與能力得以發揮。
- 找到合適的地方，讓自己置身於最愉悅的環境裡。
- 找到合適的步調，讓自己能以最理想的速度工作。
- 在工作中創造挑戰，以有效應對壓力。
- 將每一天多樣化，因為注意力能維持的時間很短。
- 確保每一天都不同，以提升刺激的程度。
- 利用你的時間；不要讓時間利用你。建立自己的晝夜節律，並據此來規畫你的行事。
- 不要過度考慮不值得關注的決定。
- 讓別人為你做事，學習如何授權委派。

- 單獨工作或只雇用其他工作狂，以預防對他人的不寬容及不耐煩。
- 成為他人的導師、老師、指導及顧問。
- 騰出時間做對自己重要的事，例如陪伴家人、從事休閒活動。
- 如果這種生活方式讓你陷入工作、家庭或健康危機，就要求助於專家治療。

◆參考文獻

Furnham, A. (1990). *The Protestant Work Ethic*. London: Routledge.

Machlowitz, M. (1980). *Workaholics*. New York: Mentor.

Oates, W. (1971). *Confessions of a Workaholic: The Facts about Work Addiction*. New York: World Publishing Co.

101 職場偏差行為

犯罪不是疾病，而是一種症狀。

——瑞蒙・錢德勒（Raymond Chandler），《漫長的告別》（*The Long Goodbye*），一九四〇

工作時間會隨著被允許的時間而延長。

——諾斯古德・帕金森（C. Northcote Parkinson），《帕金森定律》（*Parkinson's Law*），一九五八

人會在職場裡偷東西。他們會「為了個人而非工作相關用途，未經授權就挪用公司資產」。員工偷竊雇主、上司及客戶的東西之情況相當常見，而且成本很高。

我們以許多詞彙粉飾這類罪行：偷竊與損耗，順手牽羊與釋出物品。這類「反工作行為」（counterwork behaviour, CWB）可以列成一長串的清單。

反工作行為包括：

- **反社會行為**：通常僅限於發生在職場內。
- **藍領犯罪**：偷竊、資產破壞、偽造、半熟練、非月薪制員工的鬥毆及賭博等行為。
- **反生產職場行為**：任何在工作中與組織內所有利益相關者的短期和長期利益及成功相違背的行為。
- **功能失調型工作行為**：對自己或他人造成傷害的蓄意且不健康的行為。
- **員工偏差行為**：未經授權但蓄意破壞資產、生產或聲譽的行為。
- **員工不法行為**：濫用資源，包括從曠職到收受賄賂。
- **工作無績效**：沒做好該做的工作，又做出難以被接受的行為。
- **職業攻擊性犯罪偏差行為**：在職場做出的負面、違法、有害且不正當的行為。
- **組織性不當行為**：違反社會及組織規範的行為。
- **組織性報復行為**：對不公平懷恨在心的員工，蓄意做出的組織性行為。
- **「政治性」行為**：針對組織內外人士所做出的自私、不受制裁，且通常屬於違法的行為。
- **非常規的工作方式**：怪異且不尋常，似乎違法且具破壞性的行為。
- **職場攻擊性、敵意、阻撓**：工作中的人身傷害行為。
- **不道德的職場行為**：蓄意且明顯違反公認倫理／道德準則的行為。

學術界試圖將這些不當行為區分成幾種類型：個人型（飲酒和吸毒）、人際型（身體及言語攻擊）、生產型（曠職、遲到）、資產型（盜竊、毀損、破壞）及政治型（密告與瞞騙）。

在工作中欺詐

人類學家傑拉德．馬爾斯（Gerald Mars）在一系列書籍和論文中，證實大多數工作中的欺詐行為是工作的建構方式所造成的結果。起初，他研究的是人在工作中獲得哪些「獎勵」，將這些獎勵分成三類：一、正式性的，包含正式性的合法（工資、加班費）與非法（賣淫、販毒所得）獎勵；二、非正式性的，包含非正式性的合法（津貼、小費）與非法（偷竊、詐欺所得）獎勵；三、替代性的，包含合法的、社會經濟性的獎勵（以物易物所得）與非法的獎勵（私下兼差所得）。

傑拉德．馬爾斯也提出在工作中欺詐的四種類型。

1.老鷹型

他們在強調個性、自主及競爭的職業中最為活躍。成員們對其他人的控制大於個人對自己的控制。老鷹型的職業強調創業行為，高度重視個人依自己的條件進行交易的自由。老鷹型是個人主義者、發明家、小商人。他們如飢似渴且野心勃勃。

老鷹型是典型的企業經理人、商人業主、成功的學者、權威專家、紅牌業務，以及較獨立的專業人士及記者。在服務業、街頭藝術表演者及自營的計程車司機之間，也會發現老鷹型的創業活動。他們是篤信個人主義的獨行俠。

2. 驢子型

他們的特徵是孤立又屈從。驢子型處於既弱小無力，又強大有力的矛盾狀態。當他們被動地接受自己所面臨的限制時，就是弱小無力。他們也可能具有極大的破壞性，至少在一段時間內是這樣。他們經常對工作強加於員工身上的負擔感到不滿，最典型的反應就是換工作。請病假與曠職等其他形式的「工作退縮」的比例，也高於常人。

3. 野狼型

他們在採礦業等「傳統」、迅速消失的工人階級職業中最為活躍。野狼型常見於群體成員相互依存且層級分明的職業，例如清潔員、飛機機組人員，以及在監獄、醫院、鑽油平台與某些酒店等，集體居住與工作的「全控機構」（total institution）中。當工人住在職場內或鄰近職場的地點時，該區域內的群體活動會因成員的凝聚力而獲得強化。接下來，這些群體會對每個成員的資源擁有相當大的控制權。一旦加入這類團體，人們往往會成為其中一員而留下來。

4. 禿鷲型

他們常見於提供自主權與交易自由的職業，但這種自由受制於支配一切的官僚體系控制，這類體系將他們視為群體而非個體，並成群雇用他們。從事這類職業的工作者是僅為某些目的一同共事的成員，他們可以單獨行動，也能與其他同儕競爭。他們不像老鷹型那麼不受約束，也沒有驢子型那麼受制約，更不像野狼型那麼受侵入性的控制。

該怎麼辦？

第一，讓大家知道偏差行為是多麼罕見。這不是常態，並不是每個人都在做的事。像這樣偷懶的人是少數。拿出一些統計數據，證明他們是小偷、是例外、是無法被容忍的群體。

第二，以一些「案例研究」解釋被逮到的後果，但不要做過頭。詳細說明解雇程序的第一個警告。當心懲罰過於嚴厲，可能反而使人因為既然得冒更大風險，乾脆獲取更高額的不法所得。

第三，解釋體系如何運作及一些不法者如何被逮，讓大家知道有一些可靠且公平的方法，可以讓試圖擊敗體系的人無所遁形。

第四，開辦一些內部課程，讓各級員工討論公司的道德準則，以及為何、何時、如何處理不法者。要求所有人都參與，讓大家知道不法者會使每一個為公司工作的人付出代價。

第五，審查以內部及外部均衡性為基準的薪酬及福利規畫，為大家提供一個將自己與公司裡其他同儕及其他同業做比較的機會。不要讓大家將侵吞公款視為一種弭平薪資差距的方式。一些管理者對此視而不見，因為他們無法以公平且公正的方式獎勵員工。

◆參考文獻

Furnham, A. & Taylor, J. (2011). *Bad Apples*. Basingstoke: Palgrave MacMillan

Greenberg, J. (1993). Stealing in the name of justice: Informational and interpersonal moderators of theft reactions to underpayment inequity. *Organizational Behavior and Human Decision Processes, 54,* 81–103.

Mars, G. (1984). *Cheats at Work.* London: Unwin.

索引

◎5劃

◎6劃

◎7劃

◎ 8 劃

◎9劃

◎10劃

◎11劃

◎12劃

◎13劃

◎14劃

◎15劃

◎16劃

◎17劃以上

心理學的101堂課：
從性別差異到思覺失調無所不包，最有哏的知識、概念與話題

作　　者——阿德里安·弗爾納姆（Adrian Furnham）
譯　　者——劉名揚
特約編輯——洪禎璐

發 行 人——蘇拾平
總 編 輯——蘇拾平
編 輯 部——王曉瑩
行 銷 部——陳詩婷、曾志傑、蔡佳妘、廖倚萱
業 務 部——王綬晨、邱紹溢、劉文雅

出 版 社——本事出版
台北市松山區復興北路333號11樓之4
電話：(02) 2718-2001　傳真：(02)2718-1258
E-mail：andbooks@andbooks.com.tw
發　　行——大雁文化事業股份有限公司
地址：台北市松山區復興北路333號11樓之4
電話：(02)2718-2001
傳真：(02)2718-1258
美術設計——POULENC
內頁排版——陳瑜安工作室
印　　刷——上晴彩色印刷製版有限公司
2022 年 05月初版
2023 年 07月18日初版2刷
定價　650元

Psychology 101:
The 101 Ideas, Concepts and theories that have Shaped our World

Together with the following acknowledgment: This translation of *Psychology 101* is published by arrangement with Bloomsbury Publishing Plc.
This edition is published by arrangement with Bloomsbury Publishing Plc. through Andrew Nurnberg Associates International Limited.

ISBN 978-626-7074-07-7
ISBN 978-626-7074-08-4（EPUB）

國家圖書館出版品預行編目資料
心理學的101堂課：從性別差異到思覺失調無所不包，最有哏的知識、概念與話題
阿德里安·弗爾納姆（Adrian Furnham）/著　劉名揚/譯
---.初版.— 臺北市 ； 本事出版　：大雁文化發行，2022 年 05 月
面　；　公分.－
譯自：Psychology 101: The 101 Ideas, Concepts and theories that have Shaped our World
ISBN 978-626-7074-07-7（平裝）
1. CST: 心理學
170　　111002346